애니메이션

초판 발행일 | 2024년 6월 10일
지은이 | 창의콘텐츠연구소
발행인 | 최용섭
책임편집 | 이준우
기획진행 | 김미경

㈜해람북스 주소 | 서울시 용산구 한남대로 11길 12, 6층
문의전화 | 02-6337-5419
팩스 | 02-6337-5429
홈페이지 | https://class.edupartner.co.kr

발행처 | ㈜미래엔에듀파트너
출판등록번호 | 제2020-000101호

ISBN 979-11-6571-199-3 (13000)

이 책은 저작권법에 따라 보호받는 저작물이므로 무단전재와 무단복제를 금지하며,
이 책 내용의 전부 또는 일부를 이용하려면 반드시 저작권자와 ㈜미래엔에듀파트너의 서면동의를 받아야 합니다.

※ 잘못된 책은 바꾸어 드립니다.
※ 책 가격은 뒷면에 있습니다.

프로그램 다운로드 방법

❶ 오픈툰즈 홈페이지(https://opentoonz.github.io/)에 접속하여 상단 메뉴의 [Download]를 클릭한 후 [OpenToonz]를 클릭합니다.

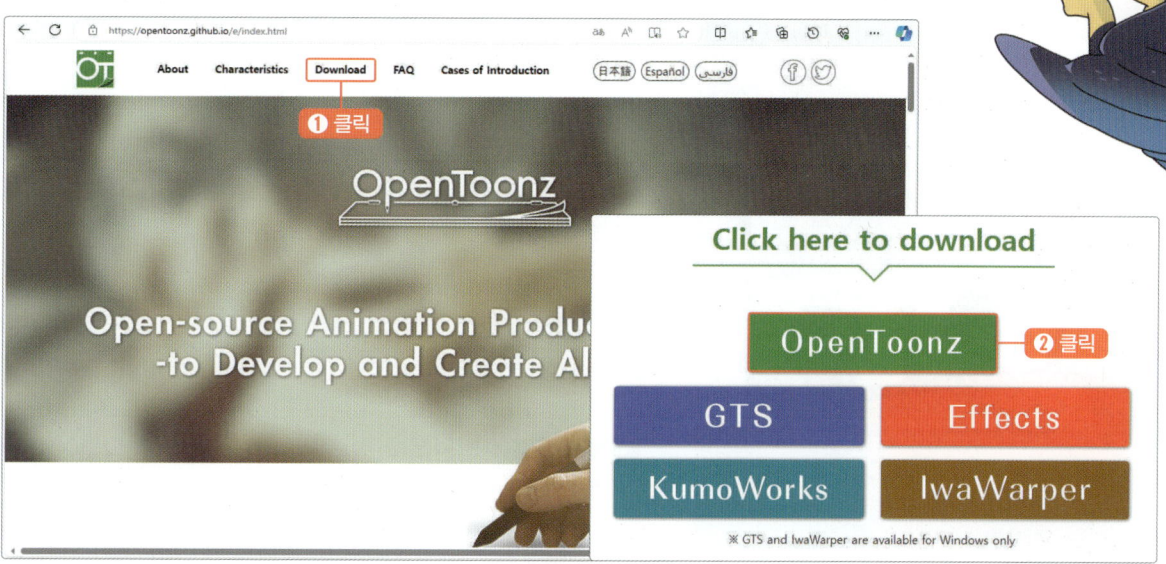

❷ [OpenToonz Terms of Use] 페이지가 나타나면 [Download for Windows]를 클릭하여 설치 파일을 다운로드 받습니다.

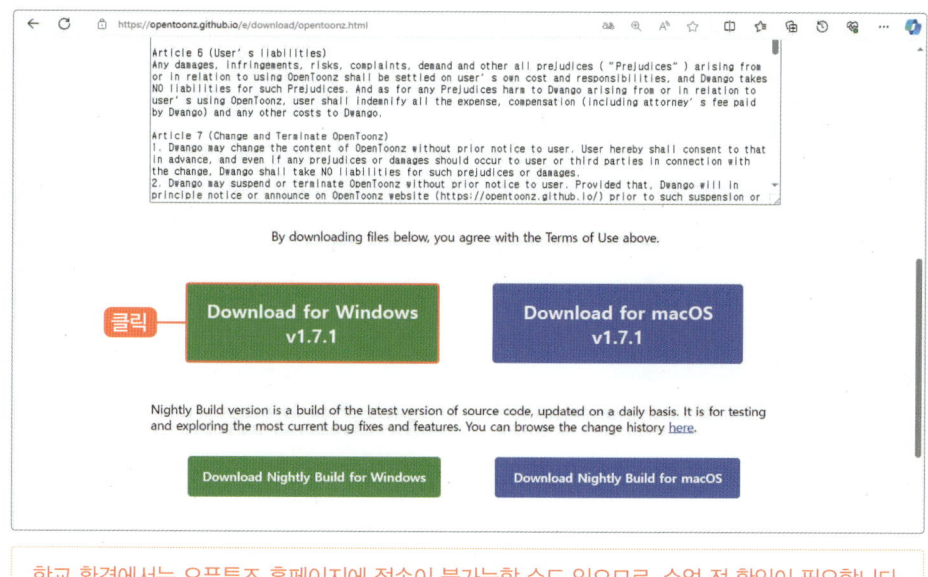

학교 환경에서는 오픈툰즈 홈페이지에 접속이 불가능할 수도 있으므로, 수업 전 확인이 필요합니다.

❸ 다운로드 받은 설치 파일을 실행하여 프로그램을 설치합니다.

구성

❶ **투데이's 컷** : 단원에서 제작할 애니메이션의 장면을 필름 형식으로 보여주어 학습에 호기심을 불러일으키도록 하였어요.

❷ **학습목표** : 단원에서 학습할 내용을 요약 정리하여 어떤 내용을 학습할지 확인하도록 하였어요.

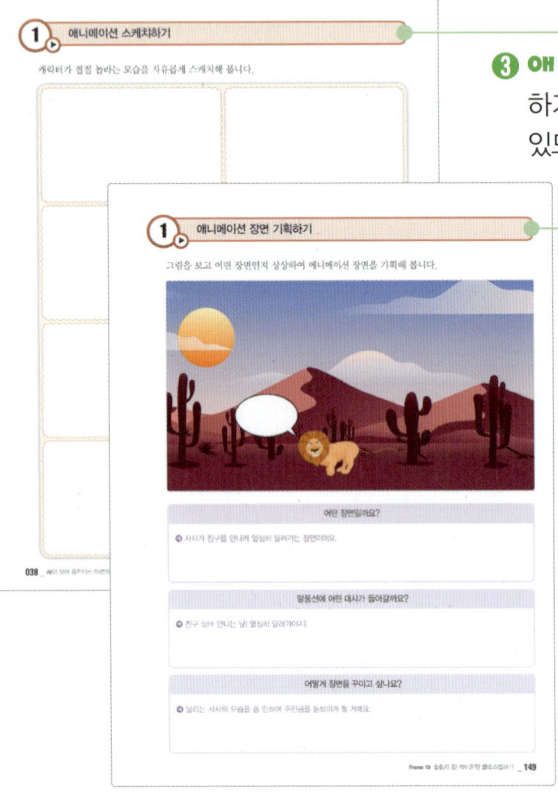

❸ **애니메이션 스케치하기** : 오픈툰즈에서 애니메이션을 제작하기 전에 어떤 장면을 그릴지 미리 생각해 보고 스케치할 수 있도록 하였어요.

❹ **애니메이션 장면 기획하기** : 제시된 장면을 확인하고 나만의 애니메이션 스토리를 기획하고 애니메이션을 제작할 수 있도록 하였어요.

⑤ 미션 : 따라하기 과정 중 해결해야 할 미션을 구체적으로 제시하여 학습 내용 파악이 용이하도록 하였어요.

⑥ 따라하기 : 오픈툰즈의 다양한 기능을 이용하여 애니메이션을 제작하는 과정을 차근차근 따라해 보며 미션을 해결하도록 하였어요.

⑦ 오픈툰즈 디렉터 : 단원을 학습하면서 알아두어야 하는 내용 또는 미션을 해결하기 위한 팁을 확인할 수 있도록 하였어요.

⑧ 이렇게 하면 NG! : 따라하기 과정 중 실수할 수 있는 부분 또는 주의해야 할 사항을 확인할 수 있도록 하였어요.

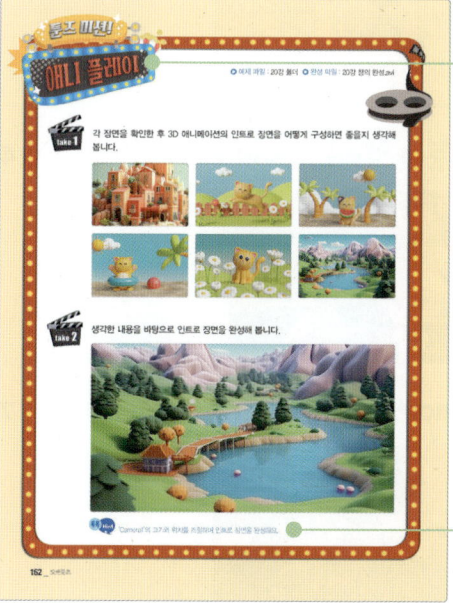

⑨ 툰즈 미션! 애니 플레이 : 단원에서 학습한 내용을 활용하여 다른 스토리의 애니메이션을 제작할 수 있도록 하였어요.

⑩ 톡톡 Hint : 미션에 대한 힌트를 제공하여 쉽게 미션을 해결할 수 있도록 하였어요.

차례

01 나의 애니메이션 : 오픈툰즈 …… **008**

02 브러쉬로 애니메이션 캐릭터 그리기 …… **017**

05 화들짝! 놀란 표정 만들기 …… **037**

06 뛰뛰빵빵 자동차 만들기 …… **046**

09 후루룩 후루룩~ 꼬들꼬들 라면 만들기 …… **070**

10 엉덩이춤 추는 캐릭터 만들기 …… **078**

13 어두운 동굴 속 날개 달린 유령 만들기 …… **098**

14 윙윙~ 거실 안 모기 잡기 …… **106**

17 두근두근! 심장 표현하기 …… **132**

18 활짝! 문이 열리는 베이커리 …… **140**

21 바람에 날리는 머리카락 만들기 …… **163**

22 애니메이션 장면 더빙하기 …… **170**

03 축구공이 날아가는 애니메이션 만들기 ···· **022**

04 훌라훌라~ 춤추는 아바타 만들기 ···· **030**

07 하늘로 흩어지는 글자 만들기 ···· **054**

08 손으로 그린 캐릭터 움직이기 ···· **061**

11 펑펑! 대포 발사시키기 ···· **085**

12 기영이의 즐거운 하굣길 ···· **092**

15 우리의 히어로, 날아라 슈퍼맨! ···· **118**

16 경로를 따라 움직이는 자동차 만들기 ···· **125**

19 밀림의 왕! 라이온킹 클로즈업하기 ···· **148**

20 감성 넘치는 인트로 장면 만들기 ···· **156**

23 멋진 춤을 추는 로봇 만들기 ···· **178**

24 내가 기획하고 만드는 나만의 애니메이션 ···· **185**

Frame 01 — 나의 애니메이션 : 오픈툰즈

▶ 예제 파일 : 없음   ▶ 완성 파일 : 없음

투데이's 컷

학습목표
- 애니메이션의 개념과 애니메이션 제작 방식을 알아봅니다.
- 대표적인 애니메이션에 대해 알아봅니다.
- 자신이 좋아하는 애니메이션에 대해 조사하고 소개해 봅니다.
- 오픈툰즈를 실행하고 화면 구성과 패널 이동 방법을 알아봅니다.

1. 애니메이션이 뭐예요?

애니메이션의 개념과 시대별 애니메이션의 제작 방식에 대해 알아봅니다.

▶ 애니메이션이란 무엇일까요?

애니메이션은 여러 장의 움직이지 않는 이미지를 연속 촬영하고, 조작하여 이미지가 움직이는 것처럼 보이게 만드는 영화의 일종으로, "살아 있는"을 뜻하는 라틴어 '아니마(Anima)'에서 비롯되었습니다. 애니메이션은 인간의 '착시현상'을 이용하여 고정된 이미지를 연속적인 움직임으로 표현하는 것으로 간단히 '동화'라고도 불리며, 우리나라에서 애니메이션에 관심이 많은 사람들 사이에서는 '애니'라고 짧게 표기하기도 합니다.

▶ 애니메이션은 언제부터 시작되었을까요?

애니메이션의 역사는 간단한 그림에서 시작하여 여러 세기를 지나면서 오늘날 우리가 흔히 볼 수 있는 정교한 기술로 발전하며 3D 애니메이션까지 발전하게 되었습니다.

애니메이션의 시작은 기원전 3,000년 후반에 만들어진 그릇의 그림으로, 산양이 나무 위 어린잎을 먹기 위해 점프하는 모습이 그려진 그릇을 애니메이션의 기원이라고 보기도 하고, 기원전 4,000년 전의 이집트 피라미드 내부에 그려진 레슬링 선수들의 모습을 연속적으로 그려 놓은 동작을 애니메이션의 기원이라고 보기도 합니다.

한편, 구석기 시대 동굴 벽화에서는 동물이 달리는 모습을 표현하기 위해 여러 개의 다리를 그려 움직임을 표현하기도 했는데, 이것을 애니메이션의 기원이라고 보기도 합니다.

▲ 고대 이집트 레슬링 벽화
(이미지 출처 : 문화재청 홈페이지)

▲ 스페인 북부 알타미라 동굴 벽화
(이미지 출처 : Panel of the Rhinos, Chauvet Cave)

▶ 시대별 애니메이션 제작 방식의 변화

프락시노스코프

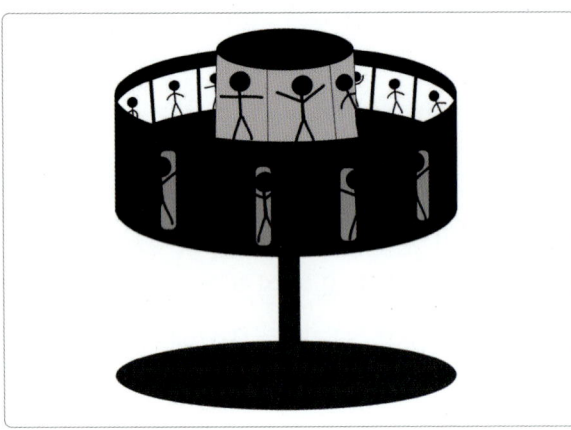

영화가 발명되기 전, 착시 효과를 이용해 만든 장난감인 '조이트로프'에서 계승된 애니메이션 장치로, 띠 모양의 장치에 연속적인 그림을 그리고 원기둥을 중심으로 회전시켜 그림 속의 물체가 움직이는 모습을 감상하도록 한 장치입니다.

프레임 바이 프레임 애니메이션

프레임 바이 프레임(Frame by Frame) 방식의 애니메이션은 필요한 그림을 그린 후 이를 콤마 단위로 촬영하여 제작하는 방식으로, 오늘날 스톱모션 애니메이션과 같은 비디지털 애니메이션 제작 방식입니다.

셀 애니메이션

셀 애니메이션은 개별 투명 셀룰로이드 시트에 연속적인 그림을 그리고 필름 카메라를 사용하여 한 번에 한 프레임씩 촬영한 후 정지되어 있는 이미지를 재생하여 움직임을 표현한 제작 방식으로, 일련의 정지 이미지가 연속적으로 재생될 때 움직이는 것처럼 보이는 필름 카메라의 기본 특성을 활용한 애니메이션 제작 방식입니다.

3D 애니메이션

3D 애니메이션은 컴퓨터 기술의 발달에 따라 컴퓨터 프로그램을 사용하여 애니메이션을 제작하는 방식으로, 3D 환경에서 개체와 배경을 제작한 후 타임라인과 뼈대 등을 활용하여 3D 공간에서 각각의 개체가 움직이도록 하는 제작 방식입니다. 미국 픽사의 '토이 스토리'는 첫 번째 장편 3D 애니메이션으로 전 세계에서 많은 사랑을 받았습니다.

2 대표적인 애니메이션 알아보기

우리가 알고 있는 대표적인 애니메이션에는 어떤 작품들이 있는지 확인해 봅니다.

▶ 신비아파트, 2014년

대한민국 최초의 애니메이션 전문 채널인 투니버스(Tooniverse)에서 자체 제작된 대한민국의 대표적인 애니메이션입니다. 대한민국의 수도 '서울', 귀신이 출몰하는 '신비아파트'를 배경으로 하여 억울하게 귀신이 된 영혼을 하늘나라로 돌려보내며 발생하는 에피소드를 그려낸 어린이 호러 애니메이션으로, 대부분 악인으로 등장하는 한국의 도깨비를 착하고 개성 있는 캐릭터인 '신비'로 표현한 작품입니다.

▶ 겨울왕국, 2013년

월트 디즈니 애니메이션 스튜디오의 장편 애니메이션으로, 월트 디즈니 컴퍼니 창립 90주년을 기념하여 제작된 애니메이션입니다. 모든 것을 얼려버리는 무시무시한 능력을 가지고 있는 '엘사'와 '엘사'의 하나뿐인 동생 '안나'. 자신의 능력이 두려워 왕국을 떠난 언니 '엘사'를 찾아 동생 '안나'가 험난한 여정을 시작하며 진정한 사랑의 의미에 대해 일깨워주는 작품으로, 국내에서는 애니메이션 최초로 1,000만 관객을 돌파한 애니메이션입니다.

▶ 포켓몬스터, 1997년

게임 포켓몬스터를 기반으로 하여 1997년 처음 방영이 시작된 대표적인 애니메이션으로, 현재까지 그 시리즈가 이어져 오고 있습니다. 포켓몬스터는 포켓몬 세계의 지방 곳곳을 여행하며 포켓몬 배틀 경기가 이루어지는 리그에 참가하는 내용이 주요 줄거리로, 우리에게 너무나 유명한 '피카츄'부터 '잠만보', '파이리', '꼬부기' 등 각각의 개성 있는 포켓몬들을 보는 재미가 쏠쏠한 작품입니다.

3 좋아하는 애니메이션 소개하고 만들고 싶은 애니메이션 생각하기

자신이 좋아하는 애니메이션의 내용과 인상적인 장면을 적어 친구들에게 소개해 보고, 만들고 싶은 애니매이션에 대해 생각해 봅니다.

▶ 자신이 좋아하는 애니메이션을 골라 정보를 검색해 보세요.

애니메이션 제목	
개봉(방영) 시기	
제작사	
애니메이션의 내용과 인상적인 장면	

▶ 만들고 싶은 애니메이션을 생각해 보고 애니메이션 스토리를 작성해 보세요.

[예시]
❶ 좋아하는 캐릭터를 활용하여 나만의 애니메이션 스토리로 만들어 봅니다.
❷ 학교에서 있었던 재미있는 이야기를 애니메이션 스토리로 만들어 봅니다.
❸ 동화 속 결말의 뒷이야기를 상상하여 애니메이션 스토리를 만들어 봅니다.

애니메이션 제목	
배경	
등장인물	
스토리	

4 오픈툰즈 화면 구성 알아보기

미션 1 오픈툰즈를 실행하고 새로운 프로젝트를 생성합니다.

① 오픈툰즈(OpenToonz) 아이콘()을 더블클릭하여 프로그램을 실행한 후 [새로운 프로젝트]를 클릭하여 [새로운 프로젝트] 대화상자가 나타나면 프로젝트 명을 입력한 후 [네]를 클릭합니다.

② [오픈툰즈 스타트업] 창에서 [새로운 장면]을 클릭합니다.

오픈툰즈 디렉터 | 메뉴가 영어로 보여요!

오픈툰즈를 실행했을 때 언어가 '영어'로 설정되어 있을 경우 [File]-[Preferences(⚙)]-[Interface]-[Language] 항목에서 언어를 '한국어'로 설정한 후 프로그램을 재실행합니다.

③ [새로운 장면 만들기] 탭에서 장면 이름을 입력한 후 [장면 만들기]를 클릭합니다.

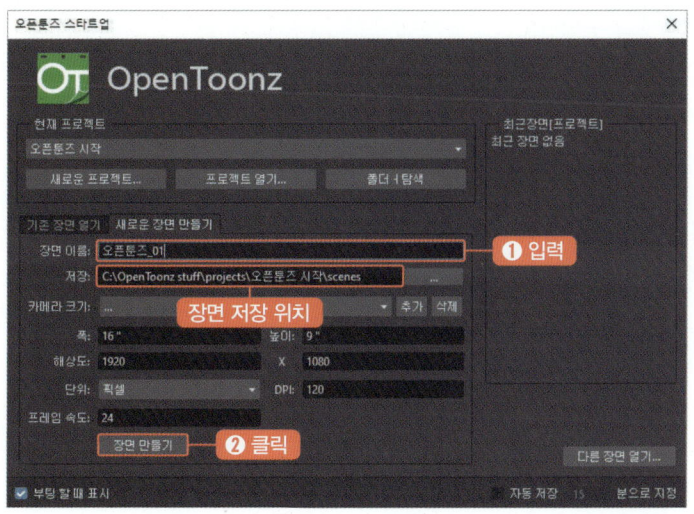

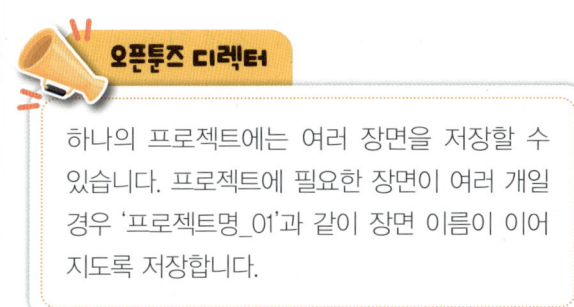

오픈툰즈 디렉터

하나의 프로젝트에는 여러 장면을 저장할 수 있습니다. 프로젝트에 필요한 장면이 여러 개일 경우 '프로젝트명_01'과 같이 장면 이름이 이어지도록 저장합니다.

미션 2 새로운 프로젝트를 생성하면 나타나는 기본 화면 구성을 살펴 봅니다.

① 오픈툰즈의 기본 화면 구성을 확인합니다.

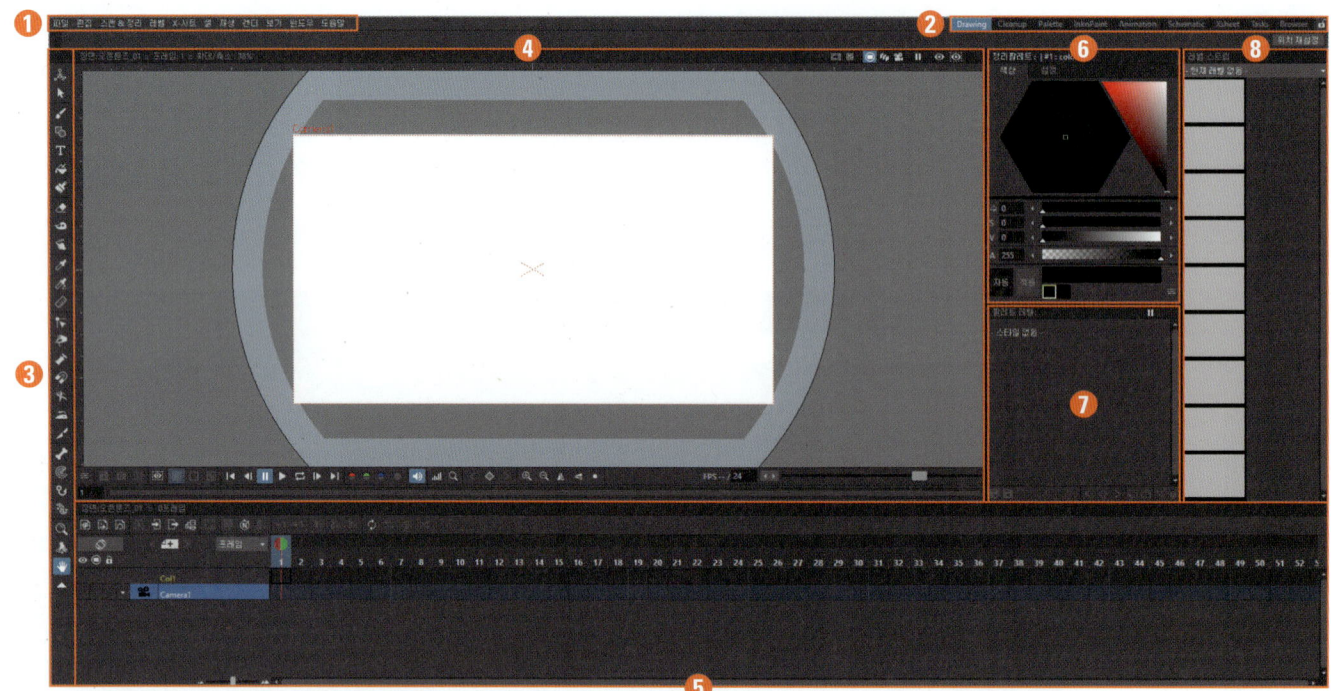

① **상단 메뉴** : 파일, 편집, 스캔 & 정리, 레벨, X-시트, 셀, 재생, 렌더, 보기 등 오픈툰즈에서 사용 가능한 모든 기능이 모여 있습니다.

② **레이아웃 메뉴** : 드로잉, 클린업, 애니메이션 등 작업 스타일에 따라 화면 레이아웃이 변경되어 해당하는 레이아웃을 선택하여 자유롭게 작업할 수 있고, 나만의 방을 만들고 원하는 레이아웃을 만들어 사용할 수도 있습니다.

③ **도구 모음 패널** : 애니메이션을 제작하기 위해 그림을 그릴 수 있는 도구들이 모여 있습니다.

- **애니메이션 도구(　)** : 개체의 위치, 방향, 크기를 변경하거나 왜곡시키고, 중심점을 이동합니다.
- **선택 도구(　)** : 작업 공간의 개체를 선택합니다.
- **브러쉬 도구(　)** : 그림을 그릴 때 사용하는 도구로, 브러쉬 종류를 선택하여 다양한 그림을 그립니다.
- **기하학적 도구(　)** : 직사각형, 원형, 직선 등의 다양한 도형을 그립니다.
- **타입 도구(　)** : 작업 공간에 텍스트를 입력합니다.
- **채우기 도구(　)** : 선과 선이 연결된 면에 색을 채웁니다.
- **페인트 브러쉬 도구(　)** : 개체에 채색을 하는 브러쉬로, 선과 면 영역에 채색을 합니다.
- **지우개 도구(　)** : 작업 공간에 그려진 개체를 지웁니다.
- **테이프 도구(　)** : 벡터 형식의 개체에서 끊어진 선을 연결합니다.

- 핑거 도구( ) : 래스터를 변경하여 개체의 색상을 뭉개는 효과를 줍니다.
- 스타일 선택도구( ) : 개체에 사용된 스타일의 정보를 가져옵니다.
- RGB 선택도구( ) : 개체에 사용된 색상의 정보를 가져옵니다.
- 눈금자 도구( ) : 개체의 크기를 확인합니다.
- 제어 편집기 도구( ) : 백터 형식의 개체에서 선의 모양을 변경합니다.
- 핀치 도구( ) : 백터 형식의 개체에서 직선을 곡선으로 변경합니다.
- 펌프 도구( ) : 백터 형식의 개체에서 선의 일부 두께를 변경합니다.
- 자석 도구( ) : 백터 형식의 개체에서 선의 일부를 당겨 길이를 변경합니다.
- 벤더 도구( ) : 백터 형식의 개체에서 선에 2개의 포인트를 만들고 드래그하여 선을 구부립니다.
- 철 도구( ) : 백터 형식의 개체에서 선의 각진 부분을 부드럽게 폅니다.
- 커터 도구( ) : 백터 형식의 개체에서 불필요한 선을 잘라냅니다.
- 골격 도구( ) : 개체에 뼈대를 생성합니다.
- 추적 도구( ) : 움직이는 개체의 특정 부분을 추적하여 각 셀에 자동으로 추적된 영역을 추가합니다.
- 후크 도구( ) : 모든 레벨에 대해 사용할 수 있는 참조점을 생성하여 걷는 장면에서 보폭을 계산해 애니메이션을 적용합니다.
- 플라스틱 도구( ) : 필요한 영역에 포인트를 생성한 후 각 셀에서 포인트의 위치를 변경하여 움직이는 애니메이션을 설정합니다.
- 확대/축소 도구( ) : 작업 공간을 확대하거나 축소합니다.
- 회전 도구( ) : 작업 공간을 회전시킵니다.
- 손 도구( ) : 작업 공간을 이동시킵니다.

❹ 작업 공간 : 애니메이션 작업이 이루어지는 공간으로, 그림을 그리거나 완성된 애니메이션을 미리 확인할 수 있습니다.

❺ X-시트 패널 : 타임 시트로, 애니메이션 제작에 필요한 소재를 추가하여 타이밍과 순서를 설정하며 애니메이션 작업을 할 수 있습니다.

❻ 레벨 팔레트(스타일 편집기) 패널 : 애니메이션을 제작하기 위해 그림을 그릴 때 필요한 브러쉬, 패턴, 색상 등을 선택할 수 있습니다.

❼ 팔레트 레벨(팔레트) 패널 : 애니메이션을 제작하기 위해 그림을 그릴 때 사용한 색상들이 모여 있는 공간으로, 팔레트 레벨에 저장되어 있는 색상을 변경하면 해당 색상이 적용되어 있는 그림의 색상이 자동으로 변경됩니다.

❽ 레벨 스트립 패널 : 편집 중인 셀의 각 프레임 이미지를 표시합니다.

| 미션 | 3 | 오픈툰즈의 각 패널을 드래그하여 패널 위치를 변경합니다. |

❶ 작업 공간 하단에 위치한 X-시트 패널의 위치를 변경하기 위해 X-시트 패널 상단을 클릭한 후 레벨 스트립 패널 옆으로 드래그합니다.

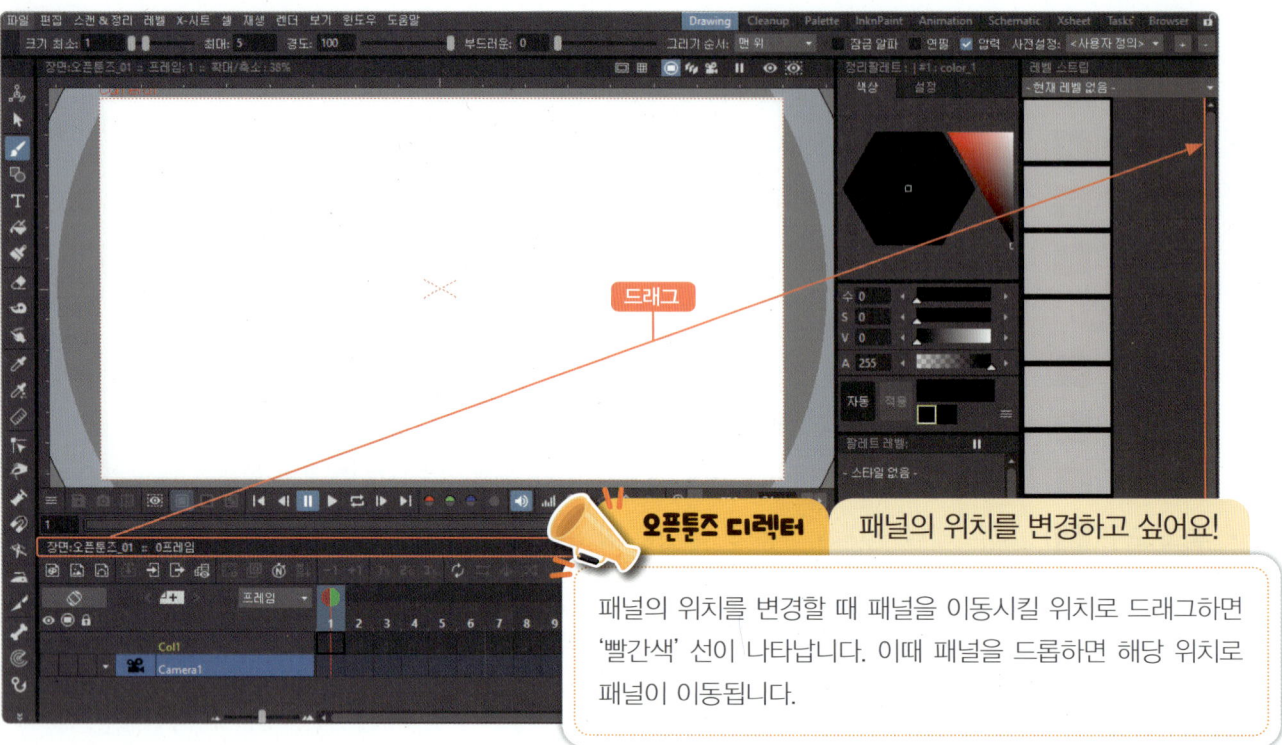

오픈툰즈 디렉터 — 패널의 위치를 변경하고 싶어요!

패널의 위치를 변경할 때 패널을 이동시킬 위치로 드래그하면 '빨간색' 선이 나타납니다. 이때 패널을 드롭하면 해당 위치로 패널이 이동됩니다.

❷ 패널 경계선을 드래그하여 패널의 크기를 조절한 후 X-시트 패널의 [타임시트/타임라인 전환(◎)]을 클릭하여 그림과 같이 패널 화면을 설정합니다.

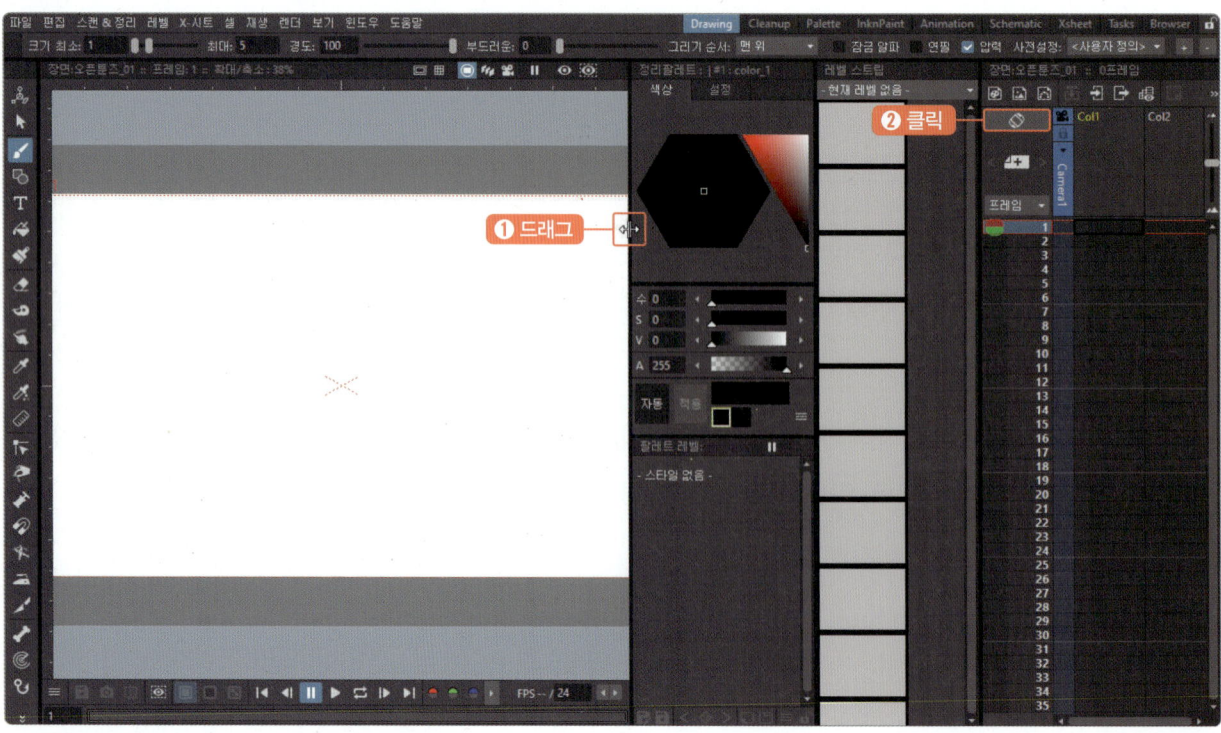

Frame 02 — 브러쉬로 애니메이션 캐릭터 그리기

▶ 예제 파일 : 없음   ▶ 완성 파일 : 02강 완성.png

학습목표
- 새로운 프로젝트와 장면을 생성할 수 있습니다.
- 필요한 색상을 팔레트 레벨 패널에 추가할 수 있습니다.
- 브러쉬 도구를 이용하여 자유롭게 그림을 그릴 수 있습니다.
- 채우기 도구를 이용하여 그림에 채색할 수 있습니다.

 **팔레트 레벨에 색상 추가하기**

미션 1   X-시트 패널에서 뉴 툰즈 래스터 레벨을 생성합니다.

① 오픈툰즈(OpenToonz) 아이콘( )을 더블클릭하여 프로그램을 실행한 후 새로운 프로젝트와 새로운 장면을 생성합니다.

② X-시트 패널에서 [뉴 툰즈 래스터 레벨( )]을 클릭하여 [뉴 레벨] 창이 나타나면 [네]를 클릭합니다.

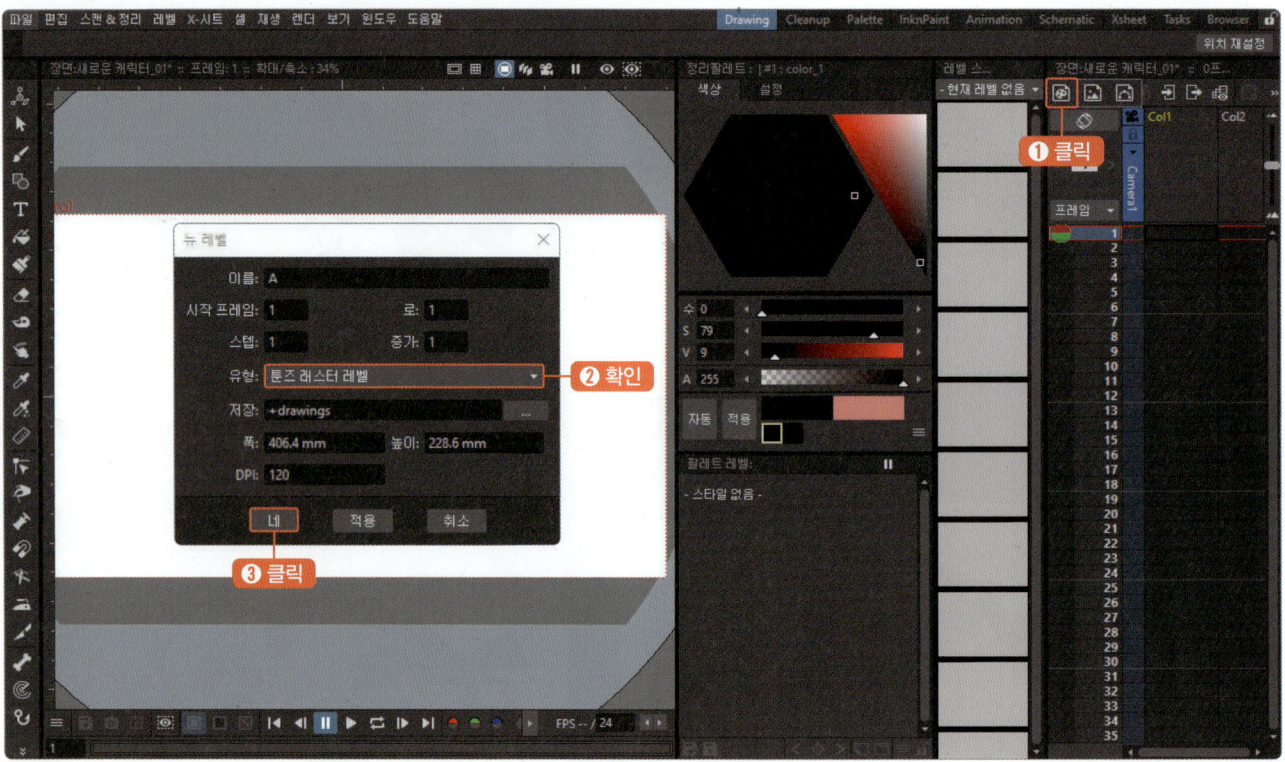

 레벨 유형이 뭐예요?

레벨 유형은 그림을 그릴 때의 유형을 의미하는 것으로, '뉴 툰즈 래스터 레벨'은 픽셀로 구성된 비트맵 형식의 그림을 그릴 때 사용하고 '뉴 백터 레벨'은 선과 곡선으로 구성된 백터 형식의 그림을 그릴 때 사용합니다. 비트맵 형식의 그림과 백터 형식의 그림은 확대했을 때 그 차이를 확인할 수 있습니다.

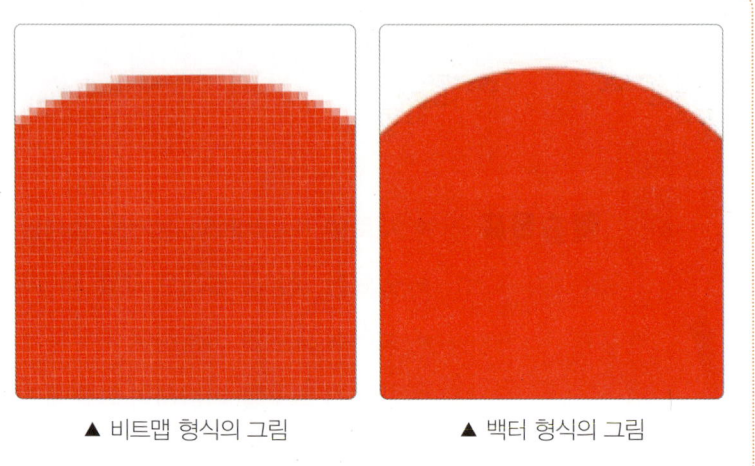

▲ 비트맵 형식의 그림   ▲ 백터 형식의 그림

| 미션 ② | 팔레트 레벨 패널에 색상을 추가합니다. |

① 도구 모음 패널에서 '브러쉬 도구(🖌)'를 클릭한 후 브러쉬 크기를 지정합니다. 이어서 레벨 팔레트 패널에서 원하는 색상을 지정한 후 작업 공간에 그림을 그려 봅니다.

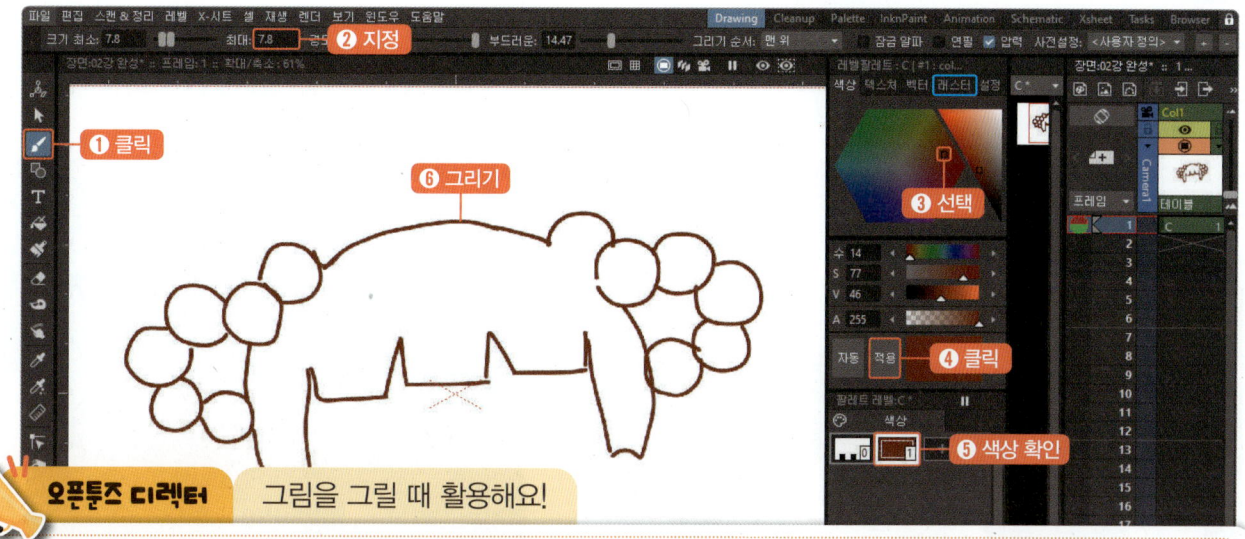

오픈툰즈 디렉터 — 그림을 그릴 때 활용해요!

- 마우스 휠을 위로 밀거나 아래로 당기면 작업 공간의 크기를 조절할 수 있고, 마우스 휠을 누른 상태로 드래그하면 작업 공간을 이동할 수 있습니다.
- 마우스를 이용하여 작업할 때는 필압(압력)이 적용되지 않으므로 [최대] 바만 조절하여 브러쉬 크기를 조절합니다.
- 레벨 팔레트 패널에서 [래스터] 탭을 클릭하면 다양한 종류의 브러쉬를 선택할 수 있습니다.

② 새로운 색상을 팔레트 레벨 패널에 추가하기 위해 팔레트 레벨 패널의 [새로운 스타일(➕)]을 클릭한 후 레벨 팔레트 패널에서 원하는 색상을 선택하고 [적용]을 클릭합니다.

오픈툰즈 디렉터

- [자동]에 체크해 두면 선택한 색상이 자동으로 팔레트 레벨 패널에 적용됩니다.
- 작업 공간 상단의 [부드러운] 값을 조절하여 손떨림 방지 기능을 사용할 수 있습니다.

채우기 도구로 채색하고 완성 작품 저장하기

미션 1 채우기 도구를 이용해 완성된 그림에 색을 채웁니다.

❶ '브러쉬 도구( )'를 이용하여 그림을 완성하고 팔레트 레벨 패널에 원하는 색상을 추가한 후 '채우기 도구( )'를 이용하여 그림에 색을 채워 봅니다.

미션 2 완성한 작품을 이미지 파일로 저장합니다.

❶ 상단 메뉴의 [렌더]-[출력 설정]을 클릭한 후 [출력 설정] 창이 나타나면 [파일]을 클릭합니다.

❷ 저장 위치와 파일 이름을 지정하고 파일 형식을 'png'로 선택한 후 [렌더]를 클릭합니다.

020 _ 꿈이 살아 움직이는 마법의 기술 **오픈툰즈 애니메이션**

▶ 예제 파일 : 없음   ▶ 완성 파일 : 02강 창의 완성.png

 X-시트 패널에서 '뉴 툰즈 래스터 레벨'을 추가한 후 브러쉬 도구를 이용하여 애니메이션 캐릭터를 그려 봅니다.

 '브러쉬 도구'를 이용하여 그림을 그릴 때 작업 공간을 확대하여 그리면 더욱 깔끔하게 그림을 그릴 수 있어요.

 팔레트 레벨 패널에 새로운 색상을 추가하며 채우기 도구를 이용하여 그림과 같이 채색해 봅니다.

Frame 02 브러쉬로 애니메이션 캐릭터 그리기 _ **021**

Frame 03
축구공이 날아가는 애니메이션 만들기

▶ 예제 파일 : 03강 폴더   ▶ 완성 파일 : 03강 완성.avi

학습목표
- 외부 파일을 불러와 새로운 레벨을 생성할 수 있습니다.
- 여러 레벨의 순서를 변경할 수 있습니다.
- 배경으로 사용될 레벨의 셀을 복제할 수 있습니다.
- 빈 셀 채우기를 이용하여 애니메이션을 완성할 수 있습니다.

1 외부 파일 불러와 새로운 레벨 생성하기

미션 1 [Browser] 탭에서 '배경', '축구공' 파일을 불러와 새로운 레벨을 생성합니다.

① 오픈툰즈(OpenToonz) 아이콘()을 더블클릭하여 프로그램을 실행한 후 새로운 프로젝트와 새로운 장면을 생성합니다.

② 레이아웃 메뉴에서 [Browser] 탭을 클릭한 후 [예제파일]-[03강] 폴더를 찾아 선택합니다.

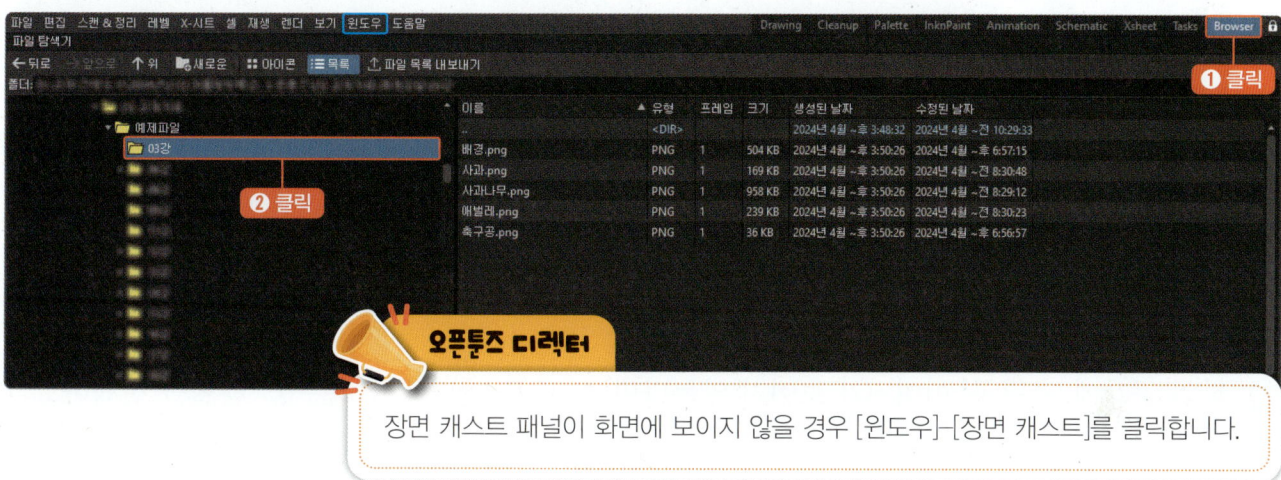

오픈툰즈 디렉터

장면 캐스트 패널이 화면에 보이지 않을 경우 [윈도우]-[장면 캐스트]를 클릭합니다.

③ 폴더 안에 저장된 '배경.png', '축구공.png' 파일을 장면 캐스트 패널로 드래그하여 추가한 후 [Drawing] 탭을 클릭하여 애니메이션을 편집할 수 있는 레이아웃으로 돌아옵니다.

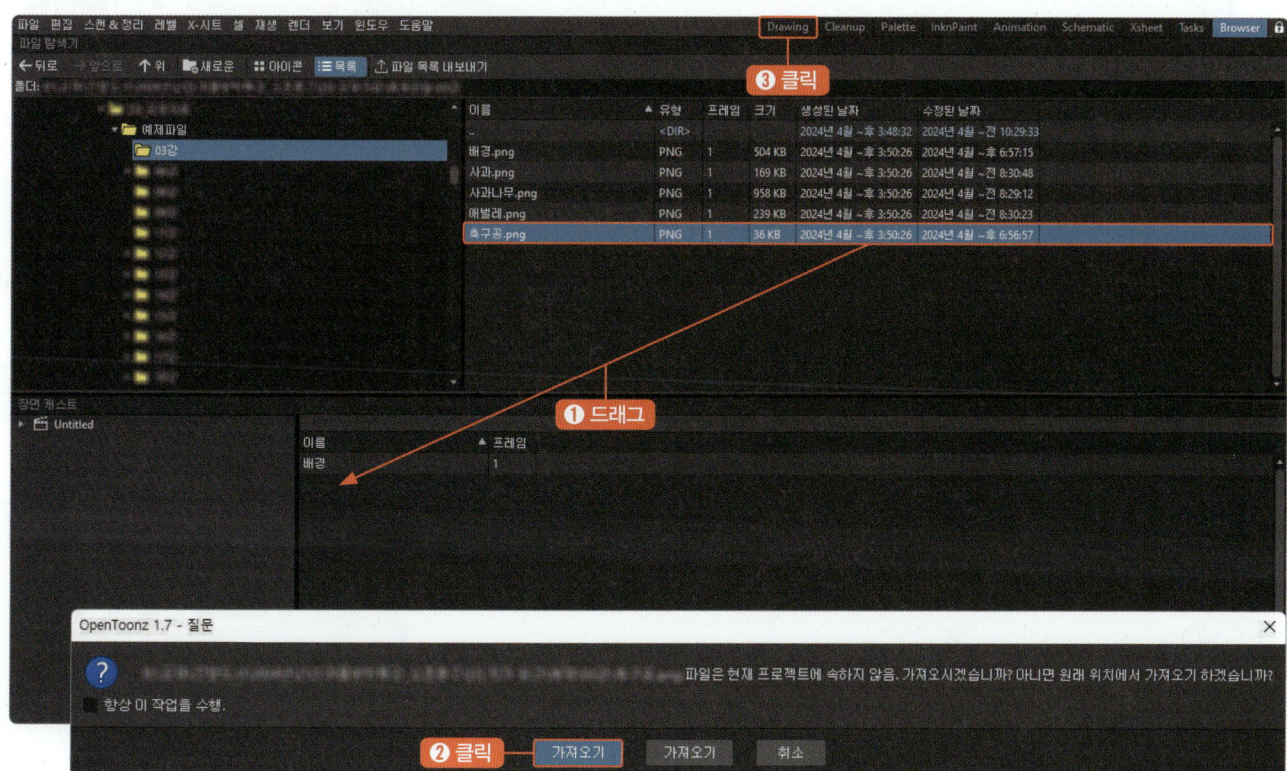

미션 2 '배경'과 '축구공' 레벨의 순서를 변경합니다.

❶ 작업 공간에 추가한 '배경'과 '축구공' 이미지가 정상적으로 보이는지 확인합니다.

❷ 작업 공간에 '축구공' 이미지가 보이지 않는다면 X-시트 패널에서 '축구공' 레벨을 선택하고 '배경' 레벨 옆으로 드래그하여 레벨의 순서를 변경합니다.

오픈툰즈 디렉터 용어가 어려워요!

- **레벨** : 각각의 개체를 의미합니다. 애니메이션에서는 개체마다 움직임, 속성 등이 다르기 때문에 각각의 레벨을 만들어 작업합니다.
- **셀** : 각 레벨의 애니메이션을 표현하기 위한 하나의 장면입니다. 각 레벨의 세로 칸들을 셀이라고 부릅니다.
- **프레임** : 전체 애니메이션을 표현하기 위한 하나의 장면입니다. 가로 칸들을 프레임이라고 부릅니다.

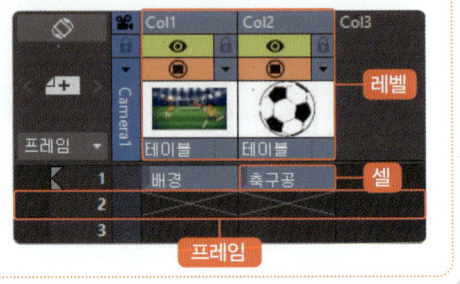

2 셀 복제하고 애니메이션 적용하기

미션 1 '배경' 레벨의 셀을 복제합니다.

① X-시트 패널의 '배경(Col1)' 레벨에서 1번째 셀을 클릭한 후 채우기 바를 드래그하여 24번째 셀까지 복제합니다.

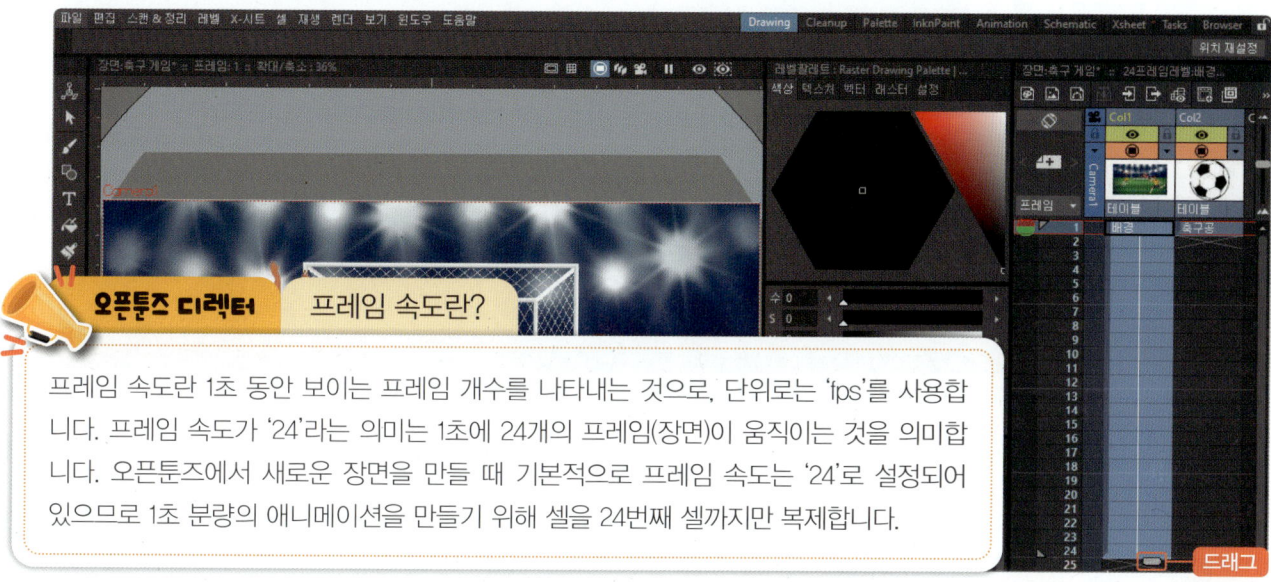

오픈툰즈 디렉터 — 프레임 속도란?

프레임 속도란 1초 동안 보이는 프레임 개수를 나타내는 것으로, 단위로는 'fps'를 사용합니다. 프레임 속도가 '24'라는 의미는 1초에 24개의 프레임(장면)이 움직이는 것을 의미합니다. 오픈툰즈에서 새로운 장면을 만들 때 기본적으로 프레임 속도는 '24'로 설정되어 있으므로 1초 분량의 애니메이션을 만들기 위해 셀을 24번째 셀까지만 복제합니다.

미션 2 '축구공'이 나타날 위치로 이동시킵니다.

① X-시트 패널의 '축구공(Col2)' 레벨에서 1번째 셀을 클릭합니다. 도구 모음 패널의 '애니메이션 도구( )'를 클릭하고 속성이 '이동'으로 되어 있는지 확인한 후 '축구공'이 처음 나타날 위치로 이동시킵니다.

미션 3 　빈 셀 채우기를 이용하여 '축구공'의 위치, 크기, 방향을 지정합니다.

❶ '축구공' 레벨의 2번째 셀을 클릭한 후 마우스 오른쪽 버튼을 클릭하여 [빈 셀 채우기]를 클릭합니다.

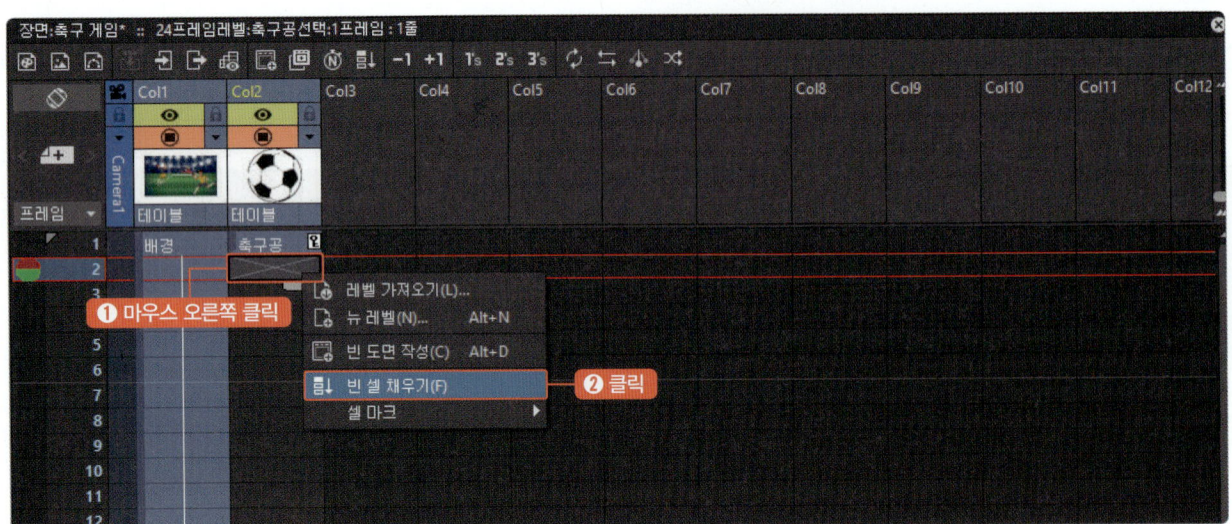

❷ 2번째 셀을 클릭한 후 '애니메이션 도구( )'의 속성을 '비율'로 변경하고 '축구공'의 크기를 작게 조절합니다.

> **오픈툰즈 디렉터**
>
> - '축구공'이 골대를 향해 날아가는 애니메이션을 만들기 위해 '축구공'이 점점 작아지며 멀어지는 모습을 표현해야 합니다.
> - 애니메이션이 적용된 셀에는 키 모양의 아이콘( )이 삽입됩니다.

❸ '축구공'이 회전하는 모습을 표현하기 위해 '애니메이션 도구( )'의 속성을 '회전'으로 변경하고 '축구공'의 방향을 회전시킨 후 다시 속성을 '이동'으로 변경하고 '축구공'의 위치를 그림과 같이 조절합니다.

❹ ❶~❸과 같은 방법으로 빈 셀을 추가하고 '축구공'의 위치, 크기, 방향을 조절하여 24번째 셀까지 애니메이션을 적용해 봅니다.

오픈툴즈 디렉터

'애니메이션 도구( )'의 속성을 '전체'로 선택하면 '위치', '크기', '방향' 등을 한 번에 변경할 수 있습니다.

Frame 03 축구공이 날아가는 애니메이션 만들기 _ **027**

 **완성한 애니메이션 동영상으로 저장하기**

① 축구공 골인시키기 애니메이션이 완성되면 작업 공간 하단의 [실행(▶)]을 클릭하여 애니메이션을 확인한 후 [렌더]-[출력 설정]을 클릭합니다.

② [출력 설정] 창이 나타나면 [파일]을 클릭한 후 애니메이션 이름을 입력하고 저장 위치와 확장자('avi')를 지정한 후 [렌더]를 클릭합니다.

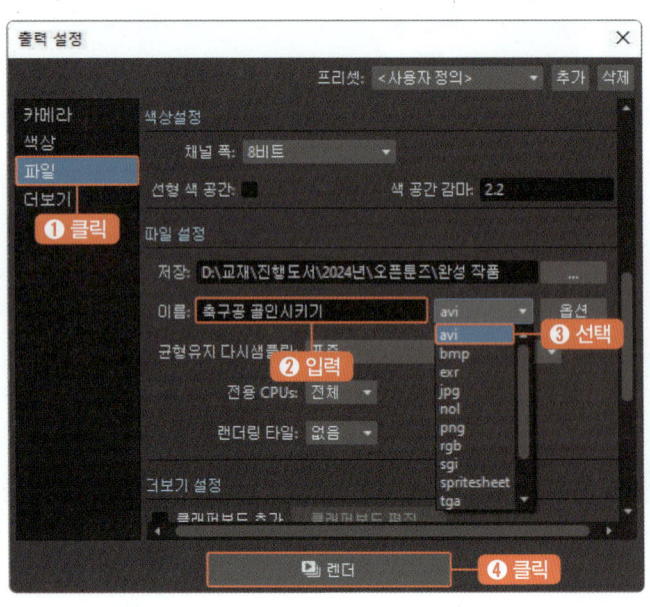

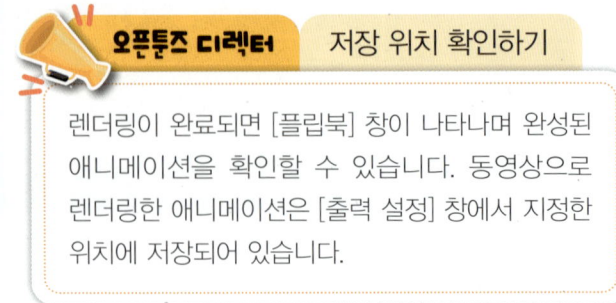

오픈툰즈 디렉터 저장 위치 확인하기

렌더링이 완료되면 [플립북] 창이 나타나며 완성된 애니메이션을 확인할 수 있습니다. 동영상으로 렌더링한 애니메이션은 [출력 설정] 창에서 지정한 위치에 저장되어 있습니다.

③ 완성된 동영상 파일을 실행하여 축구공 골인시키기 애니메이션을 감상해 봅니다.

◐ 예제 파일 : 03강 폴더 ◐ 완성 파일 : 03강 창의 완성.avi

'사과나무', '사과', '애벌레' 파일을 불러와 '사과나무'에서 '사과'가 떨어지는 애니메이션을 완성해 봅니다.

 '사과나무', '사과', '애벌레'의 순서로 레벨 순서를 지정해요.

'애벌레'가 '사과'를 향해 기어오는 애니메이션을 완성해 봅니다.

 '사과'가 떨어지는 모습을 확인하며 '애벌레'를 이동시켜요.

Frame 04 훌라훌라~ 춤추는 아바타 만들기

▶ 예제 파일 : 없음 ▶ 완성 파일 : 04강 완성.avi

투데이'S 컷

학습목표
- 애니메이션 장면을 스케치하고 새로운 레벨을 생성할 수 있습니다.
- 마커를 생성하여 이전 셀에 그린 장면을 확인할 수 있습니다.
- 앞서 그린 장면을 확인하며 다음 장면을 그릴 수 있습니다.
- 마커를 중지하고 춤추는 아바타 애니메이션을 완성할 수 있습니다.

1 애니메이션 스케치하기

아바타가 춤을 추는 모습을 자유롭게 스케치해 봅니다.

오픈툰즈 디렉터

그리고 싶은 아바타의 모습을 자유롭게 스케치합니다. 애니메이션 제작 과정은 더욱 많은 장면이 필요한 작업이므로, 스케치 과정에서는 아바타의 모습과 큰 동작 위주로 스케치합니다.

2 춤추는 아바타 애니메이션 만들기

미션 1 장면 크기를 지정하고 새로운 툰즈 래스터 레벨을 생성합니다.

❶ 오픈툰즈(OpenToonz) 아이콘()을 더블클릭하여 프로그램을 실행한 후 새로운 프로젝트를 생성하고 [새로운 장면]을 클릭합니다.

❷ 장면 이름('춤추는 아바타')을 입력하고 폭('800px')과 높이('800px')를 변경한 후 [장면 만들기]를 클릭합니다.

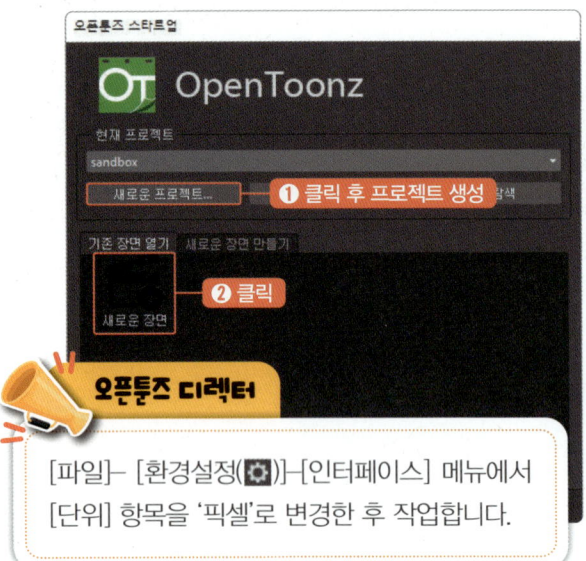
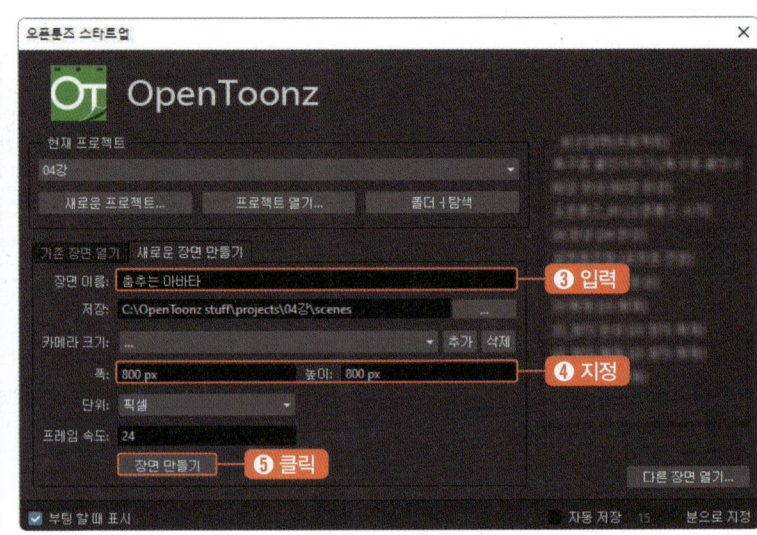

> **오픈툰즈 디렉터**
> [파일]–[환경설정(⚙)]–[인터페이스] 메뉴에서 [단위] 항목을 '픽셀'로 변경한 후 작업합니다.

❸ X–시트 패널에서 [뉴 툰즈 래스터 레벨(▣)]을 클릭하여 [뉴 레벨] 창이 나타나면 폭('800px')과 높이('800px')를 지정한 후 [네]를 클릭합니다.

미션 2 브러쉬 도구를 이용하여 아바타를 그립니다.

① 도구 모음 패널에서 '브러쉬 도구( )'를 클릭한 후 브러쉬 크기를 지정하고 작업 공간에 아바타의 모습을 그립니다.

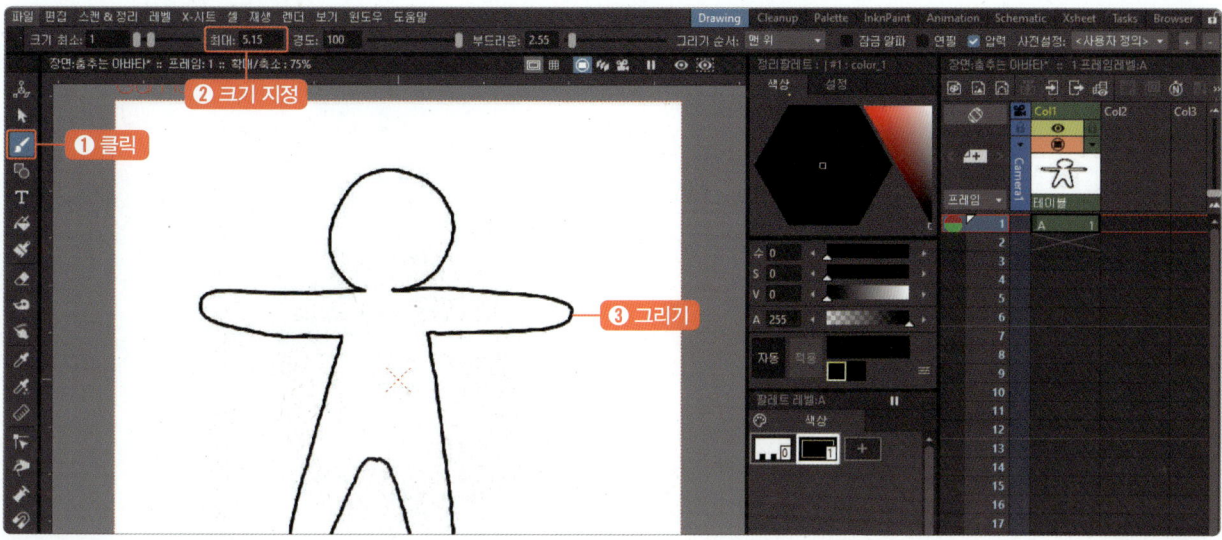

미션 3 프레임에 마커를 생성하고 애니메이션을 완성합니다.

① X-시트 패널의 'Col1' 레벨에서 2번째 셀을 클릭하고 '프레임1'에 마우스 포인터를 위치시킨 후 노란색 점이 나타나면 클릭하여 '마커'를 생성합니다.

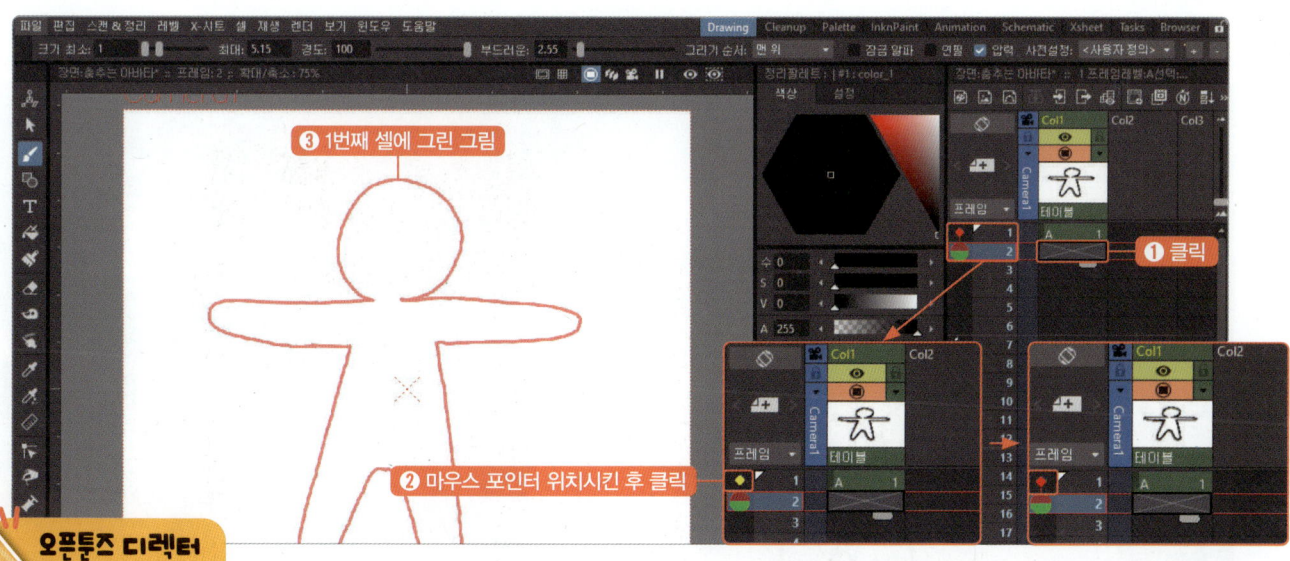

오픈툴즈 디렉터

마커는 프레임 왼쪽과 중간에 생성할 수 있는데, 왼쪽에 마커를 생성할 경우 마커가 고정되어 모든 셀의 그림이 잔상으로 나타나고, 중간에 마커를 생성할 경우 마커가 셀에 따라 이동되어 이전 셀의 그림만 잔상으로 나타납니다.

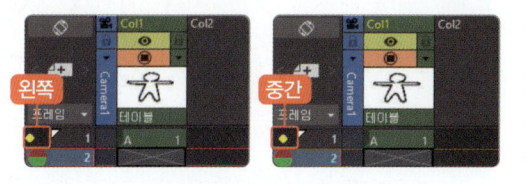

❷ 마커가 생성되어 작업 공간에 이전 셀에서 그린 그림이 나타나면 이전 셀에서 그린 그림을 확인하며 아바타의 다음 움직임을 그립니다.

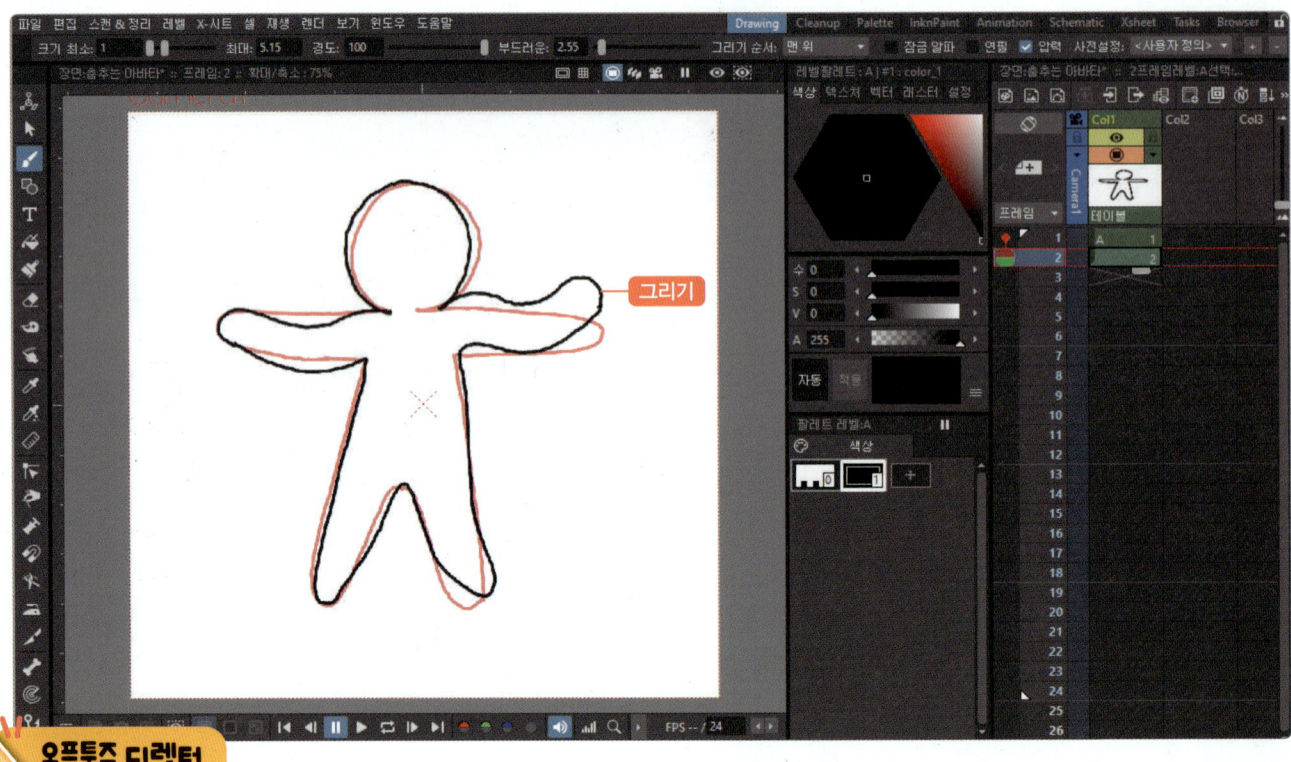

오픈툰즈 디렉터

마커가 생성되면 작업 공간에 이전 셀에서 그린 그림이 빨간색 선으로 나타납니다.

❸ 3번째 셀을 클릭한 후 이전 셀에서 그린 그림을 확인하며 아바타의 다음 움직임을 그립니다.

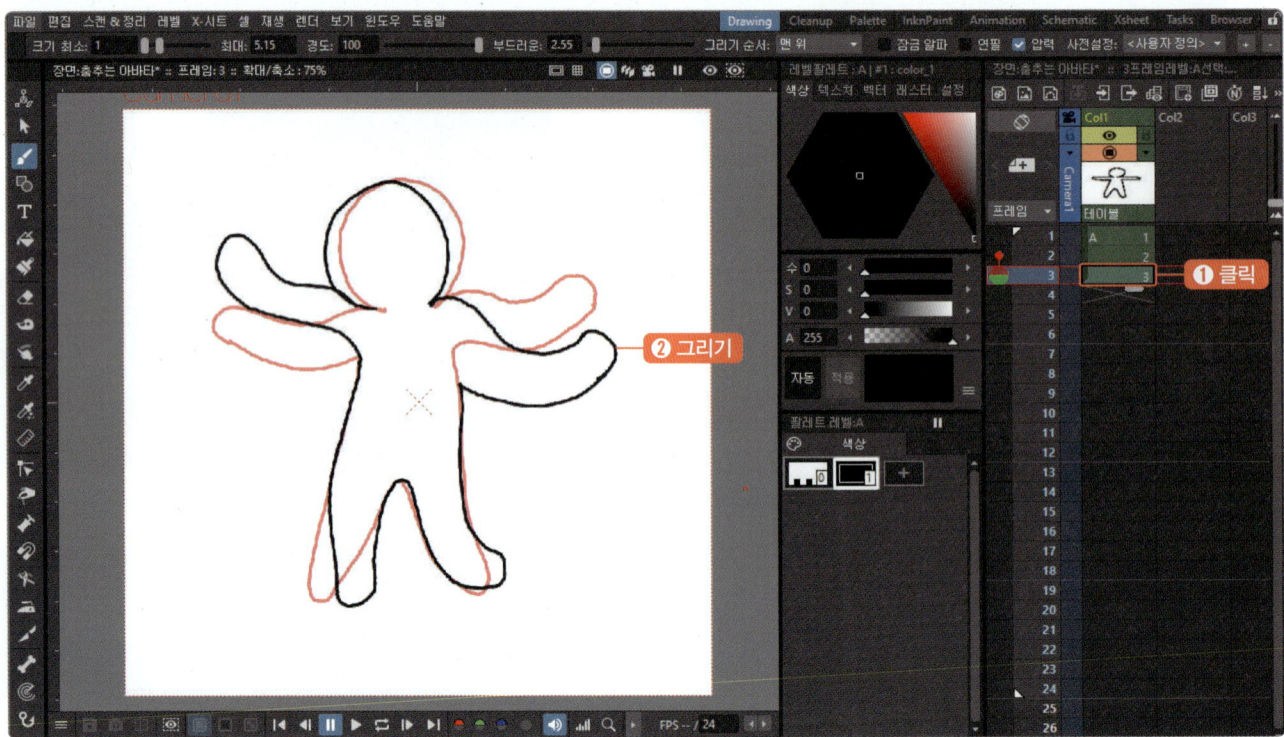

❹ ❷~❸과 같은 방법으로 다음 셀을 클릭하고 이전 셀에서 그린 그림을 확인하며 춤추는 아바타를 그려 봅니다.

❺ 동작이 반복되는 부분의 경우 레벨 스트립 패널에서 원하는 장면을 셀로 이동시켜 아바타의 움직임을 추가해 봅니다.

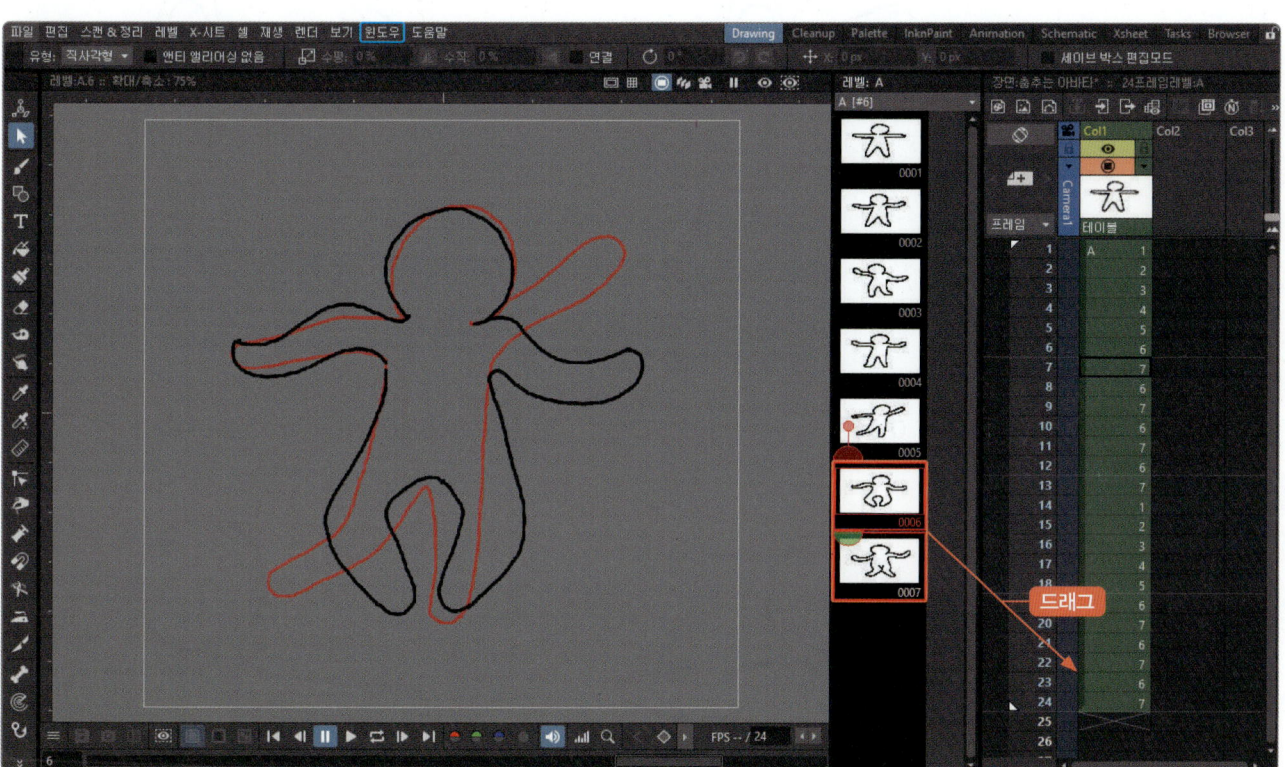

오픈툰즈 디렉터 레벨 스트립 패널이 어디 있어요?

상단 메뉴의 [윈도우]-[레벨 스트립]을 클릭하면 화면에 패널이 나타납니다. 다른 패널들도 같은 방법으로 화면으로 꺼내 사용할 수 있습니다.

❻ 춤추는 아바타 애니메이션이 완성되면 작업 공간 하단의 [실행(▶)]을 클릭하여 애니메이션을 확인한 후 [렌더]-[출력 설정]을 클릭하여 애니메이션을 'avi' 파일로 저장해 봅니다.

◐ 예제 파일 : 없음   ◐ 완성 파일 : 04강 창의 완성1.avi, 04강 창의 완성2.avi

마커 기능을 이용하여 캐릭터가 손짓하는 애니메이션을 완성해 봅니다.

마커 기능을 이용하여 캐릭터가 고개를 흔드는 애니메이션을 완성해 봅니다.

Frame 05 화들짝! 놀란 표정 만들기

▶ 예제 파일 : 없음 ▶ 완성 파일 : 05강 완성.avi

학습목표
- 애니메이션의 장면을 스케치할 수 있습니다.
- 마커를 생성하고 셀을 추가하며 장면을 그릴 수 있습니다.
- 채우기 도구를 이용하여 전체 장면을 한 번에 채색할 수 있습니다.
- 셀을 복제하여 애니메이션의 진행 속도를 조절할 수 있습니다.

1 애니메이션 스케치하기

캐릭터가 점점 놀라는 모습을 자유롭게 스케치해 봅니다.

2 놀라는 캐릭터 그리기

미션 1 장면 크기를 지정하고 새로운 툰즈 래스터 레벨을 생성합니다.

❶ 오픈툰즈(OpenToonz) 아이콘()을 더블클릭하여 프로그램을 실행한 후 새로운 프로젝트를 생성하고 [새로운 장면]을 클릭합니다.

❷ 장면 이름('놀라는 캐릭터')을 입력하고 폭('500px')과 높이('800px')를 지정한 후 [장면 만들기]를 클릭합니다.

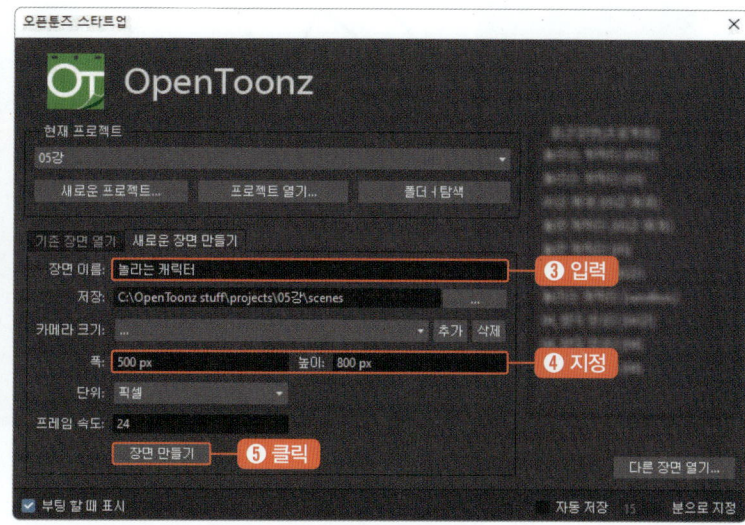

❸ X-시트 패널에서 [뉴 툰즈 래스터 레벨(🎨)]을 클릭하여 [뉴 레벨] 창이 나타나면 폭('500px')과 높이('800px')를 지정한 후 [네]를 클릭합니다.

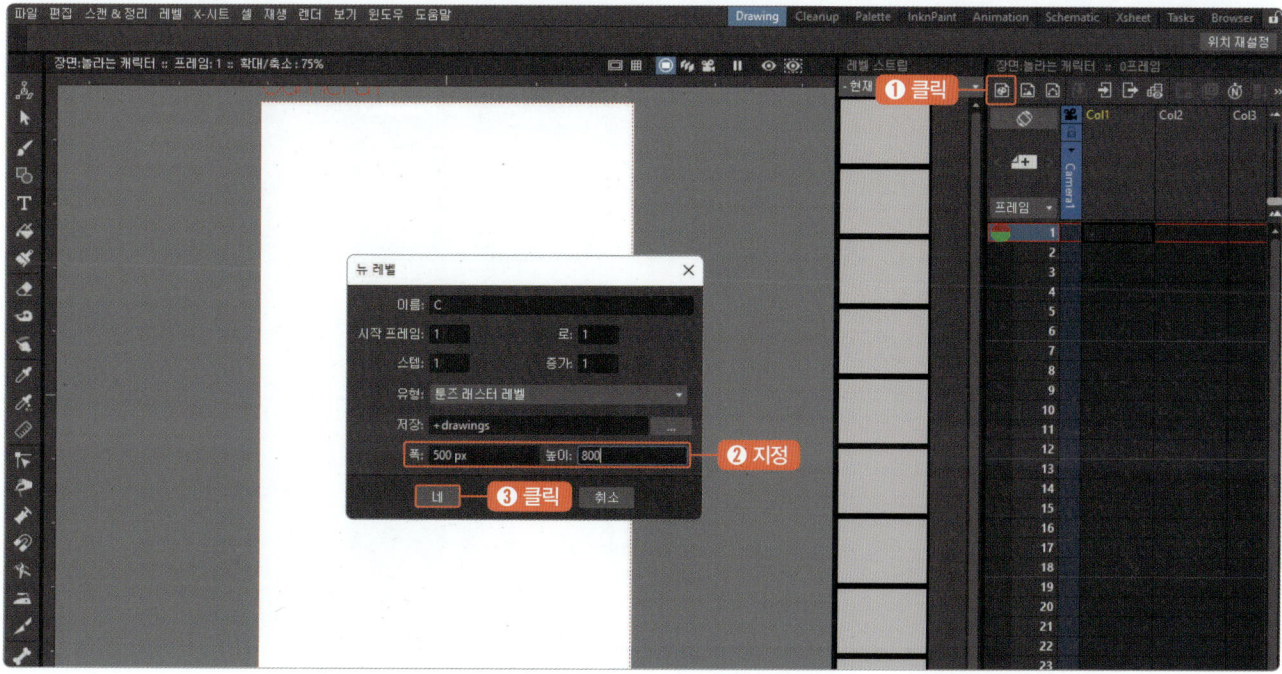

| 미션 | 2 | 브러쉬 도구를 이용하여 놀라기 전 캐릭터의 모습을 그립니다. |

❶ 도구 모음 패널에서 '브러쉬 도구( )'를 클릭한 후 브러쉬 크기를 지정하고 놀라기 전 캐릭터의 모습을 그립니다.

| 미션 | 3 | 마커를 생성하여 점점 놀라는 표정의 캐릭터를 그립니다. |

❶ X-시트 패널에서 'Col1' 레벨의 2번째 셀을 클릭한 후 '프레임1'에 마커를 생성합니다.

❷ 이전 셀에서 그린 그림을 확인하며 스케치한 내용을 바탕으로 점점 놀라는 모습의 캐릭터를 그려 봅니다.

스케치한 내용을 바탕으로 여러 장면을 추가하여 놀라는 캐릭터를 실감나게 그려 봅니다.

❸ 모든 장면을 그린 후 프레임에 적용되어 있는 마커를 클릭하여 마커를 해제합니다.

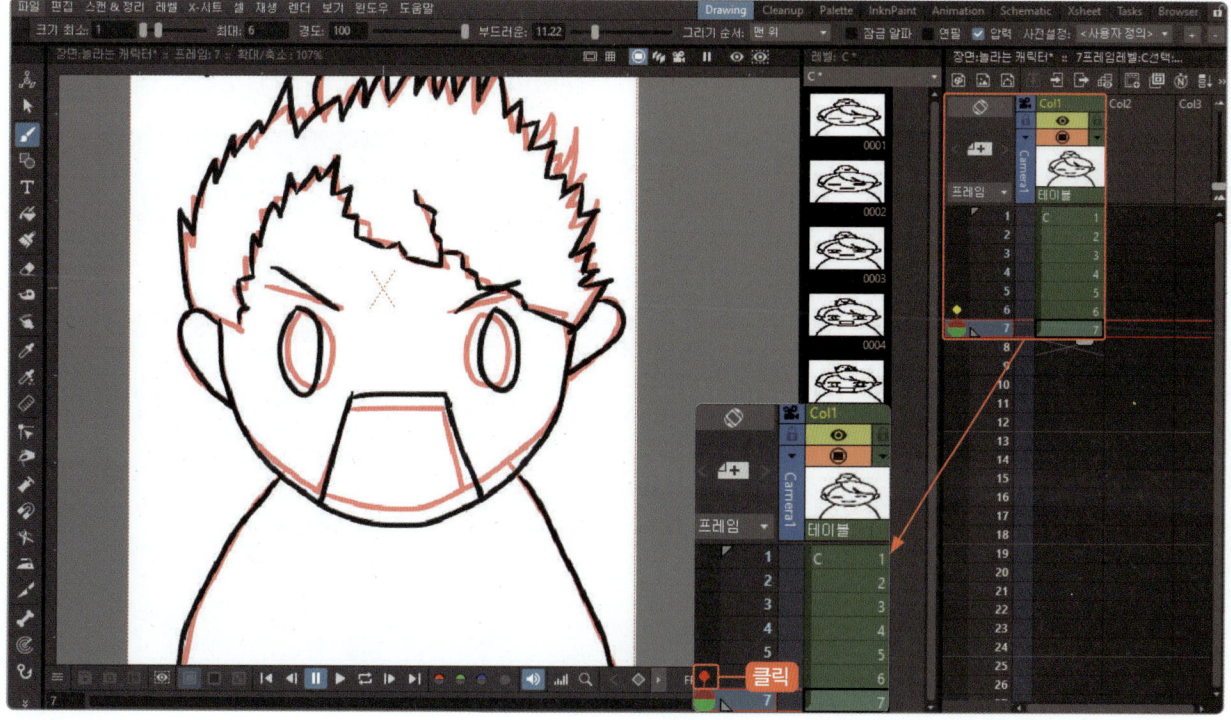

 **모든 장면 한 번에 채색하기**

① 도구 모음 패널에서 '채우기 도구( )'를 클릭하고 팔레트 레벨 패널에서 [새로운 스타일( )]을 클릭하여 새로운 팔레트를 추가합니다.

② 레벨 팔레트 패널에서 캐릭터 얼굴을 채색할 색상을 선택한 후 [적용]을 클릭합니다.

이렇게 하면 NG!
새로운 색상을 사용할 경우 반드시 새로운 스타일을 추가하여 사용할 색상을 적용해야 해요. 이 과정을 거치지 않고 색상을 선택할 경우 앞서 그려 놓은 캐릭터(외곽선)의 색상이 변경돼요.

③ 캐릭터의 얼굴을 한 번에 채색하기 위해 작업 공간 상단의 [프레임 범위]에 체크한 후 레벨 스트립 패널에서 '0001' 장면을 선택하고 캐릭터의 얼굴을 클릭하여 빨간색 십자가가 생기는지 확인합니다.

042 _ 꿈이 살아 움직이는 마법의 기술 **오픈툰즈 애니메이션**

④ 레벨 스트립 패널에서 마지막 장면을 선택한 후 캐릭터의 얼굴을 클릭합니다.

⑤ 모든 장면에 얼굴 색이 채워졌는지 확인합니다.

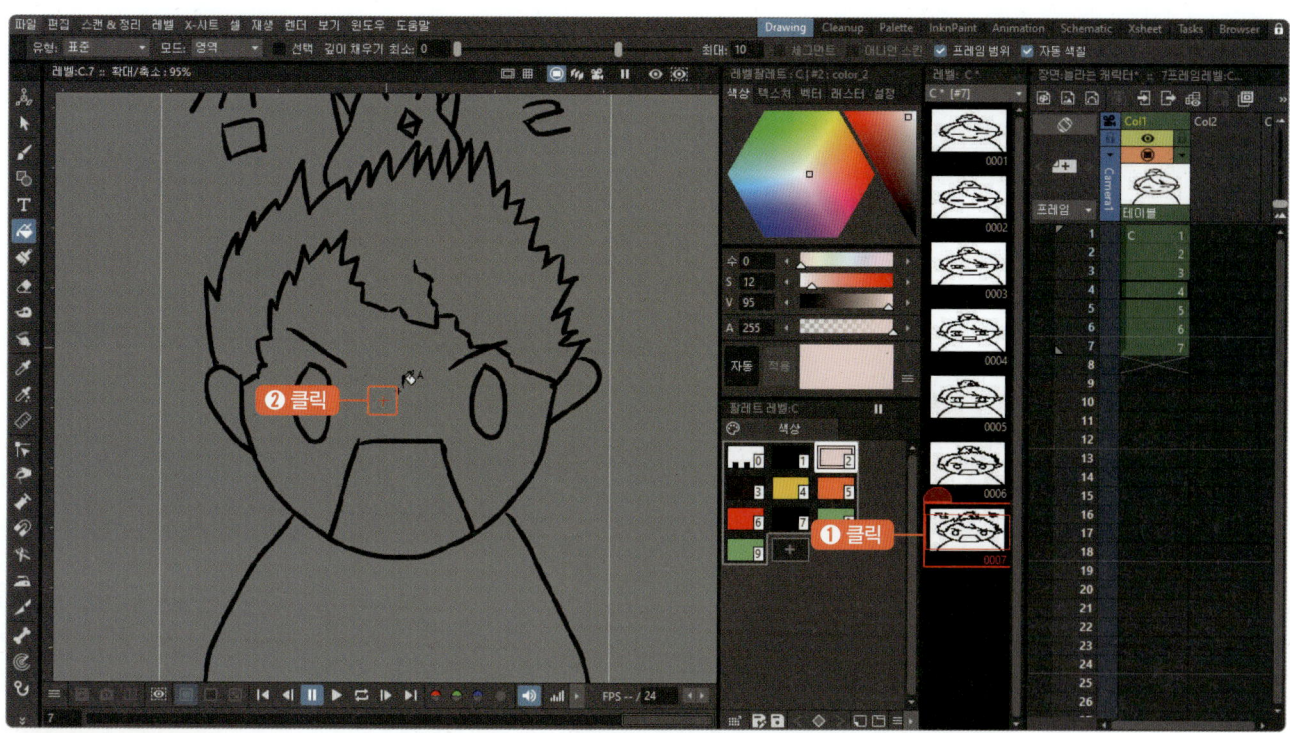

오픈툰즈 디렉터

채색하기 전에 앞서 그린 그림을 다시 확인하여 선과 선이 제대로 이어져 있는지 확인합니다.

⑥ ①~⑤와 같은 방법으로 다른 영역도 한 번에 채색해 봅니다.

오픈툰즈 디렉터

색이 칠해지지 않은 부분은 '브러쉬 도구()'를 이용해 채색합니다.

Frame 05 화들짝! 놀란 표정 만들기 _ **043**

 ## 셀 복제하고 완성된 애니메이션 저장하기

① X-시트 패널에서 1번째 셀을 클릭하고 채우기 바를 드래그하여 셀을 복제합니다.

오픈툰즈 디렉터

애니메이션이 너무 빠르게 진행되어 놀라는 모습을 제대로 확인할 수 없을 수 있습니다. 이럴 땐 셀을 복제하여 같은 장면이 여러 번 재생되도록 만들면 애니메이션이 진행되는 속도를 지연시킬 수 있습니다.

② 같은 방법으로 나머지 셀들도 복제하여 애니메이션을 완성해 봅니다.

③ 놀라는 캐릭터 애니메이션이 완성되면 작업 공간 하단의 [실행(▶)]을 클릭하여 애니메이션을 확인한 후 [렌더]-[출력 설정]을 클릭하여 애니메이션을 'avi' 파일로 저장해 봅니다.

▶ 예제 파일 : 없음　▶ 완성 파일 : 05강 창의 완성.avi

마커 기능을 이용하여 셀을 추가하며 웃다가 우는 캐릭터를 그려 봅니다.

 장면의 크기는 폭('500px'), 높이('500px')로 설정한 후 작업해요.

채우기 도구를 이용하여 캐릭터를 채색하고 셀을 복제하여 애니메이션을 완성해 봅니다.

 레벨 스트립 패널에서 전체 장면을 자동으로 채색해요.

Frame 05 화들짝! 놀란 표정 만들기 _ **045**

뛰뛰빵빵 자동차 만들기

▶ 예제 파일 : 06강 폴더   ▶ 완성 파일 : 06강 완성.avi

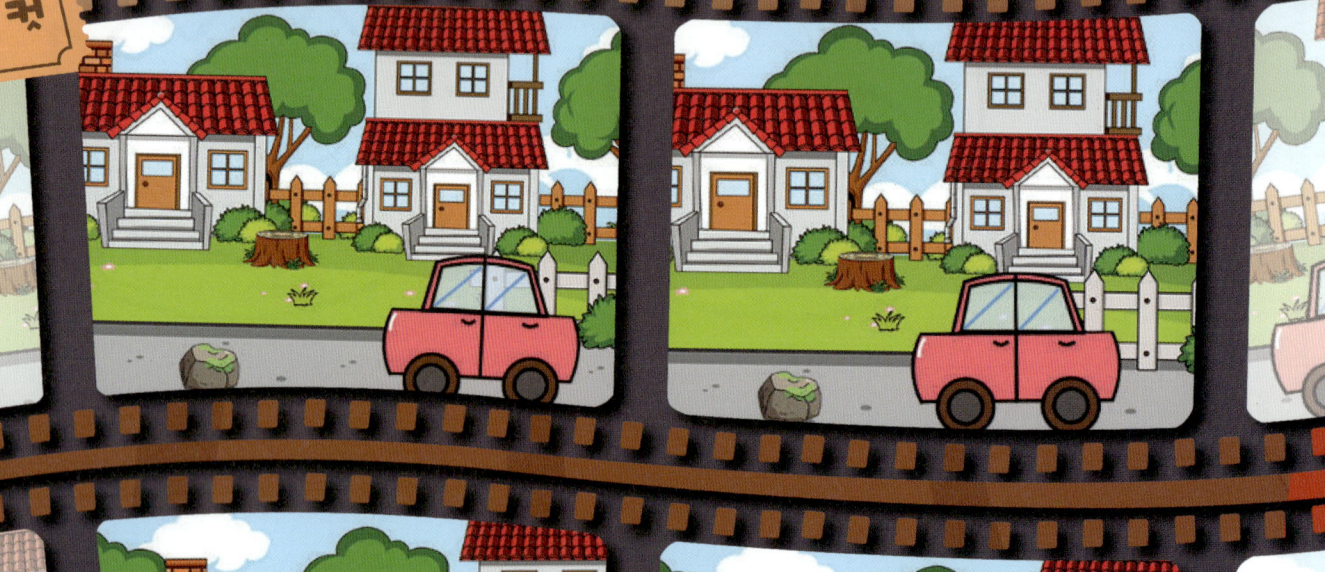

학습목표
- 새로운 백터 레벨을 생성할 수 있습니다.
- 기하학적 도구를 이용하여 자동차 모양을 만들 수 있습니다.
- 제어 편집기 도구를 이용하여 자동차 모양을 편집할 수 있습니다.
- 커터 도구를 이용하여 자동차의 불필요한 선을 잘라낼 수 있습니다.

 **자동차 스케치하고 예제 파일 불러오기**

① 주어진 배경을 확인하고 시골길을 달리는 자동차를 생각하며 자동차의 모습을 스케치해 봅니다.

② 오픈툰즈(OpenToonz) 아이콘(OT)을 더블클릭하여 프로그램을 실행한 후 [프로젝트 열기]를 클릭합니다.

③ [폴더 선택] 창이 나타나면 예제 파일이 저장되어 있는 폴더를 선택하고 [06강 예제]-[scenes] 폴더를 선택한 후 '06강 예제.tnz' 파일을 선택합니다. 장면이 추가되면 '06강 예제' 장면을 클릭합니다.

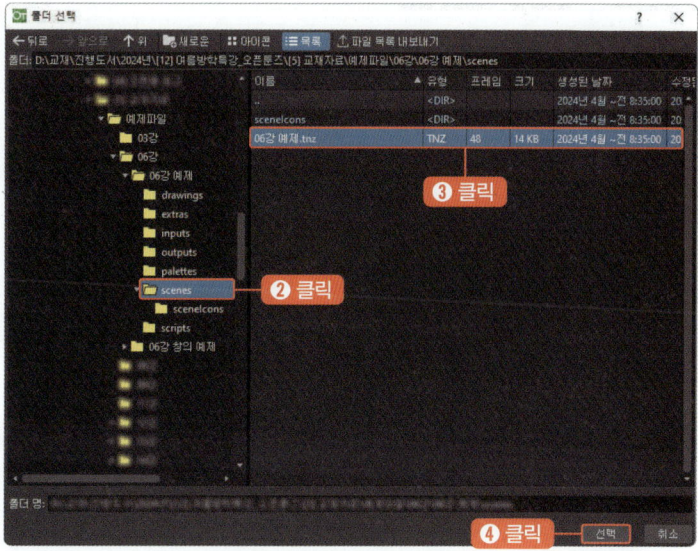

Frame 06 뛰뛰빵빵 자동차 만들기 _ **047**

2 도형 이용하여 자동차 만들기

미션 1 새로운 백터 레벨을 생성하고 도형을 그립니다.

❶ X-시트 패널의 [뉴 백터 레벨(　)]을 클릭한 후 [뉴 레벨] 창이 나타나면 [네]를 클릭합니다.

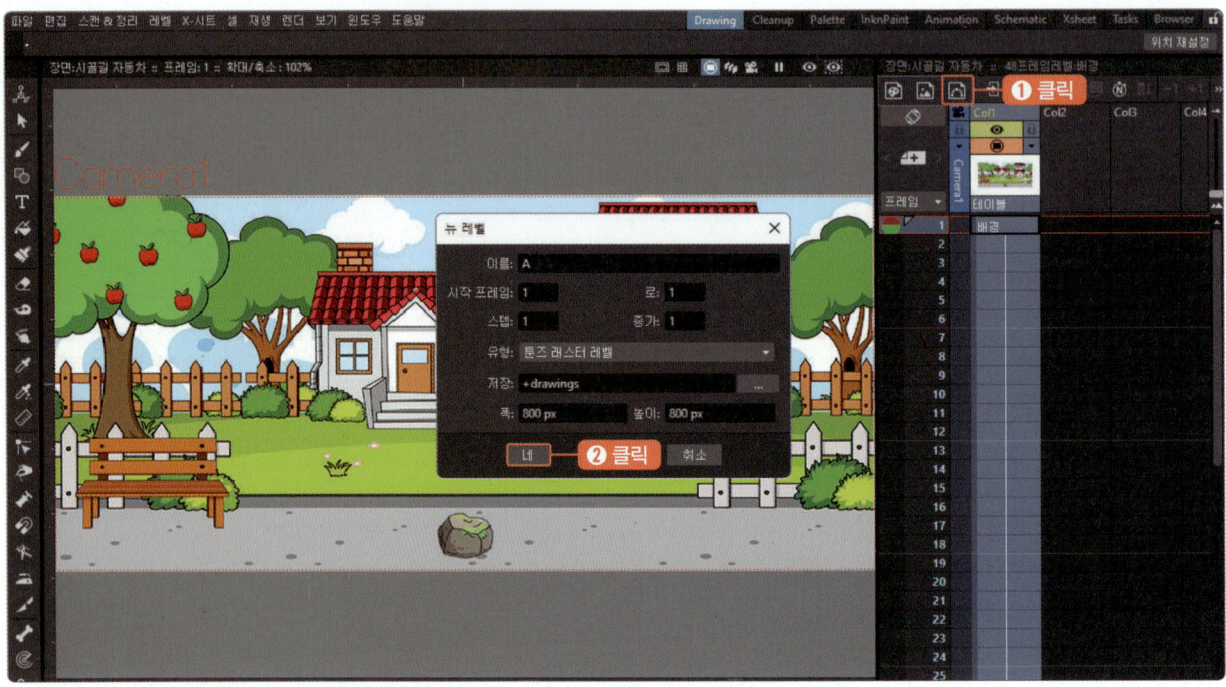

❷ 'Col2' 레벨을 선택하고 도구 모음 패널의 '기하학적 도구(　)'를 클릭한 후 작업 공간 상단의 [모양]에서 도형의 모양을 선택하여 자동차의 모양을 만듭니다.

오픈툰즈 디렉터
'선택 도구(　)'를 이용하면 작업 공간에 그린 그림을 선택하여 이동시키거나, 크기를 조절할 수 있습니다.

미션 **2** 도형을 편집하여 자동차 모양을 만듭니다.

① 도구 모음 패널의 '제어 편집기 도구( )'를 클릭하여 그림과 같이 도형의 모양을 변경합니다.

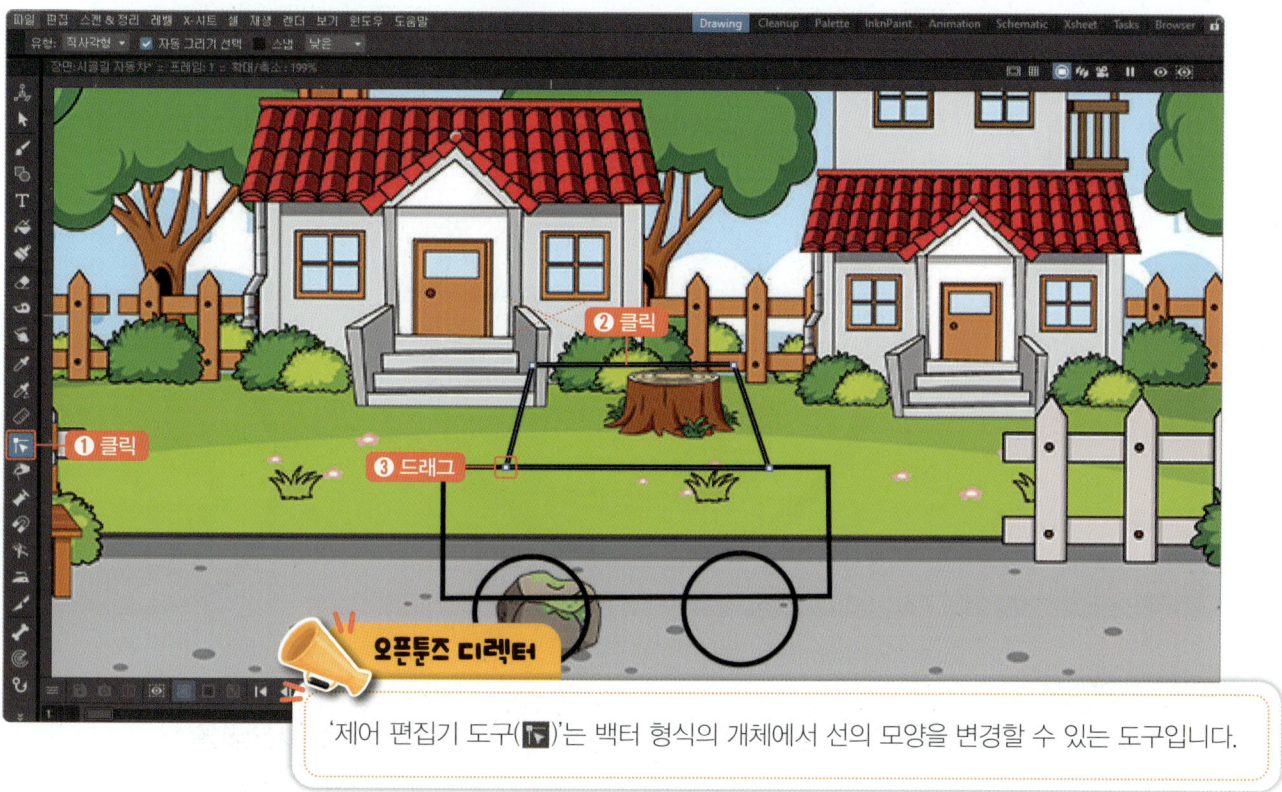

오픈툰즈 디렉터: '제어 편집기 도구( )'는 벡터 형식의 개체에서 선의 모양을 변경할 수 있는 도구입니다.

② 이어서 '핀치 도구( )'를 클릭하여 자동차의 모양을 만듭니다.

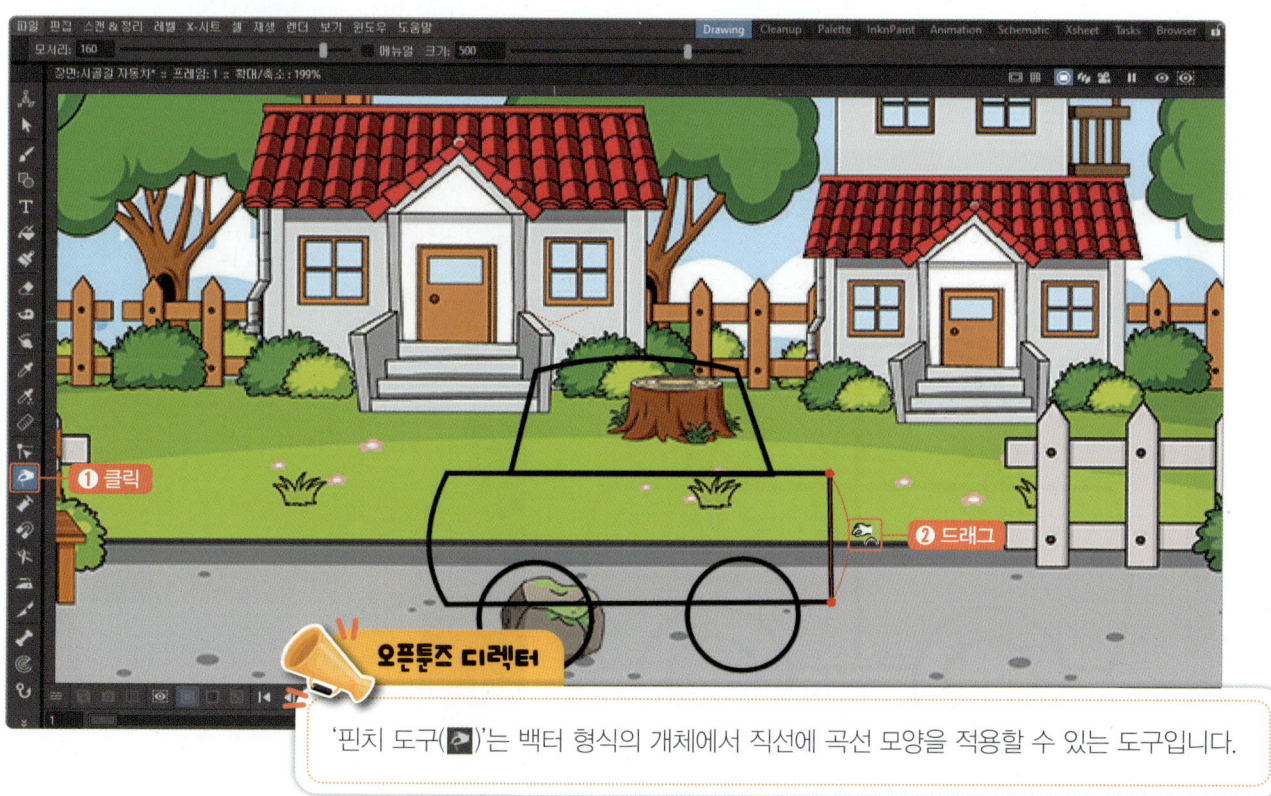

오픈툰즈 디렉터: '핀치 도구( )'는 벡터 형식의 개체에서 직선에 곡선 모양을 적용할 수 있는 도구입니다.

❸ '커터 도구( )'를 클릭하고 불필요한 선의 영역을 지정하여 잘라낸 후, '선택 도구( )'로 잘라낸 선을 선택하고 Delete 키를 눌러 삭제합니다.

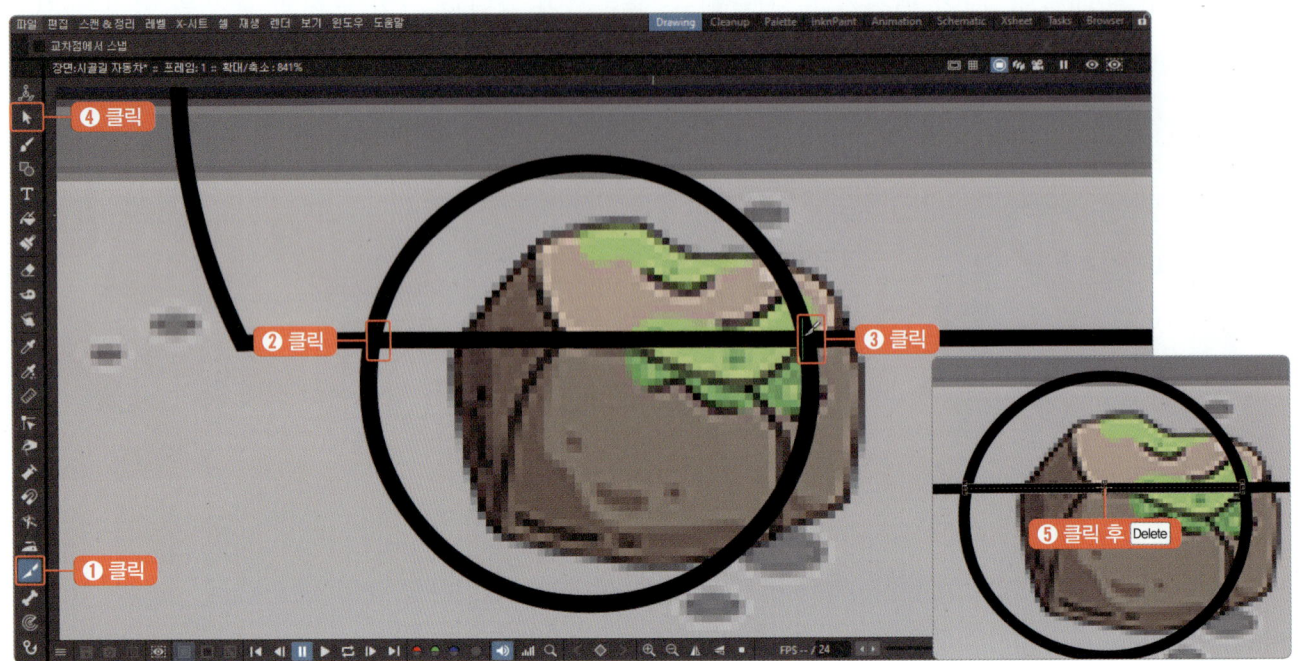

오픈툰즈 디렉터

'커터 도구( )'로 잘라내기 시작 지점을 클릭한 후 잘라내기 종료 지점을 클릭해도 잘린 영역이 눈에 보이지는 않습니다. '선택 도구( )'로 잘라낸 부분을 선택해야 잘린 영역을 확인할 수 있습니다.

❹ 팔레트 레벨 패널에 색상을 추가하며 '기하학적 도구( )'의 다양한 도형을 이용하여 자동차의 모양을 완성합니다.

오픈툰즈 디렉터

배경 이미지 때문에 그리는 데 방해가 된다면 'Col1' 레벨을 작업 공간에서 숨긴 후 작업합니다.

미션 3 완성된 자동차를 채색합니다.

① 자동차 모양이 완성되면 도구 모음 패널의 '채우기 도구( )'를 클릭한 후 팔레트 레벨 패널에 색상을 추가하며 자동차를 자유롭게 채색합니다.

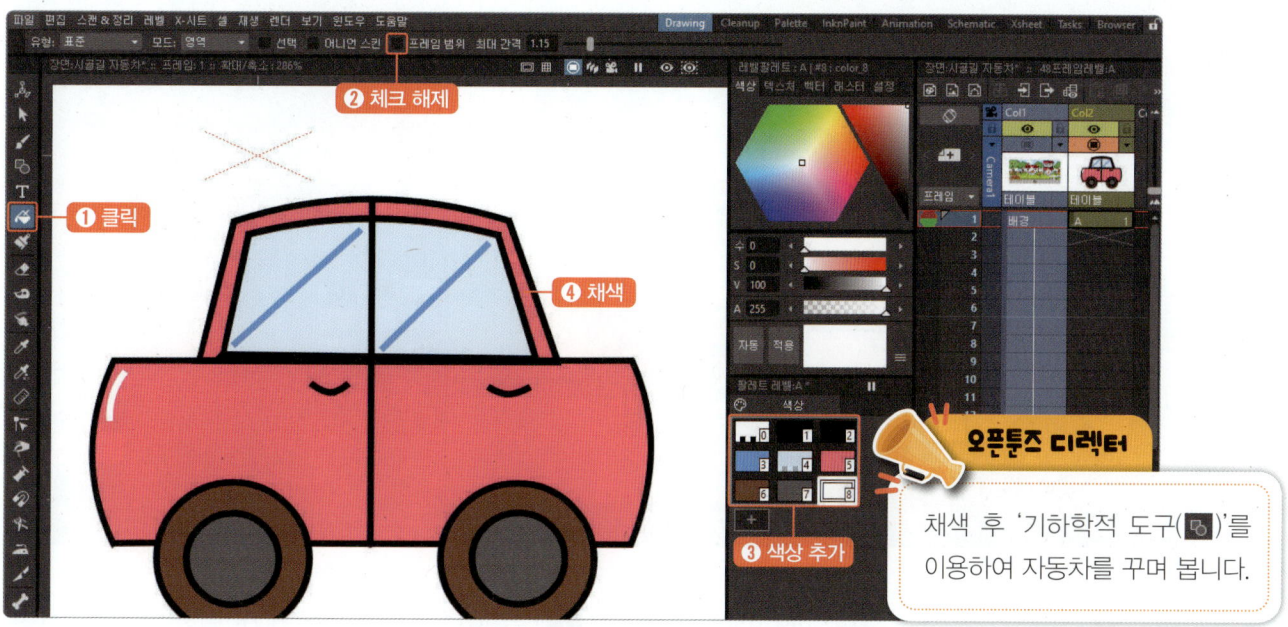

미션 4 자동차에 애니메이션을 적용합니다.

① 'Col2' 레벨의 1번째 셀을 클릭한 후 채우기 바를 드래그하여 48번째 셀까지 복제합니다.

② 1번째 셀을 마우스 오른쪽 버튼으로 클릭한 후 [키 설정]을 클릭하고 도구 모음 패널의 '애니메이션 도구( )'를 이용하여 자동차를 시골길 오른쪽 끝으로 이동시킵니다.

❸ ❷와 같은 방법으로 48번째 셀에도 키를 적용하고 자동차를 시골길 오른쪽 끝으로 이동시킨 후 작업 공간 하단의 [실행(▶)]을 클릭하여 자동차가 이동하는 모습을 확인합니다.

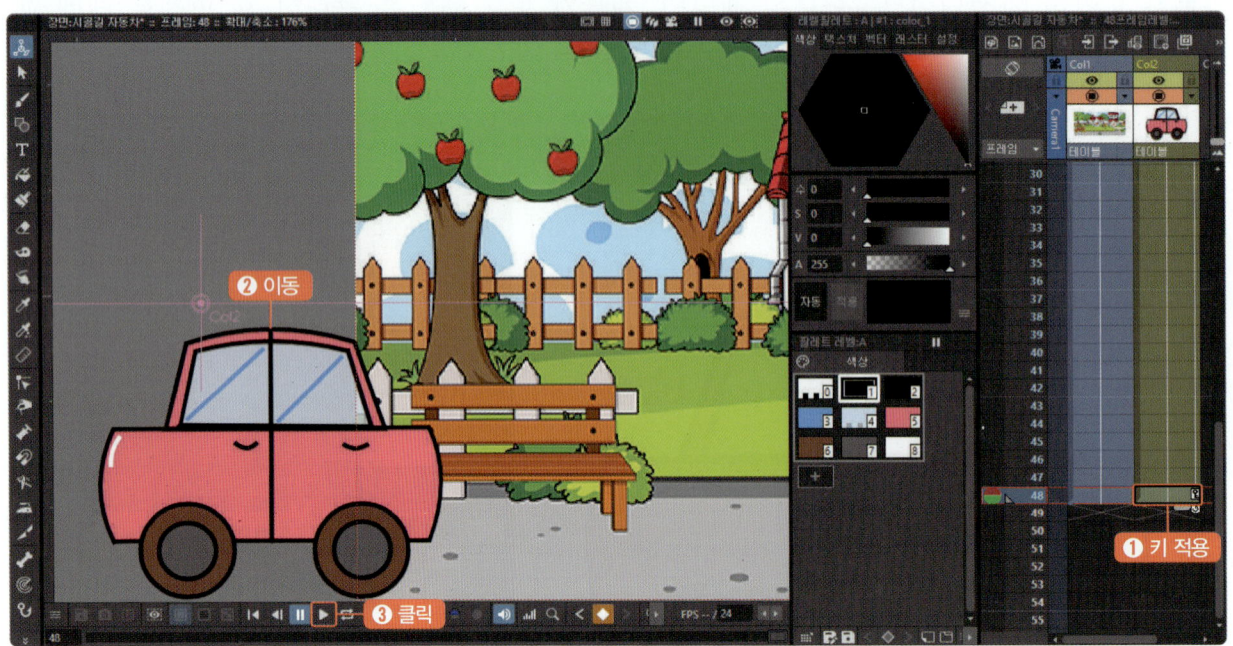

❹ 셀 중간 중간에 키를 적용하며 '애니메이션 도구( )'를 이용하여 자동차가 덜컹거리며 시골길을 달리는 모습을 완성합니다.

오픈툰즈 디렉터

애니메이션의 타이밍을 변경(속도, 위치, 방향 등)하고 싶을 때 셀에 키를 적용하여 애니메이션에 생동감을 부여합니다. 적용된 키를 삭제하고 싶을 경우 키 모양 아이콘( )을 클릭한 후 Delete 키를 누릅니다.

❺ 시골길을 달리는 자동차 애니메이션이 완성되면 작업 공간 하단의 [실행(▶)]을 클릭하여 애니메이션을 확인한 후 [렌더]-[출력 설정]을 클릭하여 애니메이션을 'avi' 파일로 저장해 봅니다.

▶ 예제 파일 : 06강 폴더 ▶ 완성 파일 : 06강 창의 완성.avi

'06강 창의 예제.tnz' 파일을 불러와 '뉴 백터 레벨'을 생성한 후 도형을 이용하여 비행기를 만들어 봅니다.

 'Col2' 레벨에 '뉴 백터 레벨'을 생성한 후 도형을 삽입하고 모양을 편집해요.

애니메이션 도구를 이용하여 비행기가 하늘을 나는 애니메이션을 완성해 봅니다.

 애니메이션을 적용할 셀에 키를 적용하고 비행기의 위치와 방향을 변경해요.

Frame 06 뛰뛰빵빵 자동차 만들기 _ 053

Frame 07 하늘로 흩어지는 글자 만들기

▶ 예제 파일 : 없음　▶ 완성 파일 : 07강 완성.avi

학습목표
- 백터 레벨을 생성하고 타입 도구를 이용하여 글자를 입력할 수 있습니다.
- 선택 도구를 이용하여 글자를 자음과 모음으로 분리할 수 있습니다.
- 셀의 사본을 만들고 글자가 흩어지는 애니메이션을 완성할 수 있습니다.
- 프레임 수를 변경하여 애니메이션의 진행 속도를 조절할 수 있습니다.

1 타입 도구로 글자 입력하기

미션 1 새로운 백터 레벨을 생성합니다.

① 오픈툰즈(OpenToonz) 아이콘()을 더블클릭하여 프로그램을 실행한 후 새로운 프로젝트와 새로운 장면을 생성합니다.

② X-시트 패널에서 [뉴 백터 레벨(🖼)]을 클릭하여 새로운 레벨을 생성합니다.

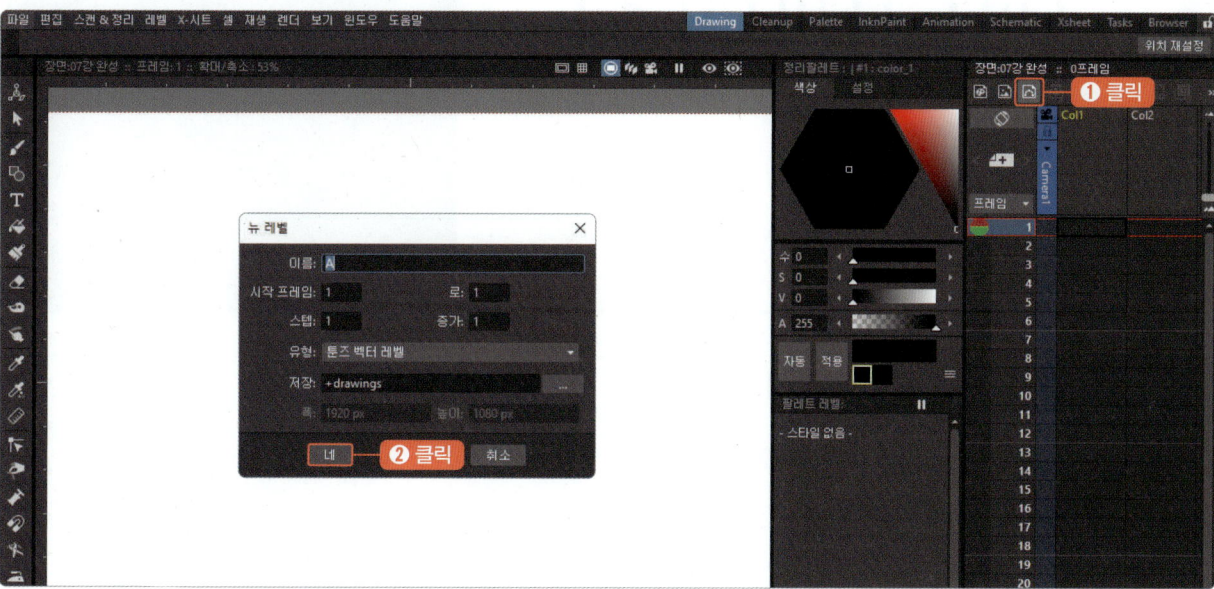

미션 2 글자를 입력하고 속성을 지정합니다.

① 도구 모음 패널의 '타입 도구(T)'를 클릭한 후 작업 공간에 "애니메이션" 글자를 입력합니다.

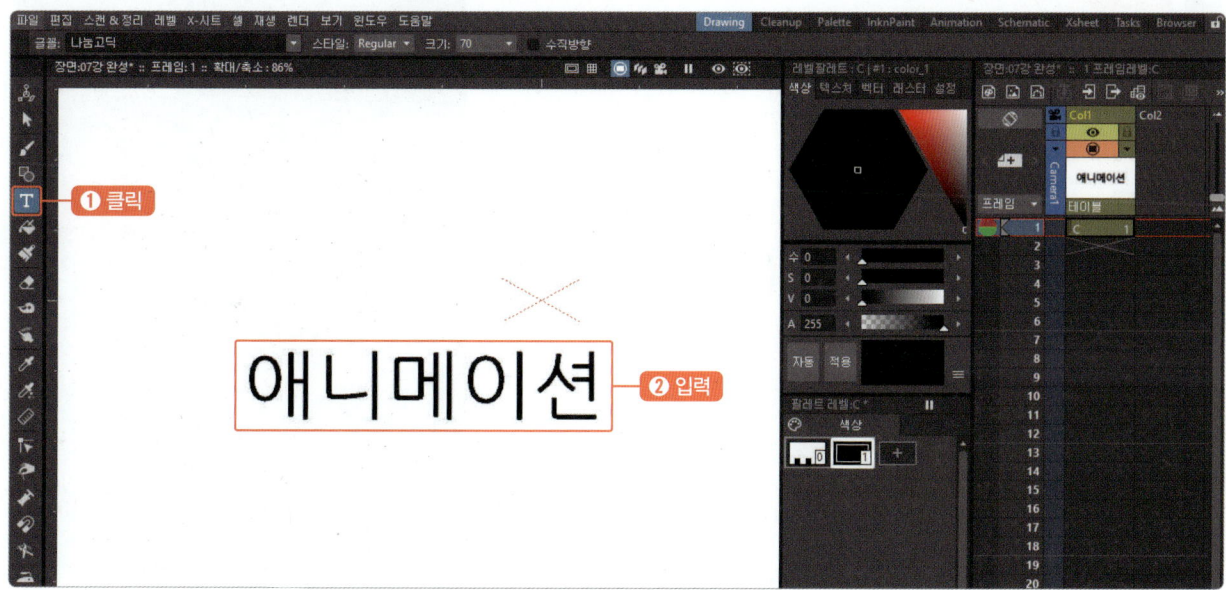

Frame 07 하늘로 흩어지는 글자 만들기 _ **055**

❷ 작업 공간 상단에서 글꼴, 스타일, 크기 등의 속성을 지정합니다.

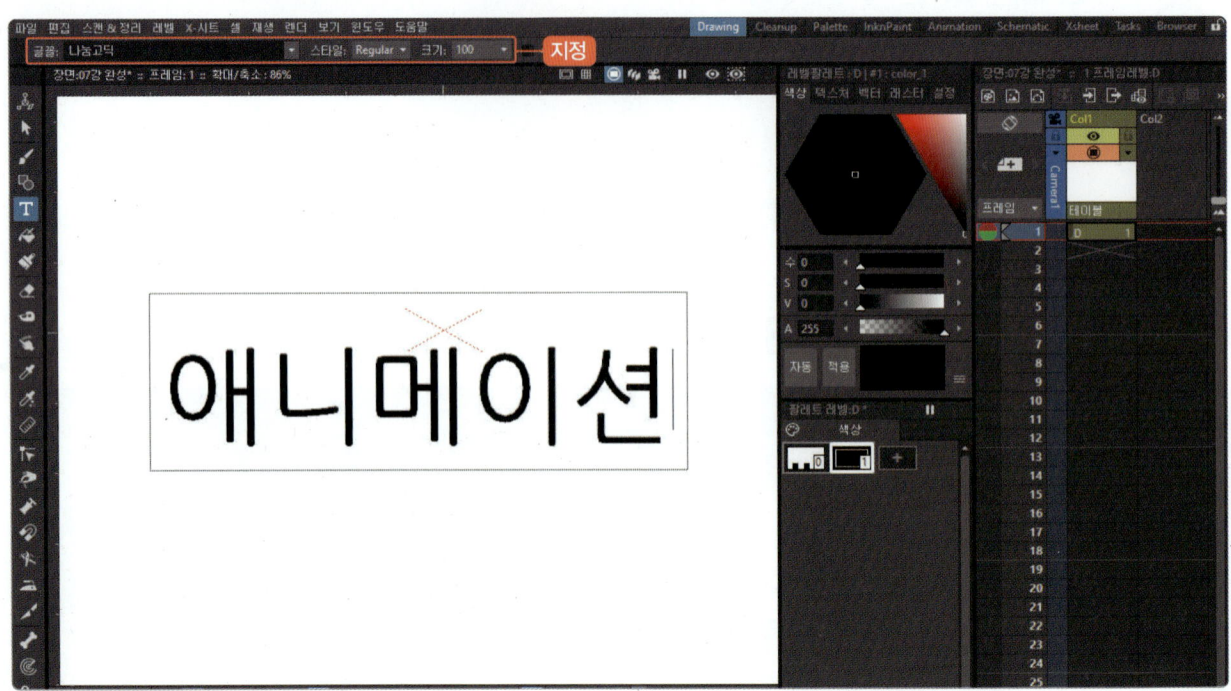

오픈툰즈 디렉터 — 글꼴 선택 주의하기

글꼴 특성상 자음과 모음이 붙어 있는 경우 이후 자음과 모음이 분리되지 않을 수 있으므로 자음과 모음이 서로 떨어져 있는 글꼴을 선택합니다.

❸ 도구 모음 패널의 '애니메이션 도구( )'를 클릭하여 "애니메이션" 글자의 위치를 작업 공간 중간 으로 이동시킵니다.

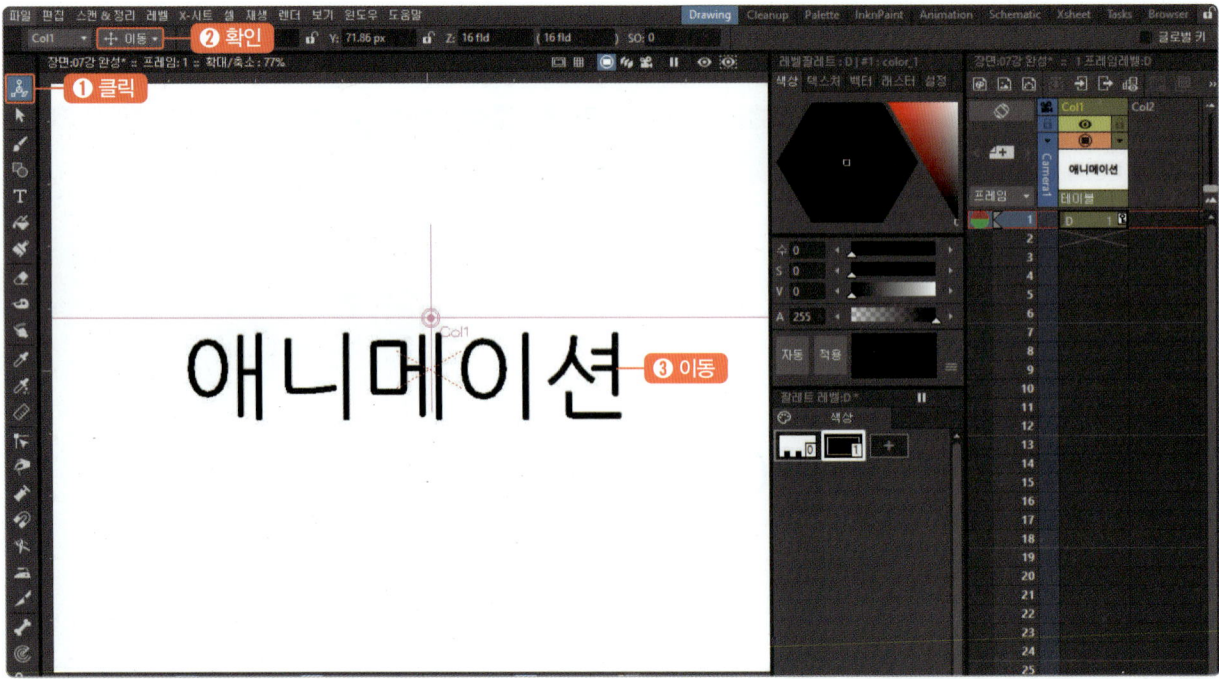

 글자에 애니메이션 적용하기

미션 1 선택 도구를 이용하여 글자의 자음과 모음을 구분합니다.

① 'Col1' 레벨의 1번째 셀을 마우스 오른쪽 버튼으로 클릭하고 [사본 만들기]를 클릭합니다.

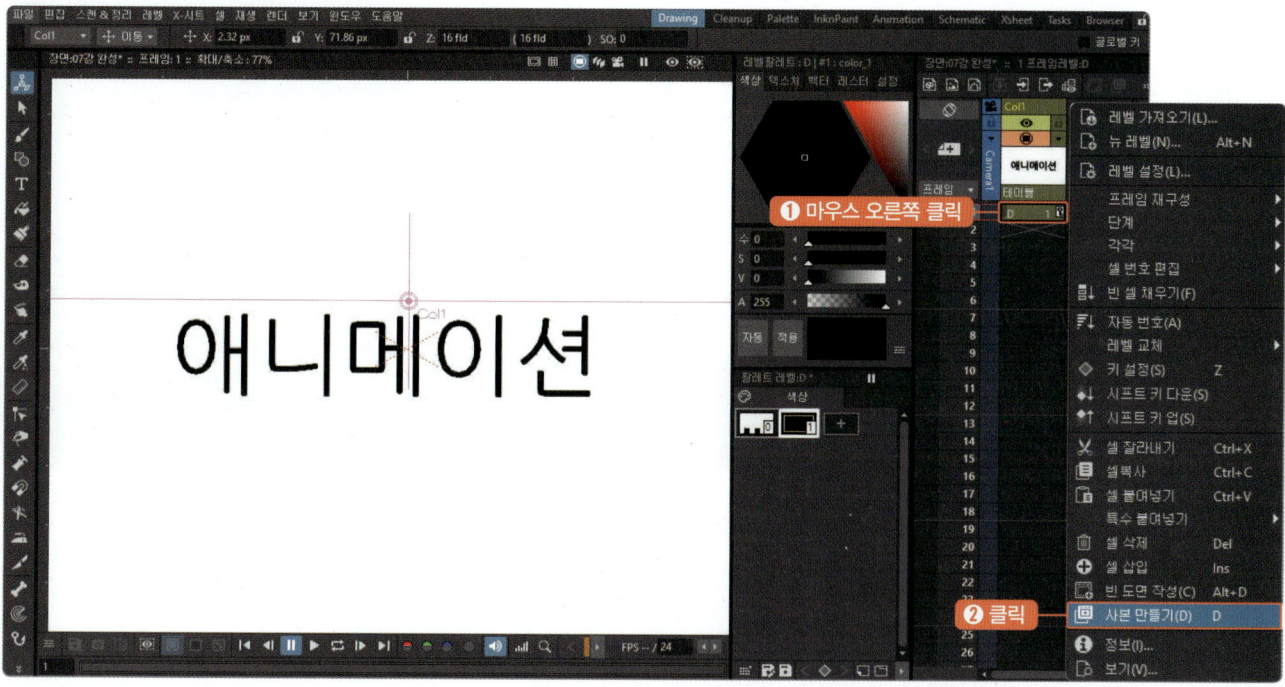

② 셀의 사본이 생성되면 2번째 셀을 클릭한 후 도구 모음 패널의 '선택 도구( )'를 이용하여 글자의 자음과 모음의 위치 및 방향을 변경합니다.

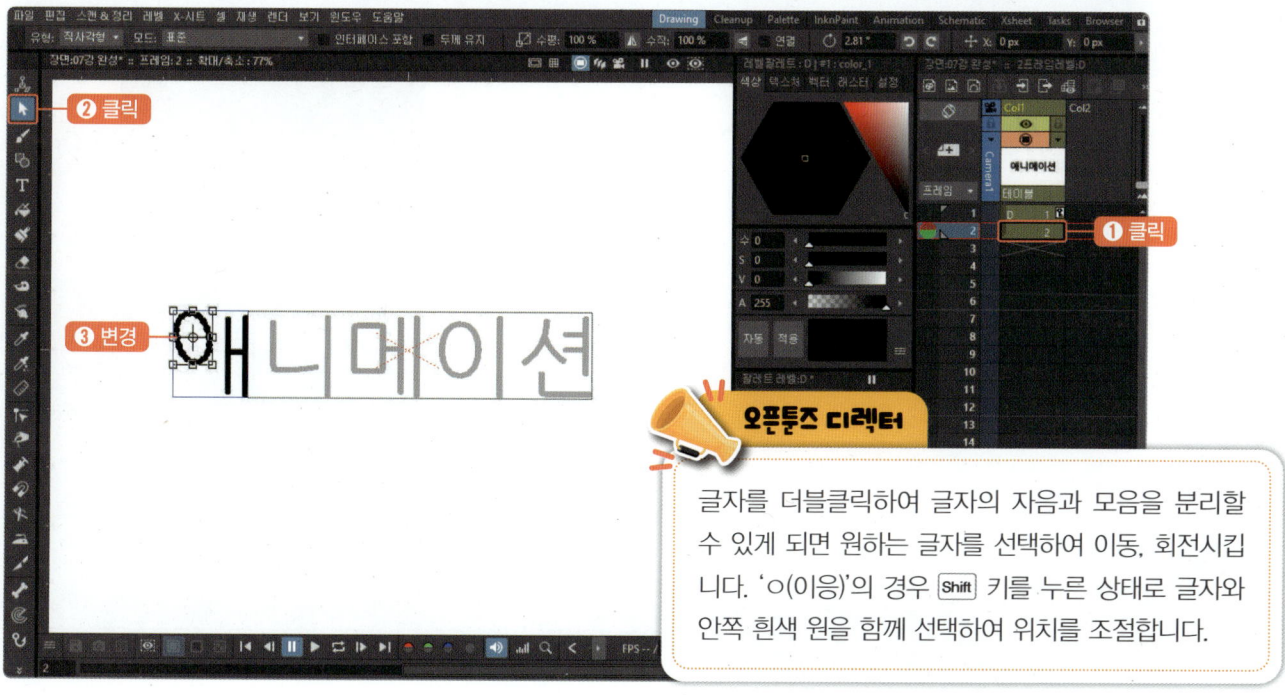

오픈툴즈 디렉터

글자를 더블클릭하여 글자의 자음과 모음을 분리할 수 있게 되면 원하는 글자를 선택하여 이동, 회전시킵니다. 'ㅇ(이응)'의 경우 Shift 키를 누른 상태로 글자와 안쪽 흰색 원을 함께 선택하여 위치를 조절합니다.

Frame 07 하늘로 흩어지는 글자 만들기 _ **057**

❸ ❷와 같은 방법으로 글자의 자음과 모음을 분리하여 글자가 흩어지는 모습을 표현합니다.

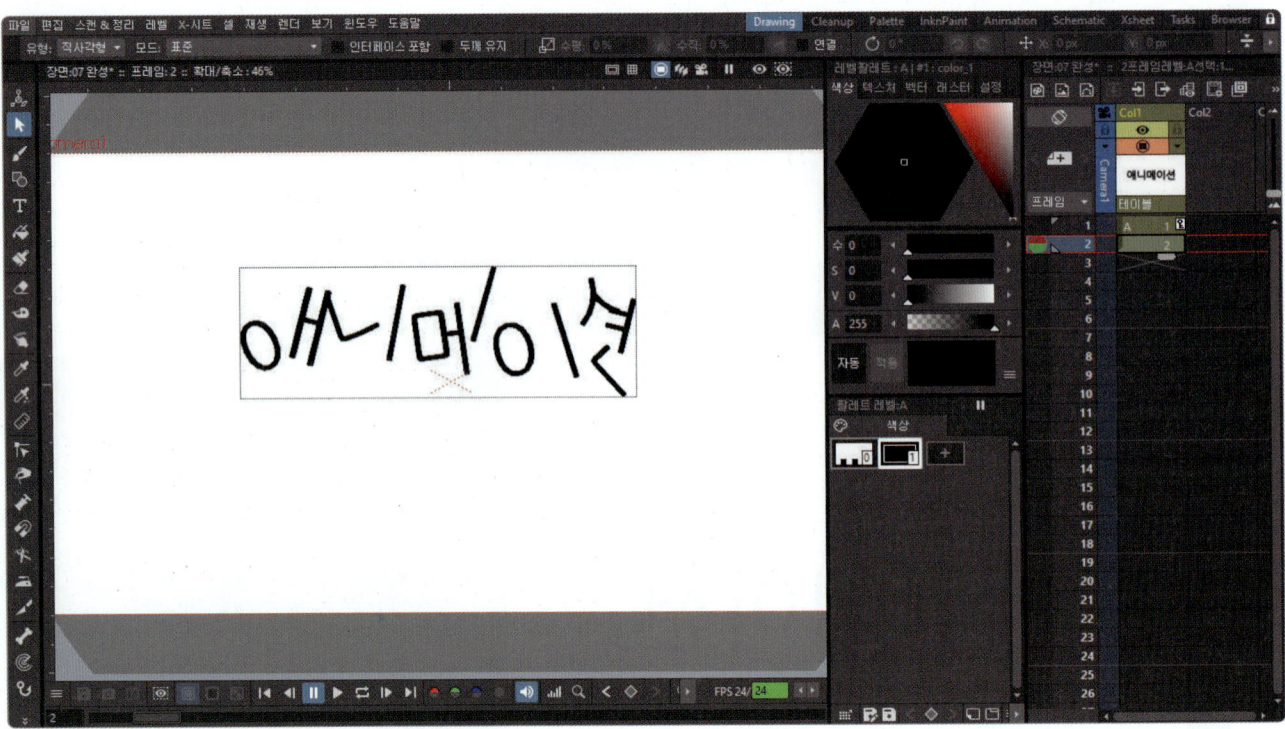

미션 ❷ 글자가 흩어지는 애니메이션 완성하기

❶ 앞서 배운 내용을 참고하여 셀의 사본을 만들면서 글자가 하늘로 흩어지는 애니메이션을 만들어 봅니다.

❷ 'Col1' 레벨의 모든 셀을 드래그하거나 1번째 셀의 앞 부분을 클릭하여 전체 셀이 선택되면 오른쪽 상단의 [프레임 재설정 3's(3's)]를 클릭합니다.

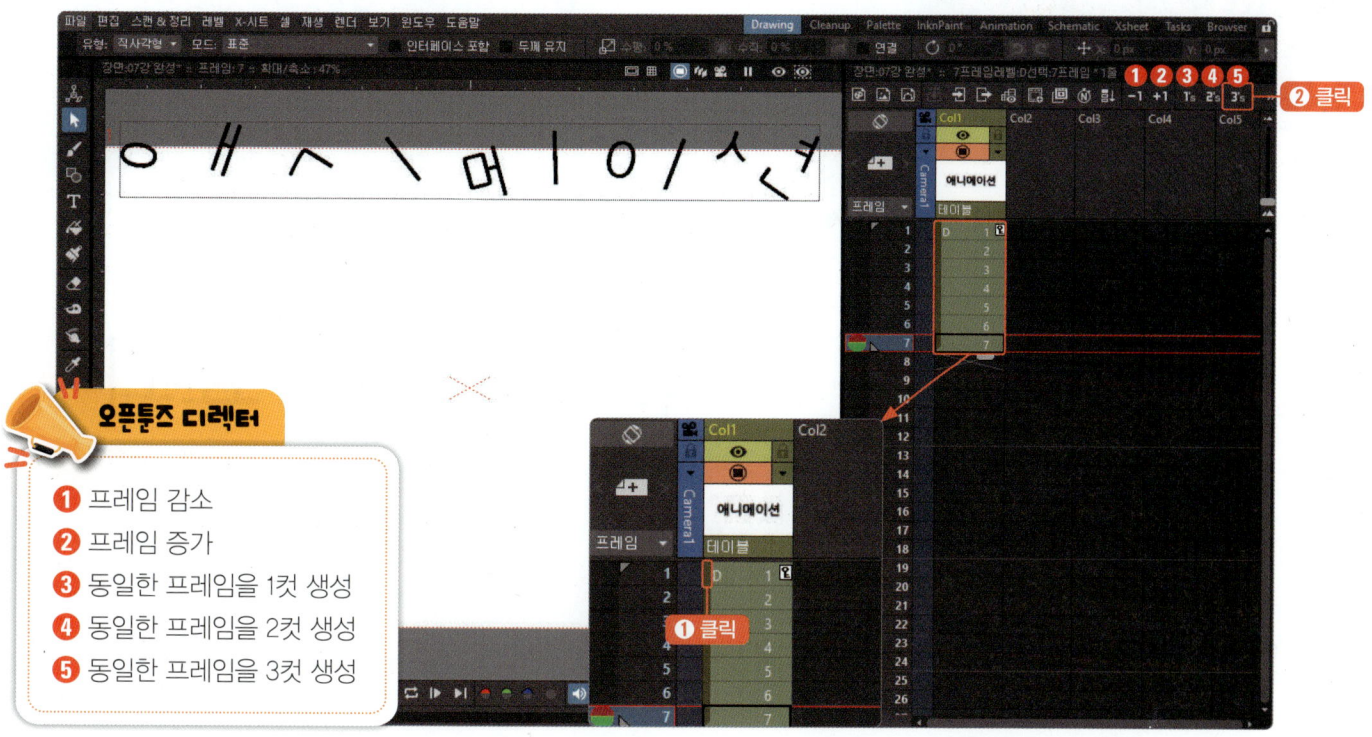

오픈툰즈 디렉터
❶ 프레임 감소
❷ 프레임 증가
❸ 동일한 프레임을 1컷 생성
❹ 동일한 프레임을 2컷 생성
❺ 동일한 프레임을 3컷 생성

❸ 하늘로 흩어지는 글자 애니메이션이 완성되면 작업 공간 하단의 [실행(▶)]을 클릭하여 애니메이션을 확인한 후 [렌더]-[출력 설정]을 클릭하여 애니메이션을 'avi' 파일로 저장해 봅니다.

▶ 예제 파일 : 없음   ▶ 완성 파일 : 07강 창의 완성.avi

 타입 도구를 이용하여 "텍스트 네온 효과"를 입력하고 서식을 지정해 봅니다.

텍스트 네온 효과

 새로운 백터 레벨을 생성한 후 작업해요.

 채우기 도구를 이용하여 한 글자씩 색상이 변경되는 애니메이션을 완성해 봅니다.

텍스트 네온 효과

텍스트 네온 효과

텍스트 네온 효과

텍스트 네온 효과

 셀의 사본을 만들고 글자의 색상을 변경해 가며 애니메이션을 완성한 후 프레임 수를 조절해요.

Frame 08 손으로 그린 캐릭터 움직이기

▶ 예제 파일 : 08강 폴더   ▶ 완성 파일 : 08강 완성.avi

학습목표
- 움직이는 캐릭터 애니메이션 장면을 스케치할 수 있습니다.
- 스케치한 그림을 오픈툰즈로 불러올 수 있습니다.
- 클린업 기능을 이용하여 스케치한 그림을 깔끔하게 만들 수 있습니다.
- 여러 레벨의 개체를 한 레벨로 모아 애니메이션을 완성할 수 있습니다.

1 애니메이션 스케치하기

❶ 직접 그린 그림을 오픈툰즈로 불러오기 위해 움직이는 캐릭터를 직접 스케치해 봅니다.

❷ 스케치가 완성되면 각 장면을 카메라로 촬영하여 컴퓨터에 업로드합니다.

오픈툰즈 디렉터

스케치한 그림을 컴퓨터에 업로드하기 어려울 경우 예제 파일을 사용합니다.

2 스케치한 그림 클린업하기

미션 1 스케치한 그림을 오픈툰즈로 불러옵니다.

❶ 오픈툰즈(OpenToonz) 아이콘()을 더블클릭하여 프로그램을 실행한 후 새로운 프로젝트와 새로운 장면을 생성합니다.

❷ 'Col1' 레벨을 선택한 후 레이아웃 메뉴에서 [Browser] 탭을 클릭하여 스케치한 그림을 장면 캐스트 패널로 이동시킵니다.

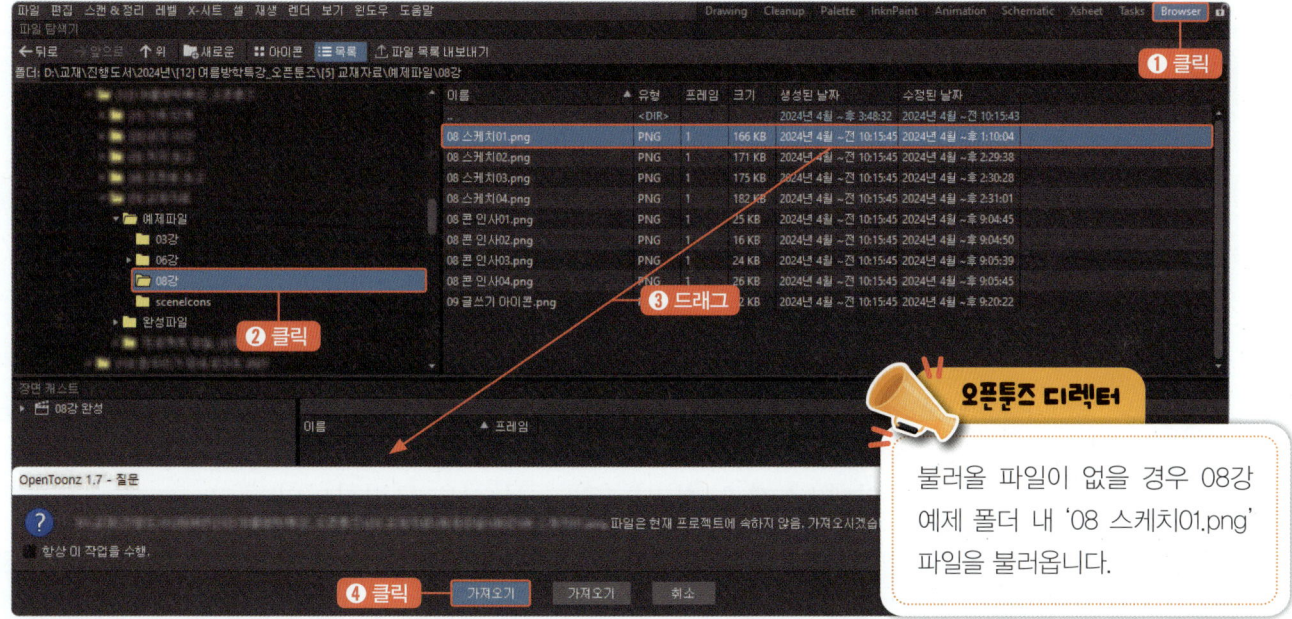

> **오픈툰즈 디렉터**
> 불러올 파일이 없을 경우 08강 예제 폴더 내 '08 스케치01.png' 파일을 불러옵니다.

❸ 다시 [Drawing] 탭을 클릭하고 X-시트 패널의 'Col1' 레벨을 선택합니다. 도구 모음 패널의 '애니메이션 도구(🔧)'를 이용하여 불러온 그림의 크기를 작업 공간에 맞게 조절합니다.

| 미션 | 2 | 불러온 그림을 클린업하여 깔끔하게 만듭니다. |

❶ 클린업 작업 모습을 미리 확인하기 위해 상단 메뉴의 [스캔 & 정리]-[미리보기 정리]를 클릭합니다.

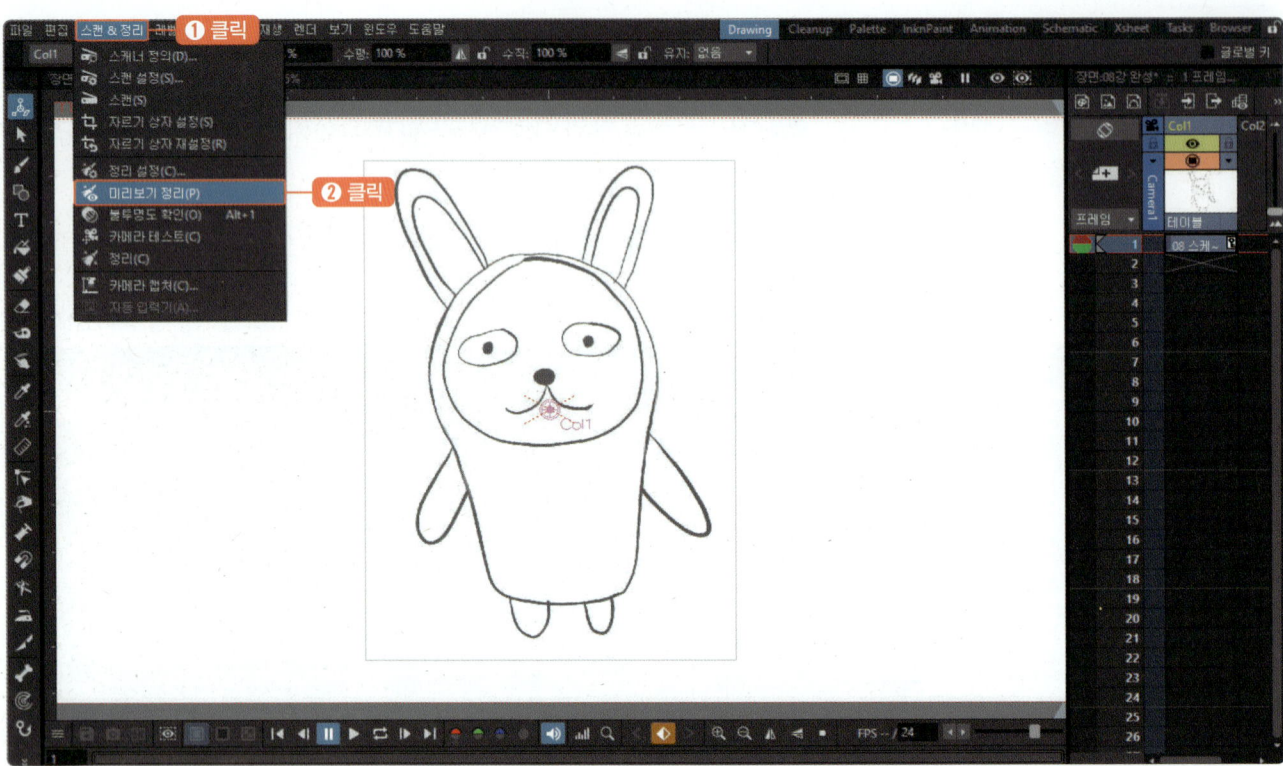

❷ 그림을 깔끔하게 정리하기 위해 [스캔 & 정리]-[정리 설정]을 클릭합니다.

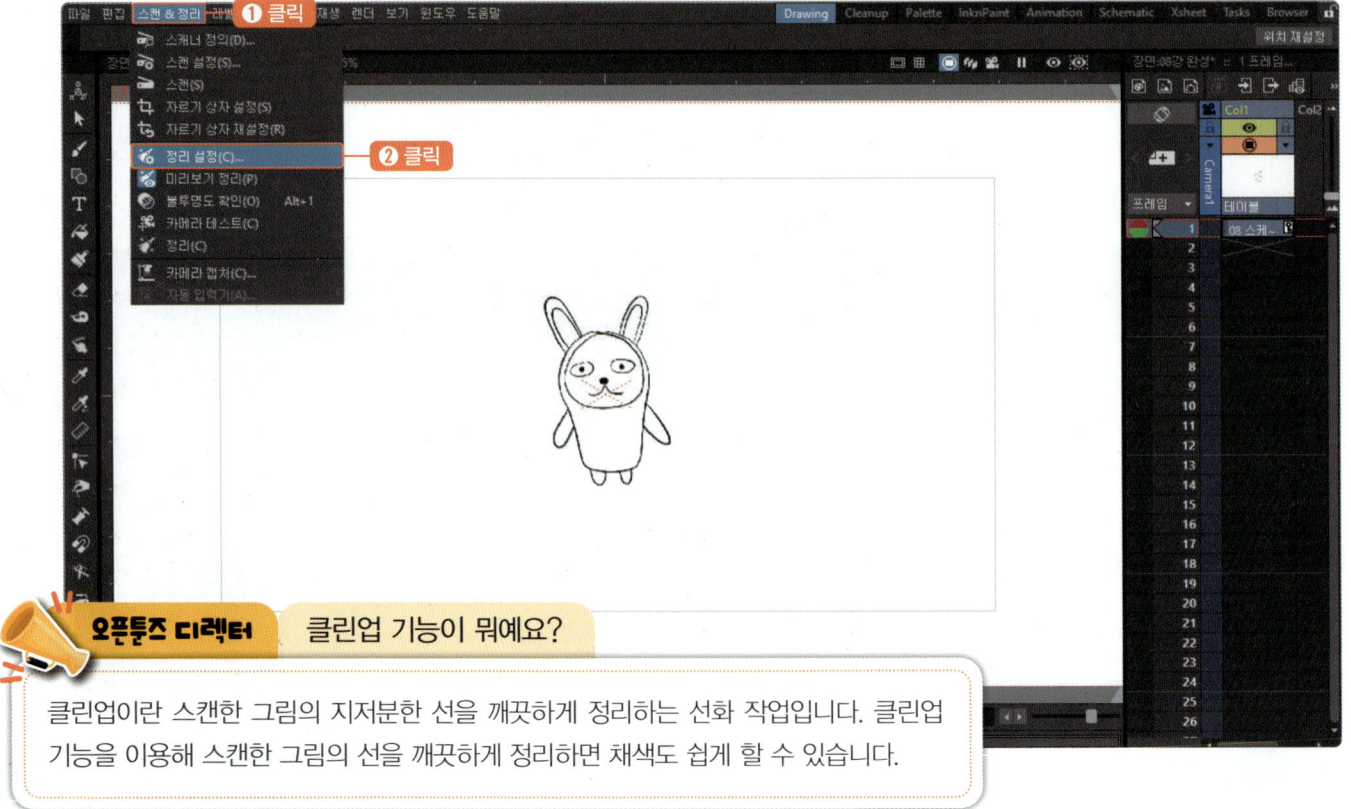

오픈툰즈 디렉터 클린업 기능이 뭐예요?

클린업이란 스캔한 그림의 지저분한 선을 깨끗하게 정리하는 선화 작업입니다. 클린업 기능을 이용해 스캔한 그림의 선을 깨끗하게 정리하면 채색도 쉽게 할 수 있습니다.

③ [정리 설정] 창이 나타나면 선명도, 얼룩제거, 밝기, 대비 값을 조절하여 그림의 배경색을 제거하고 얼룩과 선을 깔끔하게 정리합니다.

④ 설정이 완료되면 [스캔 & 정리]-[정리]를 클릭하여 그림의 선을 깔끔하게 정리합니다.

⑤ [정리] 창이 나타나면 [정리]를 클릭한 후 [정리 설정] 창을 닫습니다.

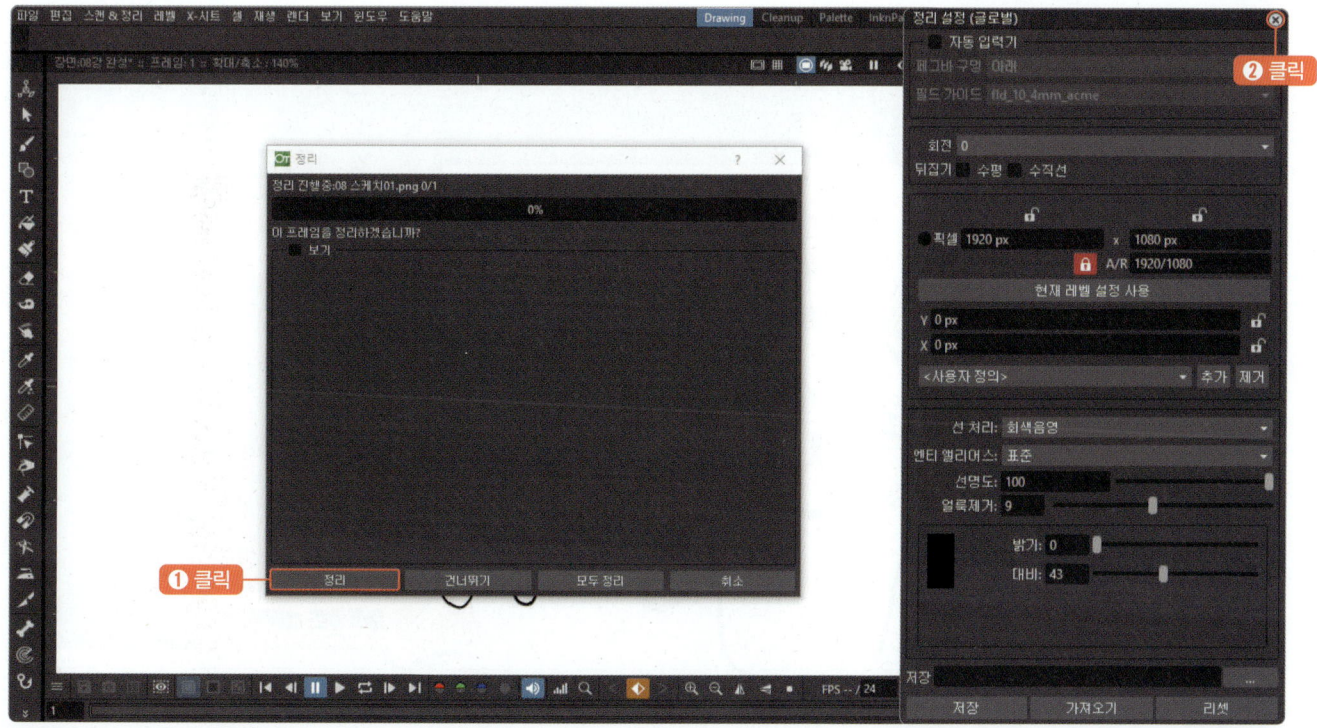

이렇게 하면 NG! 'Col1' 레벨이 선택되어 있지 않으면 [정리] 창이 나타나지 않아요.

❻ [스캔 & 정리]-[미리보기 정리]를 클릭하여 비활성화한 후 '애니메이션 도구( )'를 이용하여 그림의 크기와 위치를 조절합니다.

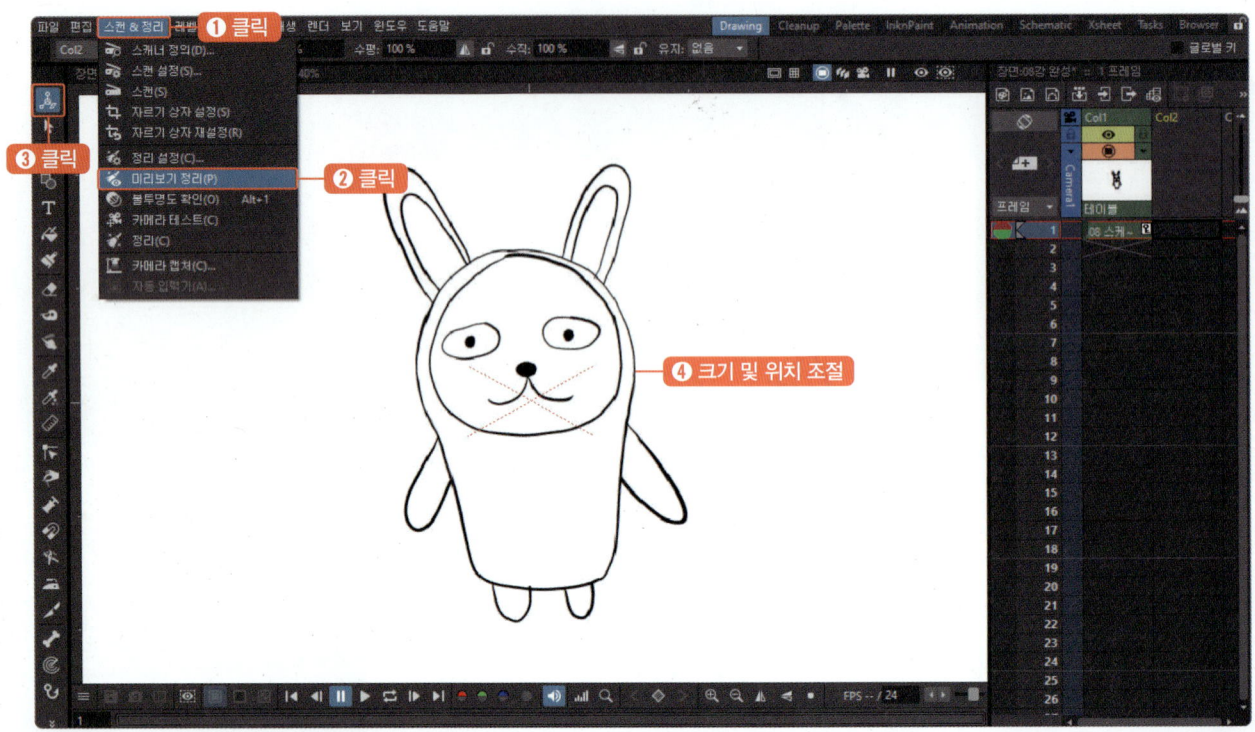

[미리보기 정리]를 비활성화하지 않으면 그림의 크기와 위치를 변경할 수 없어요.

❼ 앞서 배운 내용을 참고하여 스케치한 그림을 불러온 후 그림을 정리하고 도구 모음 패널의 '애니메이션 도구( )'를 이용하여 그림과 같이 그림이 이어지도록 만들어 봅니다.

오픈툰즈 디렉터

불러올 파일이 없는 경우 '08 스케치02'~'08 스케치04' 파일을 불러와 작업합니다.

 ## 움직이는 캐릭터 애니메이션 완성하기

미션 1 여러 레벨로 구분되어 있는 개체를 하나의 레벨로 만듭니다.

① 'Col2' 레벨의 1번째 셀을 선택한 후 앞쪽 부분을 드래그하여 'Col1' 레벨의 2번째 셀 위치로 이동시킵니다.

② 같은 방법으로 'Col3', 'Col4' 레벨의 1번째 셀도 'Col1' 레벨의 3번째, 4번째 셀로 이동시킵니다.

미션 **2** 채우기 도구를 이용하여 그림을 채색합니다.

① 도구 모음 패널의 '채우기 도구( )'를 클릭합니다. 작업 공간 상단의 [프레임 범위], [자동 색칠]에 체크를 해제한 후 각 셀의 그림을 자유롭게 채색합니다.

② 'Col1' 레벨의 모든 셀을 선택한 후 오른쪽 상단의 [프레임 재설정 3's(3's)]를 클릭하여 프레임 수를 증가시켜 봅니다.

③ 움직이는 캐릭터 애니메이션이 완성되면 작업 공간 하단의 [실행(▶)]을 클릭하여 애니메이션을 확인한 후 [렌더]-[출력 설정]을 클릭하여 애니메이션을 'avi' 파일로 저장해 봅니다.

▶ 예제 파일 : 08강 폴더 ▶ 완성 파일 : 08강 창의 완성.avi

 캐릭터가 인사하는 모습을 장면별로 스케치한 후 컴퓨터로 업로드해 봅니다.

 업로드가 어려울 경우 '08 콘 인사01'~'08 콘 인사04' 파일을 불러와 작업해요.

 클린업 기능을 이용하여 그림을 깔끔하게 정리한 후 인사하는 캐릭터 애니메이션을 완성해 봅니다.

Frame 09 후루룩 후루룩~ 꼬들꼬들 라면 만들기

▶ 예제 파일 : 09강 폴더   ▶ 완성 파일 : 09강 완성.avi

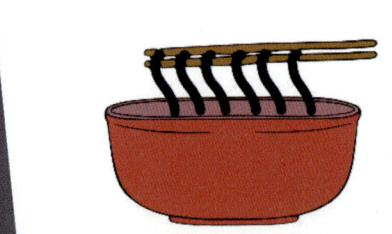

학습목표
- 스케치한 그림을 오픈툰즈로 불러올 수 있습니다.
- 불러온 그림의 형식을 벡터 형식으로 변경할 수 있습니다.
- 선택 도구를 이용하여 개체의 영역을 지정하고 위치를 변경할 수 있습니다.
- 셀의 사본을 생성하며 움직이는 라면 애니메이션을 완성할 수 있습니다.

스케치한 그림 오픈툰즈로 불러오기

① 직접 그린 그림을 오픈툰즈로 불러오기 위해 그리고 싶은 라면의 모습을 스케치한 후 촬영하여 컴퓨터로 업로드합니다.

② 오픈툰즈(OpenToonz) 아이콘( )을 더블클릭하여 프로그램을 실행한 후 새로운 프로젝트와 새로운 장면을 생성합니다.

③ 레이아웃 메뉴에서 [Browser] 탭을 클릭하여 스케치한 그림을 장면 캐스트 패널로 이동시킨 후 다시 [Drawing] 탭을 클릭합니다.

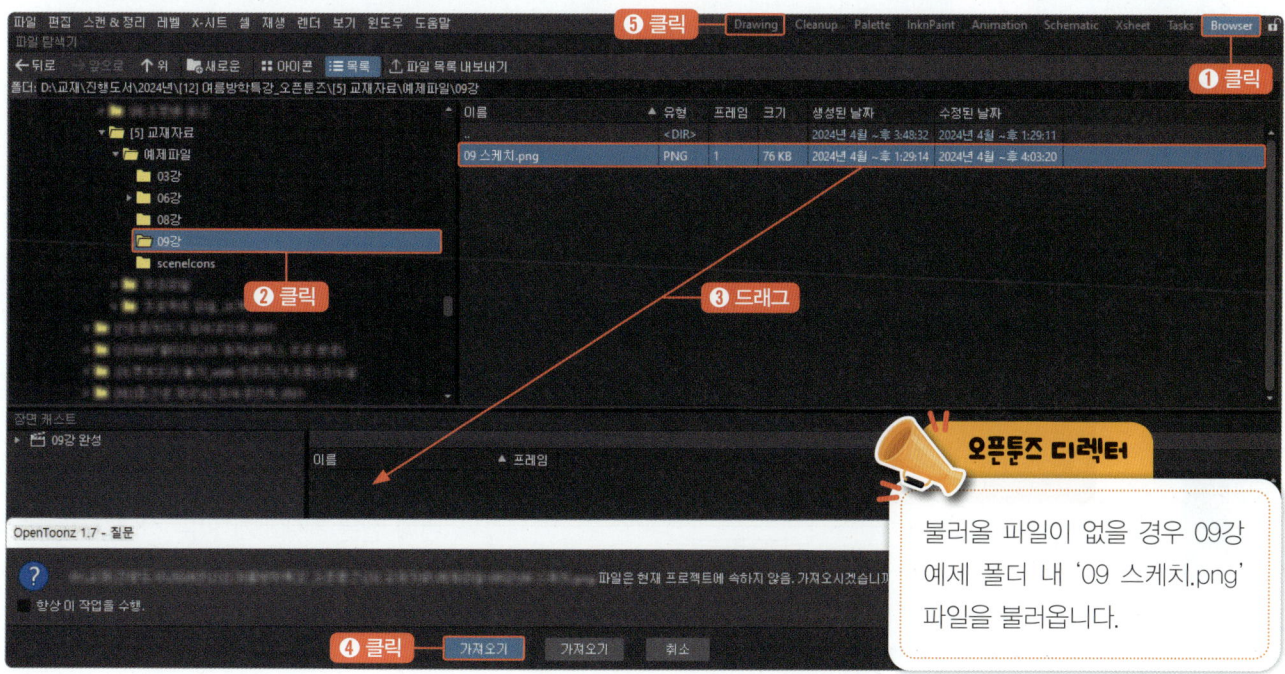

> **오픈툰즈 디렉터**
> 불러올 파일이 없을 경우 09강 예제 폴더 내 '09 스케치.png' 파일을 불러옵니다.

Frame 09 후루룩 후루룩~ 꼬들꼬들 라면 만들기 _**071**

2 움직이는 라면 애니메이션 만들기

미션 1 그림 형식을 백터 형식으로 변환합니다.

❶ 'Col1' 레벨을 선택한 후 '애니메이션 도구()'를 이용하여 작업 공간의 크기에 맞게 그림의 크기를 조절합니다.

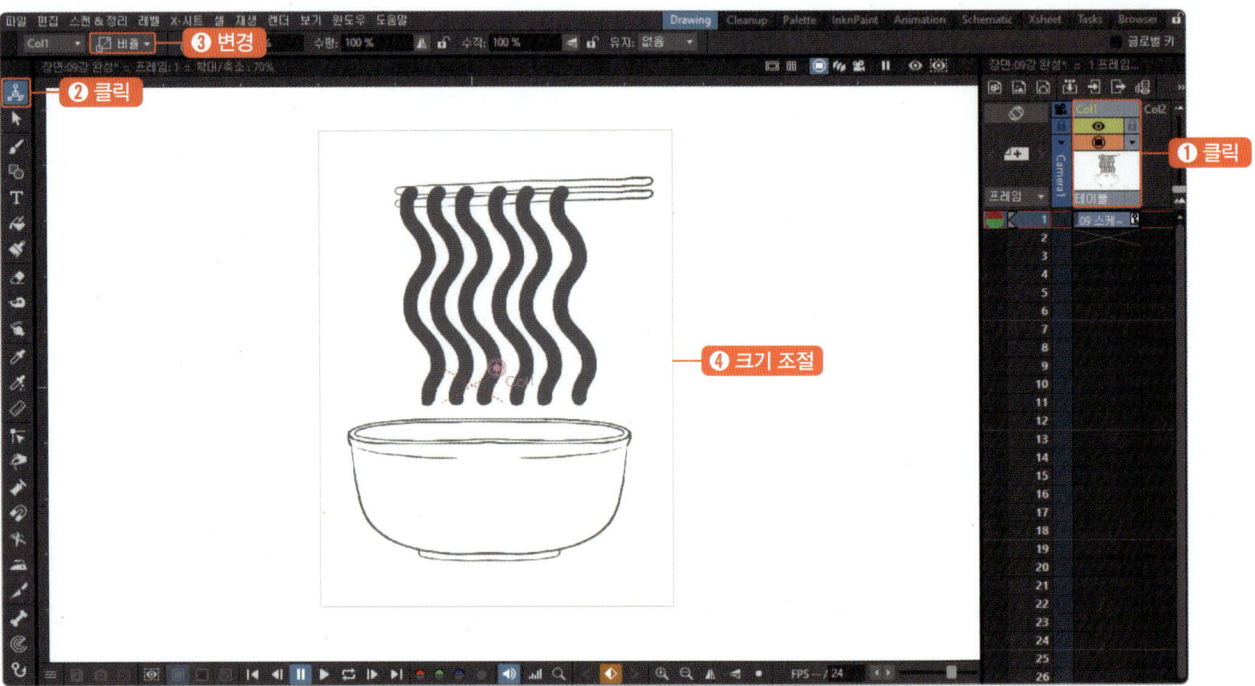

❷ 'Col1' 레벨의 1번째 셀을 클릭한 후 상단 메뉴의 [레벨]-[변환]-[백터로 변환]을 클릭합니다.

오픈툰즈 디렉터

1번째 셀을 선택하지 않은 상태에서는 그림 형식을 백터로 변환시킬 수 없으므로, 반드시 1번째 셀을 선택한 후 작업합니다.

❸ [백터로 변환 설정] 창이 나타나면 [견본 미리보기 표시/숨기기(◉)]를 클릭하여 백터로 변환된 모습을 확인합니다.

❹ 임계값, 정밀도, 얼룩제거 값 등을 조절하여 불필요한 선은 제거하고 두께 보정 값을 변경하여 선의 두께를 조절한 후 [변환]을 클릭합니다.

오픈툰즈 디렉터

- 임계값 : 임계값이 클수록 장면의 그림을 전부 표현하지만 그림이 어두워질 수 있습니다.
- 정밀도 : 정밀도가 클수록 그림을 더욱 자세히 표현합니다.
- 얼룩제거 : 지저분한 선을 정리합니다.
- 두께 보정 : 그림의 선 두께를 조절합니다.

❺ 백터로 변환된 그림이 'Col2' 레벨에 추가되면 'Col1' 레벨을 마우스 오른쪽 버튼으로 클릭하여 [열 삭제]를 클릭합니다.

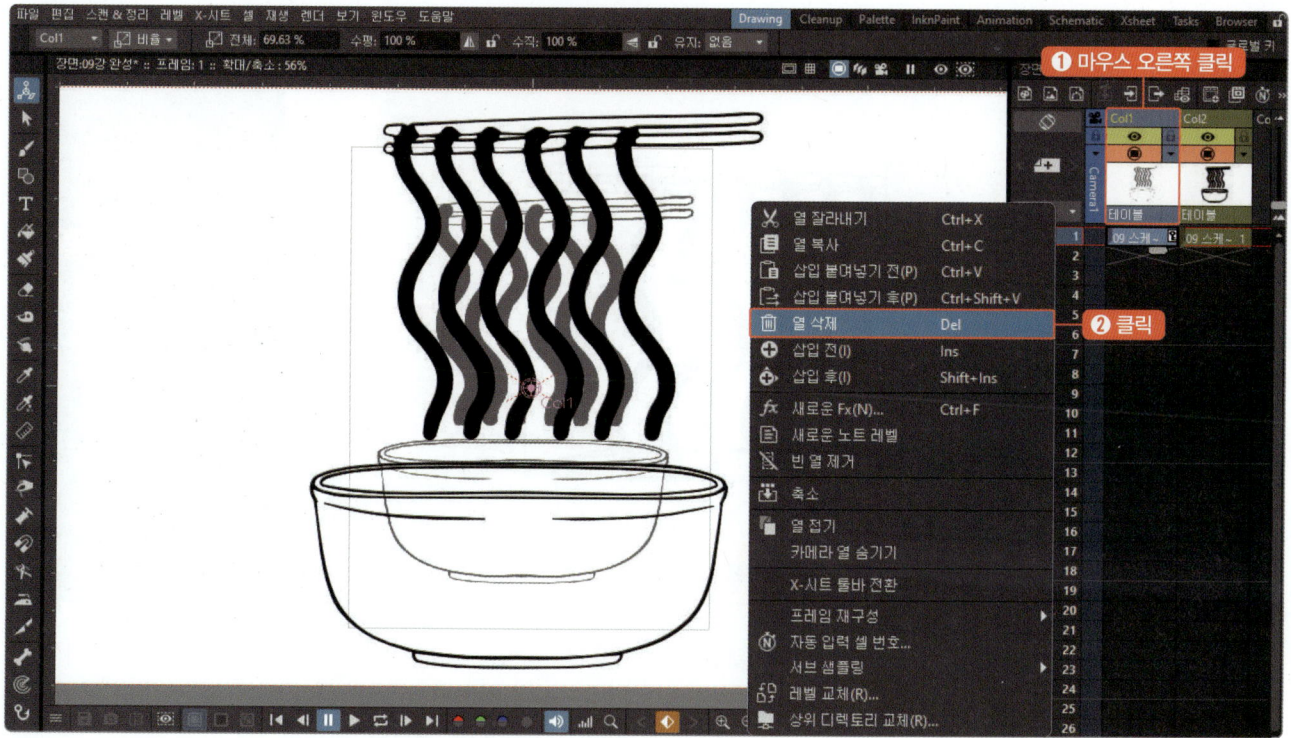

Frame 09 후루룩 후루룩~ 꼬들꼬들 라면 만들기 _**073**

> **미션 2** 셀의 사본을 만들며 라면 면발이 그릇으로 들어가는 애니메이션을 만듭니다.

① 'Col1' 레벨의 1번째 셀을 마우스 오른쪽 버튼으로 클릭하여 [사본 만들기]를 클릭합니다.

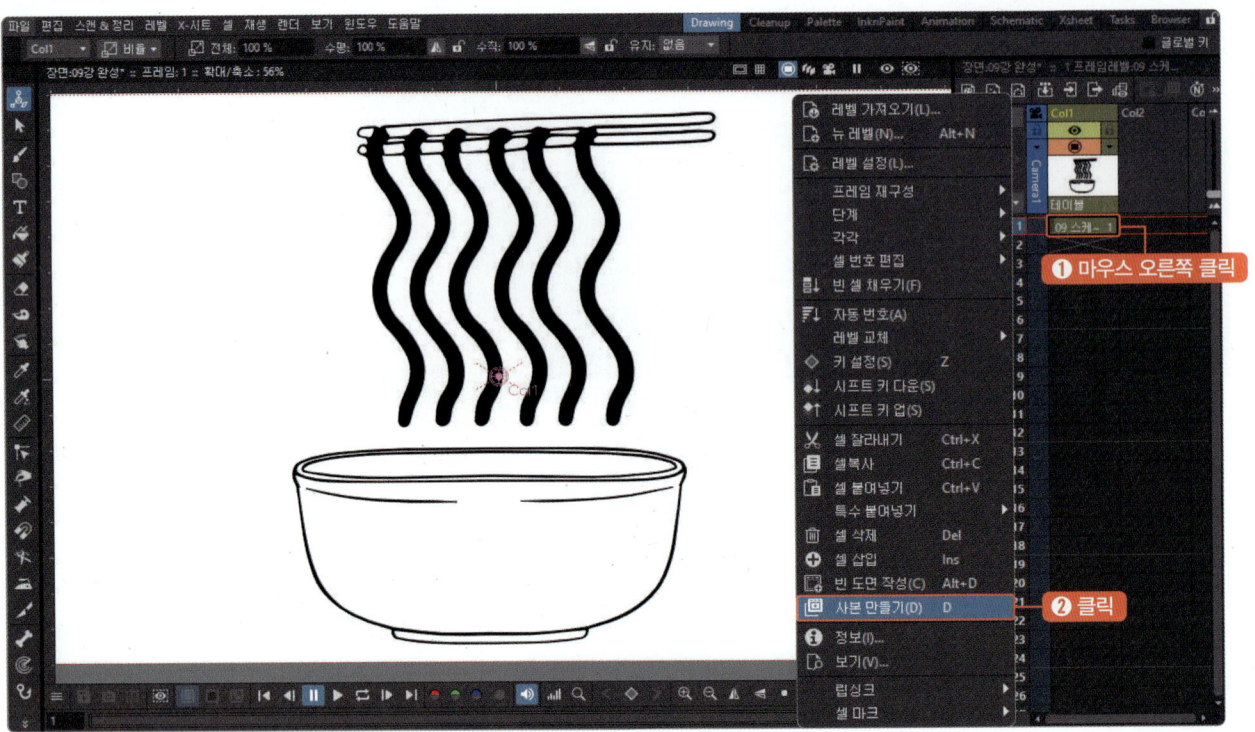

② 2번째 셀을 클릭한 후 도구 모음 패널의 '선택 도구( )'를 이용하여 젓가락과 라면 면발을 영역 선택하고 위치를 아래쪽으로 이동시킵니다.

- 영역을 드래그하거나 Shift 키를 누른 상태로 선택할 개체를 클릭합니다.
- 라면 면발이 그릇 안쪽으로 들어간 모습을 표현하기 위해 '지우개 도구( )'를 이용하여 라면 면발에서 불필요한 부분을 지워 봅니다.

❸ ❶~❷와 같은 방법으로 라면 면발이 그릇으로 들어가는 모습을 만들어 봅니다.

오픈튠즈 디렉터

영역 선택한 개체를 작업 공간의 빈 공간으로 이동시킨 후 '지우개 도구(🔲)'를 이용하여 라면 면발의 불필요한 부분을 지웁니다.

| 미션 | 3 | 채우기 도구를 이용하여 젓가락과 라면 그릇을 채색합니다. |

❶ 팔레트 레벨 패널에 색상을 추가하고 '채우기 도구(🪣)'를 이용해 젓가락과 라면 그릇을 채색합니다.

> **오픈툰즈 디렉터**
> 라면 면발을 채색하려면 모드를 '선'으로 선택합니다.

| 미션 | 4 | 프레임 수를 조정하여 애니메이션을 완성합니다. |

❶ 'Col1' 레벨의 모든 셀을 선택하고 오른쪽 상단의 [프레임 증가(+1)]를 클릭하여 프레임 수를 증가시켜 봅니다.

❷ 움직이는 라면 애니메이션이 완성되면 작업 공간 하단의 [실행(▶)]을 클릭하여 애니메이션을 확인한 후 [렌더]-[출력 설정]을 클릭하여 애니메이션을 'avi' 파일로 저장해 봅니다.

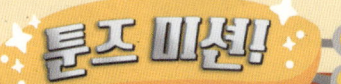

▶ 예제 파일 : 09강 폴더　▶ 완성 파일 : 09강 창의 완성.avi

 '09 창의 스케치.png' 파일을 불러와 그림을 백터 형식으로 변환해 봅니다.

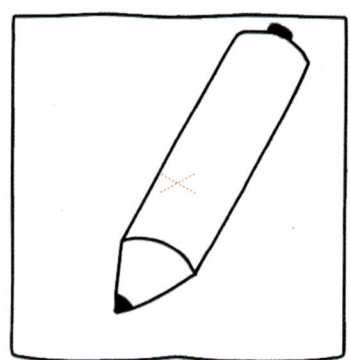

 [레벨]-[변환]-[백터로 변환]을 클릭하여 그림 형식을 변경해요.

 백터로 변환시킨 그림을 채색하고 펜으로 글을 쓰는 애니메이션을 완성해 봅니다.

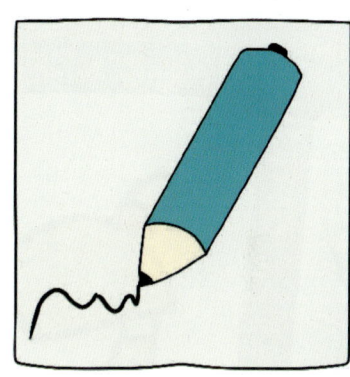

 '브러쉬 도구'를 이용해 글이 써지는 모습을 표현해요.

Frame 10 — 엉덩이춤 추는 캐릭터 만들기

▶ 예제 파일 : 없음   ▶ 완성 파일 : 10강 완성.avi

투데이'S 컷

학습목표
- 백터 가이드 그림을 이용하여 그린 순서를 따라 그림을 그릴 수 있습니다.
- 레벨 스트립 패널에서 여러 장의 프레임을 추가할 수 있습니다.
- 동화 기능을 이용하여 추가한 프레임에 자동으로 그림을 그릴 수 있습니다.
- 셀의 순서를 역순으로 변경할 수 있습니다.

1. 애니메이션 스케치하고 새로운 백터 레벨 생성하기

미션 1 엉덩이춤을 추는 캐릭터의 모습을 스케치합니다.

❶ 캐릭터의 팔, 다리, 엉덩이의 위치를 생각하며 엉덩이춤을 추는 캐릭터의 모습을 스케치해 봅니다.

▲ 엉덩이춤 처음 장면　　　　　　　　　　　　　▲ 엉덩이춤 마지막 장면

오픈툰즈 디렉터 왜 중간 장면은 안 그려요?

첫 번째 장면과 마지막 장면에 그림을 그리면 첫 번째 장면에서 마지막 장면이 되기 위해 필요한 중간 장면을 자동으로 그려주는 동화 기능을 이용해 애니메이션을 완성할 예정입니다.

미션 2 새로운 백터 레벨을 생성합니다.

❶ 오픈툰즈(OpenToonz) 아이콘(🔲)을 더블클릭하여 프로그램을 실행한 후 새로운 프로젝트와 새로운 장면을 생성합니다.

❷ X-시트 패널에서 [뉴 백터 레벨(🔲)]을 클릭하여 [뉴 레벨] 창이 나타나면 [로] 값을 "2"로 입력한 후 [네]를 클릭합니다.

Frame 10 엉덩이춤 추는 캐릭터 만들기 _ **079**

2 동화 기능 이용하여 엉덩이춤 추는 캐릭터 애니메이션 만들기

미션 1 백터 가이드 그림을 이용하여 엉덩이춤을 추는 캐릭터 첫 번째 장면을 그립니다.

❶ 레벨이 추가되면 작업 공간을 마우스 오른쪽 버튼으로 클릭하고 [백터 가이드 그림]-[전체 드로잉]을 클릭합니다.

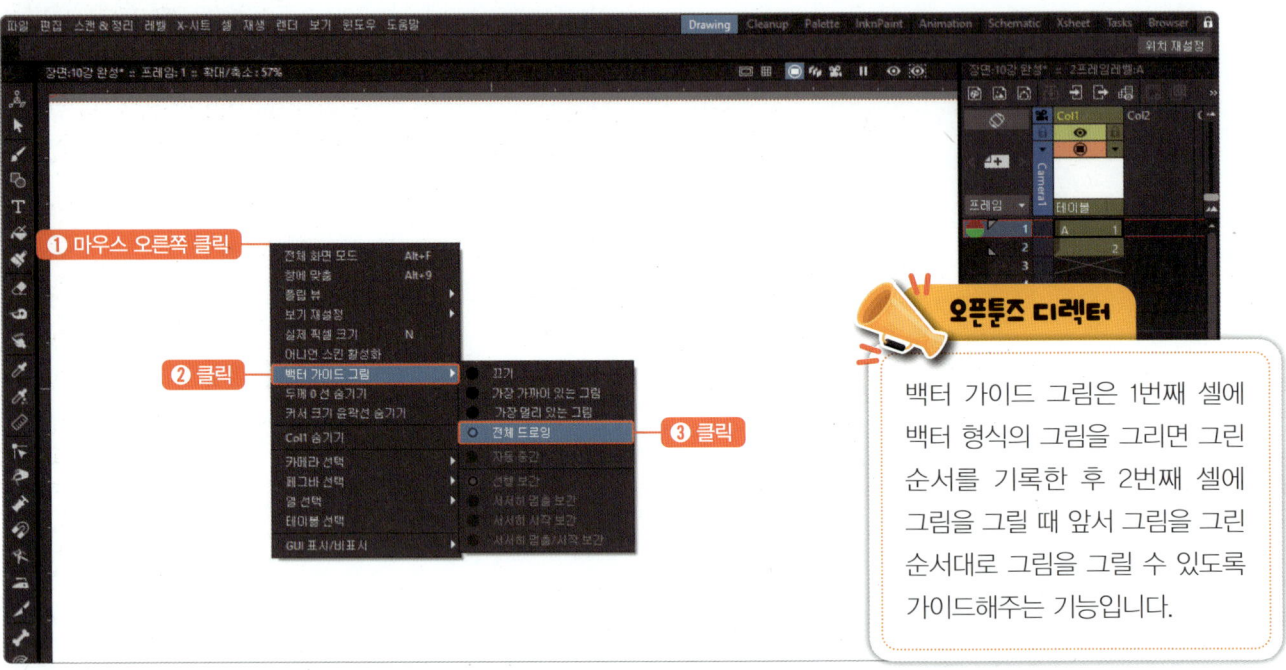

오픈툰즈 디렉터

백터 가이드 그림은 1번째 셀에 백터 형식의 그림을 그리면 그린 순서를 기록한 후 2번째 셀에 그림을 그릴 때 앞서 그림을 그린 순서대로 그림을 그릴 수 있도록 가이드해주는 기능입니다.

❷ 1번째 셀을 클릭한 후 도구 모음 패널의 '브러쉬 도구( )'를 이용하여 엉덩이춤을 추는 캐릭터 애니메이션의 처음 장면을 그립니다.

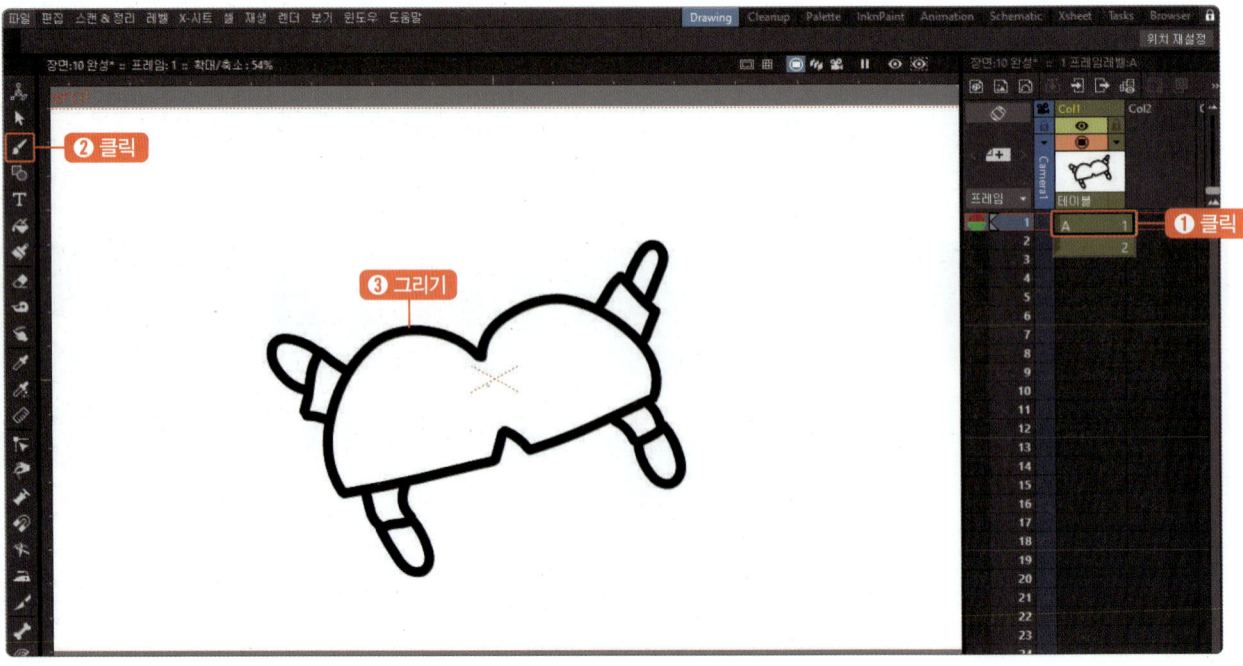

미션 2   마커를 생성하고 엉덩이춤을 추는 캐릭터의 마지막 장면을 그립니다.

① 2번째 셀을 클릭한 후 '프레임1'에 마커를 생성하고 처음 장면을 그릴 때의 순서대로 엉덩이춤을 추는 캐릭터의 마지막 장면을 그립니다.

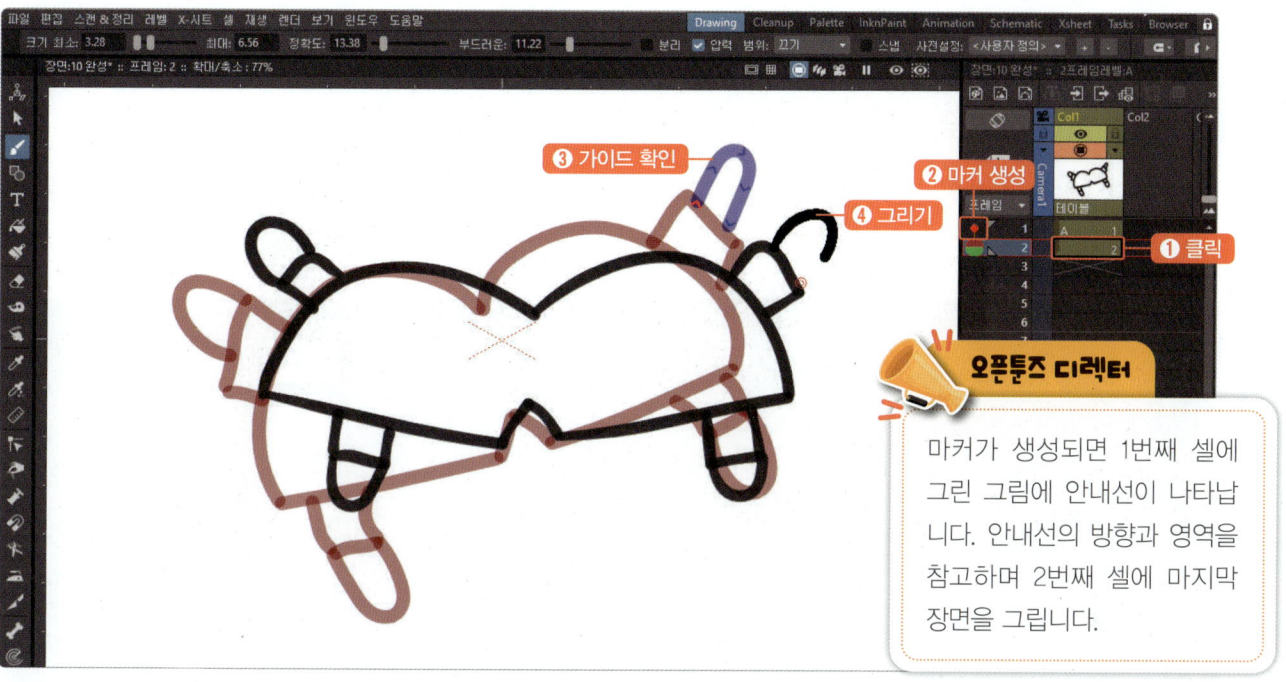

오픈툰즈 디렉터

마커가 생성되면 1번째 셀에 그린 그림에 안내선이 나타납니다. 안내선의 방향과 영역을 참고하며 2번째 셀에 마지막 장면을 그립니다.

미션 3   레벨 스트립 패널에서 프레임을 추가하고 자동으로 그림을 채웁니다.

① 애니메이션이 자연스럽게 진행되도록 하기 위해 레벨 스트립 패널에서 '0002' 장면을 선택한 후 마우스 오른쪽 버튼을 클릭하여 [프레임 추가]를 클릭합니다.

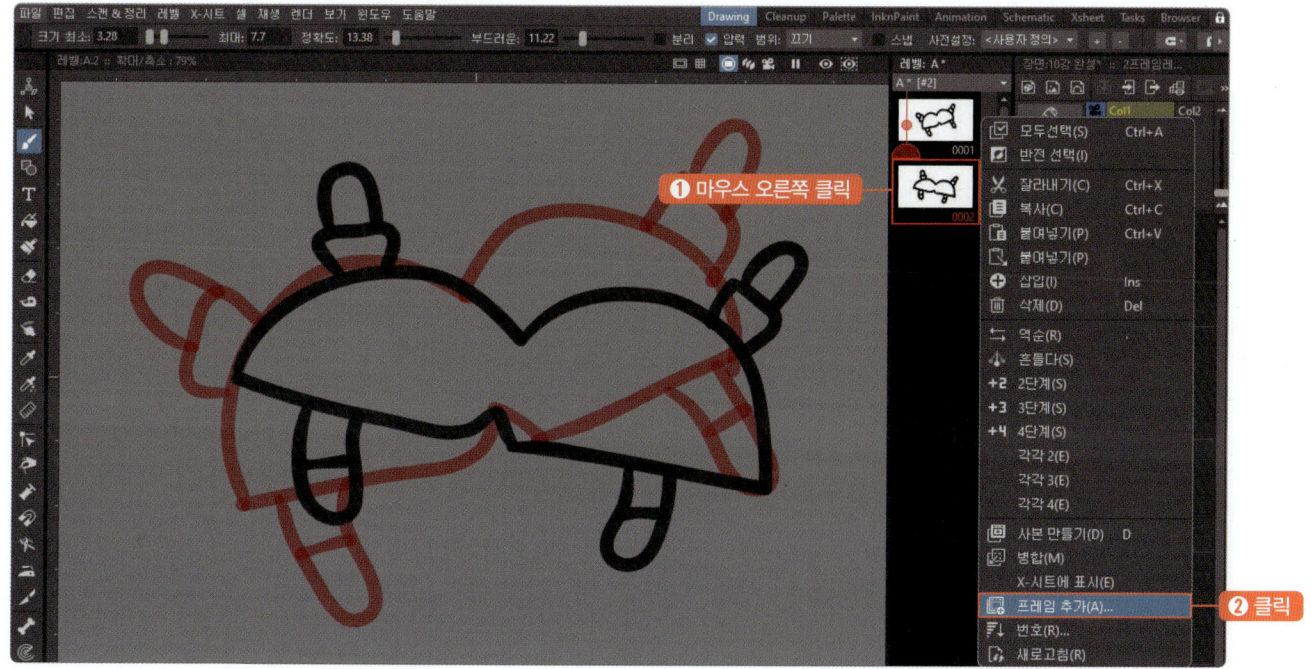

❷ [프레임 추가] 창이 나타나면 [시작 프레임]을 "2"로, [종료 프레임]을 "6"으로 입력한 후 [추가]를 클릭합니다.

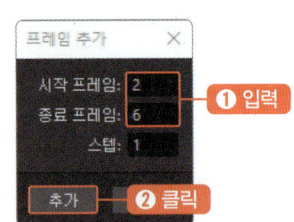

❸ 프레임이 추가되면 자동으로 그림을 그리기 위해 레벨 스트립 패널에서 '0001' 장면을 선택한 후 Shift 키를 누른 상태로 '0007' 장면을 클릭합니다.

❹ 이어서 중간에 추가된 프레임의 '중간' 글자를 클릭하여 [중간(사이에)] 창이 나타나면 [중간(사이에)]를 클릭합니다.

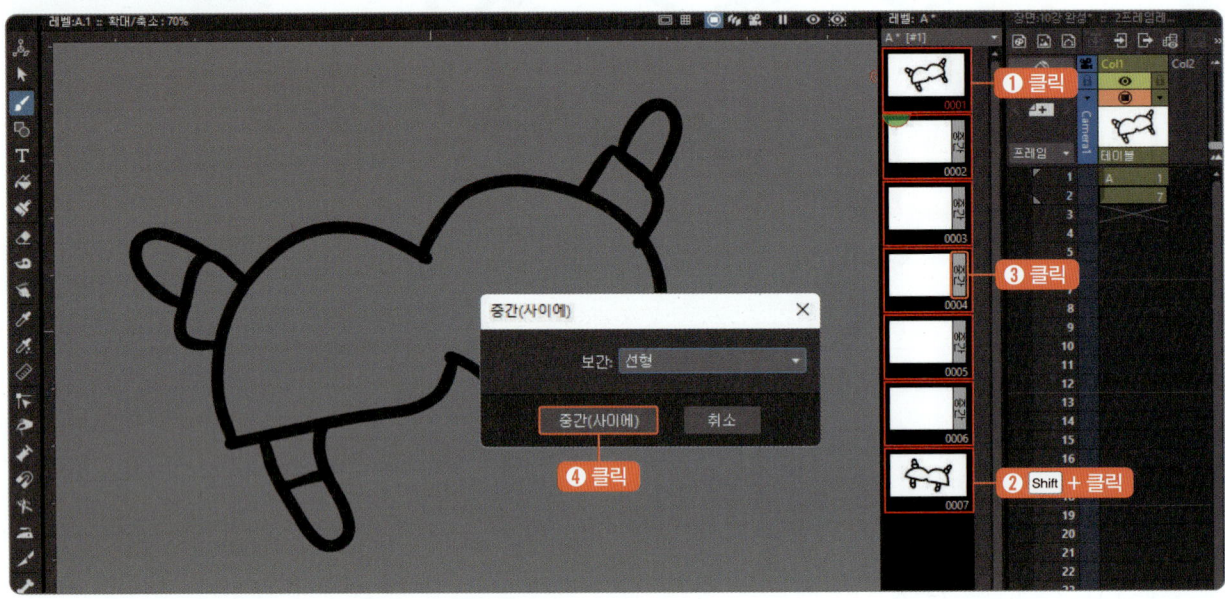

❺ 레벨 스트립 패널에 작성된 '0001'~'0007' 장면을 'Col2' 레벨로 드래그하여 셀을 추가하고 'Col1' 레벨은 삭제합니다.

3 셀 순서 변경하고 그림 채색하기

미션 1 셀의 순서를 변경합니다.

❶ 처음 장면으로 돌아오는 모습을 표현하기 위해 레벨 스트립 패널의 '0001'~'0007' 장면을 8번째 셀로 드래그하여 셀을 추가한 후 8번째 셀부터 14번째 셀을 선택하고 마우스 오른쪽 버튼을 클릭하여 [셀 번호 편집]-[역순]을 클릭합니다.

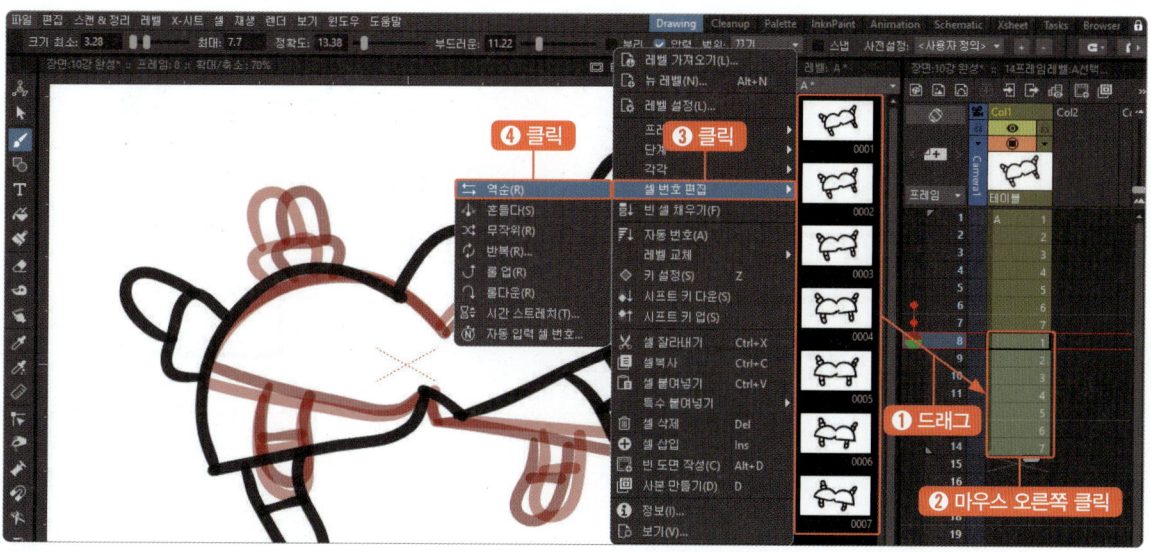

미션 2 완성된 그림을 채색합니다.

❶ 도구 모음 패널의 '채우기 도구( )'를 이용하여 캐릭터를 채색하고 엉덩이춤을 추는 캐릭터 애니메이션이 완성되면 작업 공간 하단의 [실행( )]을 클릭하여 애니메이션을 확인한 후 [렌더]-[출력 설정]을 클릭하여 애니메이션을 'avi' 파일로 저장해 봅니다.

오픈툰즈 디렉터

벡터 형식의 그림은 중간에 선이 끊어져 있으면 채색이 되지 않습니다. 자동으로 그려진 그림을 확인하며 선이 이어지지 않은 부분이 있다면 '지우개 도구( )'와 '브러쉬 도구( )'로 선을 연결한 후 채색합니다.

Frame 10 엉덩이춤 추는 캐릭터 만들기 _ **083**

▶ 예제 파일 : 없음   ▶ 완성 파일 : 10강 창의 완성.avi

 아이스크림을 먹는 캐릭터의 처음 장면과 마지막 장면을 그려 봅니다.

 새로운 백터 레벨을 생성하고 백터 가이드 그림을 '전체 드로잉'으로 선택한 후 처음 장면과 마지막 장면을 그려요.

 동화 기능을 이용하여 아이스크림 먹는 캐릭터 애니메이션을 완성해 봅니다.

 동화 기능이 제대로 적용되지 않을 경우 '제어 편집기 도구'와 '커터 도구'를 이용해 동화된 그림을 수정해요.

Frame 11 펑펑! 대포 발사시키기

▶ 예제 파일 : 11강 폴더   ▶ 완성 파일 : 11강 완성.avi

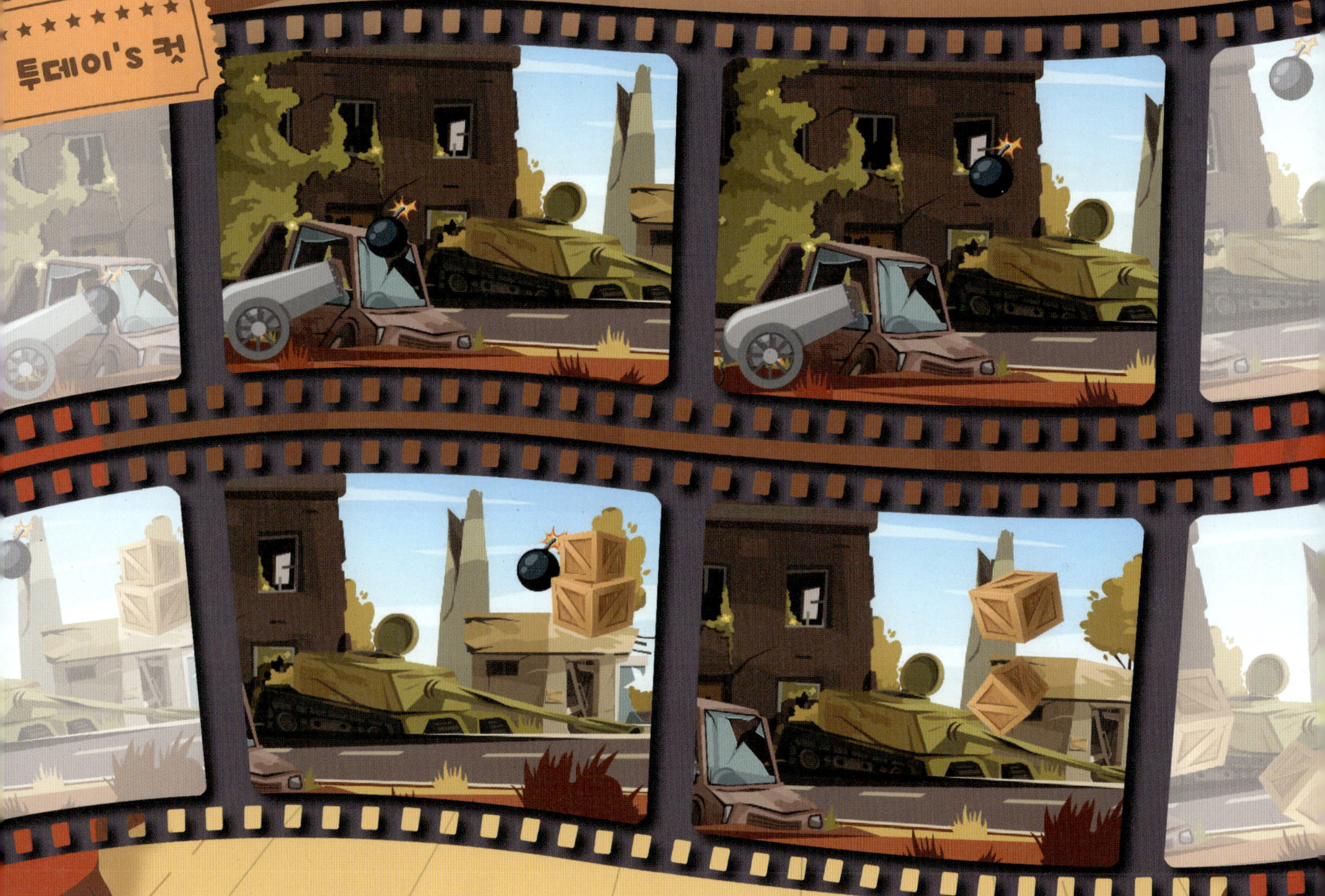

학습목표
- 외부 파일을 오픈툰즈로 불러올 수 있습니다.
- 레벨의 순서를 변경할 수 있습니다.
- 대포에서 포탄이 날아가는 애니메이션을 만들 수 있습니다.
- 포탄에 닿은 상자가 날아가는 애니메이션을 만들 수 있습니다.

1 외부 파일 불러와 장면 꾸미기

① 오픈툰즈(OpenToonz) 아이콘()을 더블클릭하여 프로그램을 실행한 후 새로운 프로젝트와 새로운 장면을 생성합니다.

② 레이아웃 메뉴에서 [Browser] 탭을 클릭하고 [예제파일]-[11강] 폴더를 찾아 선택한 후 '대포', '배경', '상자1', '상자2', '포탄' 파일을 장면 캐스트 패널로 드래그합니다.

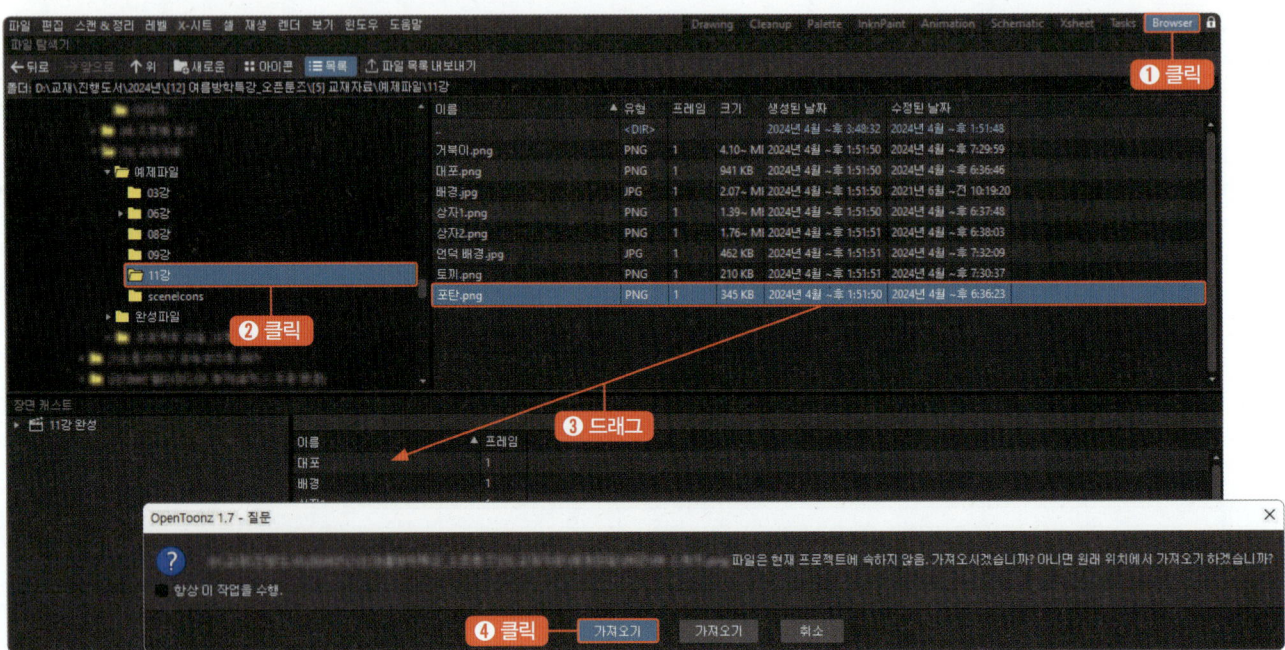

③ [Drawing] 탭을 클릭하고 레벨의 순서를 '배경', '포탄', '대포', '상자2', '상자1'로 변경한 후 '애니메이션 도구( )'를 이용하여 그림과 같이 장면을 꾸며 봅니다.

2 키를 적용하여 애니메이션 만들기

미션 1 '포탄'이 날아갈 때 '대포'에 반동이 생기는 모습을 표현합니다.

❶ '배경(Col1)' 레벨의 1번째 셀을 클릭한 후 채우기 바를 드래그하여 24번째 셀까지 복제합니다.

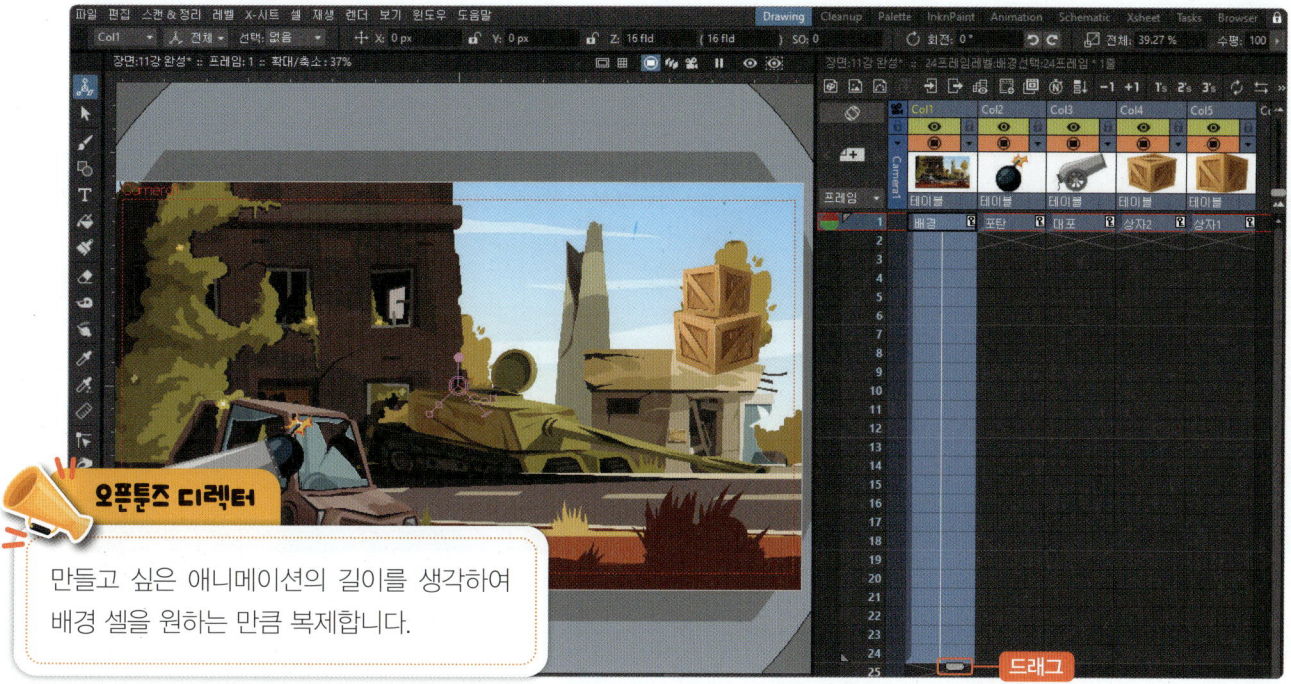

오픈툰즈 디렉터
만들고 싶은 애니메이션의 길이를 생각하여 배경 셀을 원하는 만큼 복제합니다.

❷ '대포(Col3)' 레벨의 1번째 셀을 클릭하고 채우기 바를 드래그하여 6번째 셀까지 복제합니다. 이어서 6번째 셀에 키를 적용하고 '애니메이션 도구( )'를 이용하여 '대포'를 뒤쪽으로 이동시킵니다.

오픈툰즈 디렉터
셀을 선택하고 Z 키를 눌러 키를 적용합니다.

❸ '대포'가 다시 원위치하는 모습을 표현하기 위해 6번째 셀의 채우기 바를 12번째 셀까지 드래그하여 복제한 후 12번째 셀에 키를 적용하고 '애니메이션 도구( )'를 이용하여 '대포'의 원래 위치로 이동시킵니다.

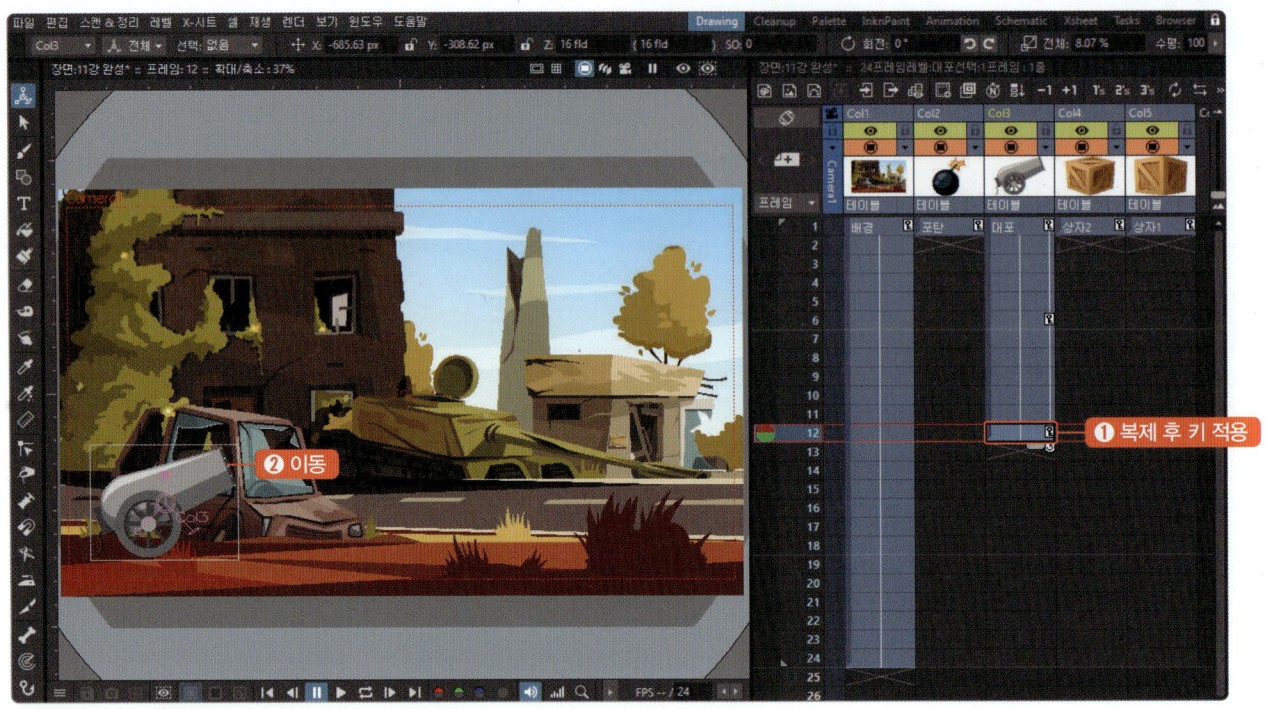

미션 ❷ '포탄'이 날아가는 모습을 표현합니다.

❶ '포탄(Col2)' 레벨의 1번째 셀을 클릭하고 채우기 바를 드래그하여 6번째 셀까지 복제한 후 6번째 셀에 키를 적용하고 '애니메이션 도구( )'를 이용하여 그림과 같이 '포탄'의 위치를 변경합니다.

❷ '포탄'이 아래로 떨어지는 모습을 표현하기 위해 6번째 셀의 채우기 바를 12번째 셀까지 드래그하여 복제한 후 12번째 셀에 키를 적용하고 '애니메이션 도구( )'를 이용하여 '포탄'의 위치를 변경합니다.

미션 ❸ '상자'가 '포탄'에 맞으면 애니메이션이 시작되도록 키를 적용합니다.

❶ '상자2(Col4)', '상자1(Col5)' 레벨의 채우기 바를 드래그하여 11번째 셀까지 복제한 후 '상자2', '상자1' 레벨의 11번째 셀에 키를 적용합니다.

오픈툰즈 디렉터 11번째 셀에 키를 적용하는 이유

'상자1'과 '상자2'가 '포탄'에 닿은 순간부터 애니메이션이 적용되도록 하기 위해 11번째 셀에 키를 적용하여 11번째 프레임까지는 '상자1', '상자2'에 아무런 변화가 없도록 설정하기 위함입니다.

❷ '상자2', '상자1' 레벨의 채우기 바를 24번째 셀까지 드래그하여 복제한 후 셀 중간 중간에 키를 적용하며 '포탄'에 맞아 바닥으로 떨어지는 모습을 표현해 봅니다.

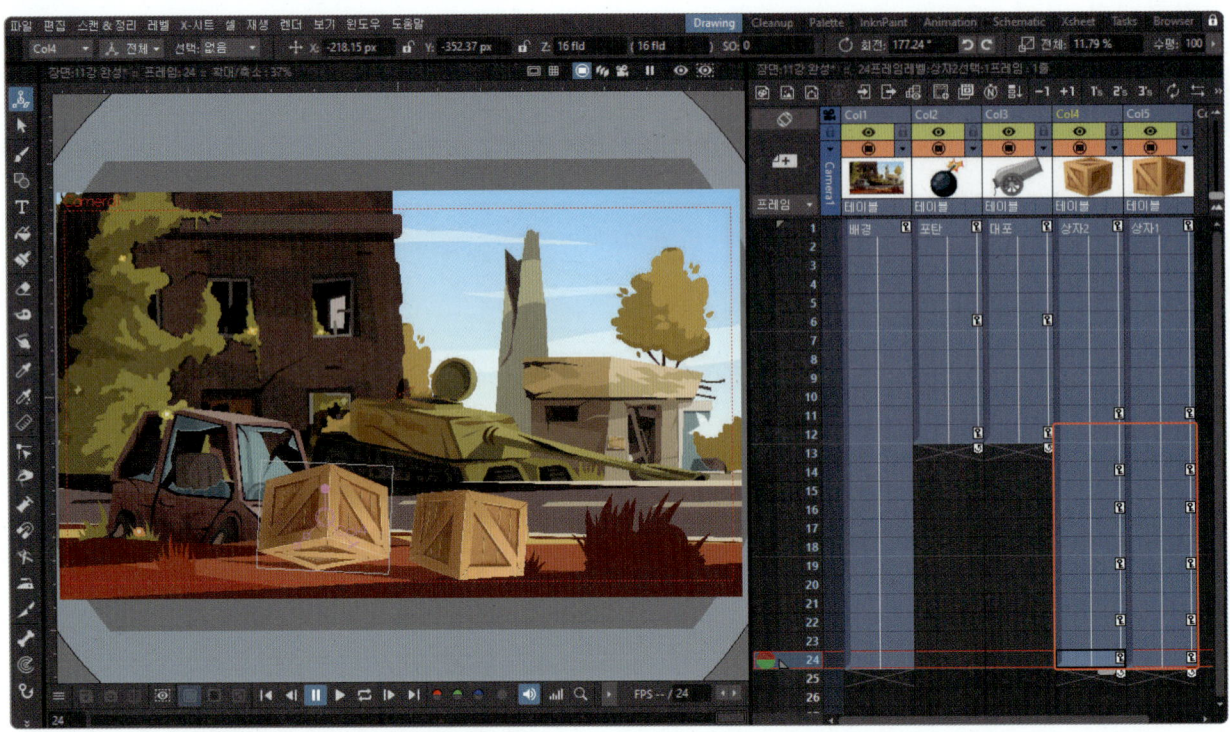

❸ '대포(Col3)' 레벨을 선택한 후 채우기 바를 24번째 셀까지 드래그하여 복제합니다.

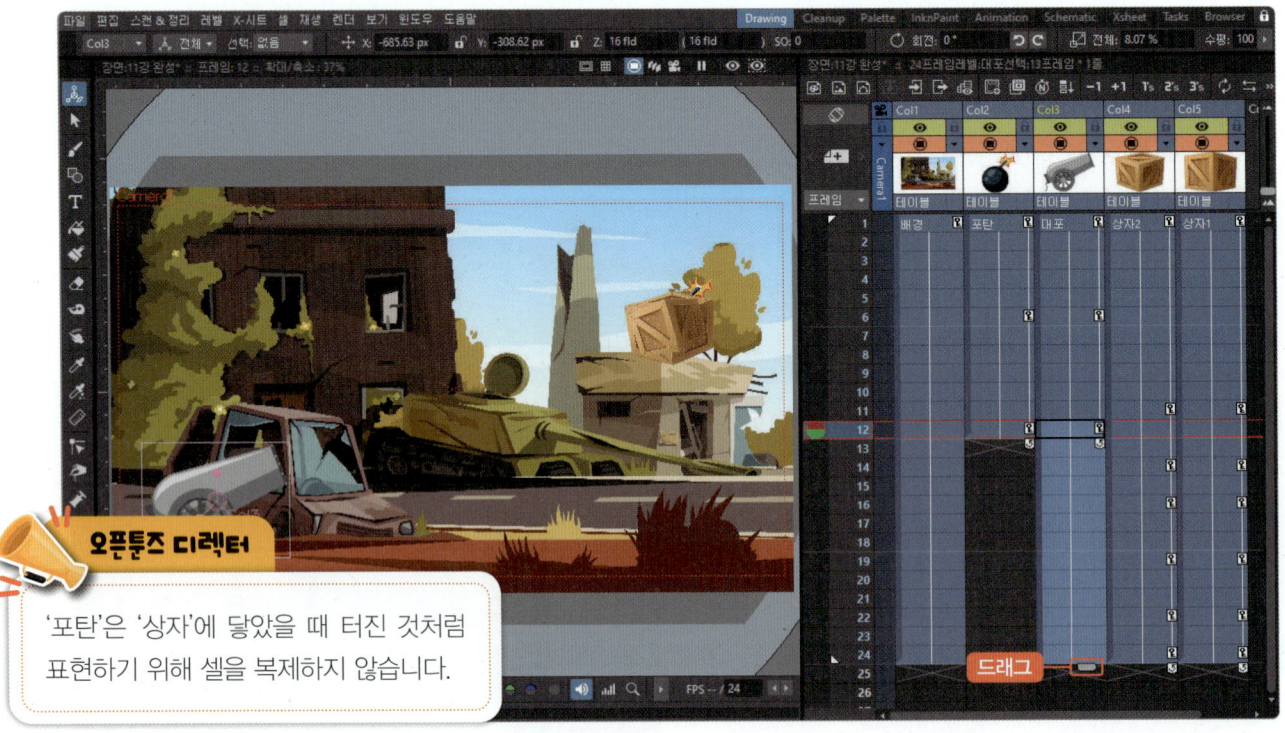

오픈툰즈 디렉터
'포탄'은 '상자'에 닿았을 때 터진 것처럼 표현하기 위해 셀을 복제하지 않습니다.

❹ 대포 발사시키기 애니메이션이 완성되면 작업 공간 하단의 [실행(▶)]을 클릭하여 애니메이션을 확인한 후 [렌더]-[출력 설정]을 클릭하여 애니메이션을 'avi' 파일로 저장해 봅니다.

▶ 예제 파일 : 11강 폴더　▶ 완성 파일 : 11강 창의 완성.avi

 예제 파일을 불러와 '토끼와 거북이' 동화 장면을 만들어 봅니다.

 '언덕 배경', '토끼', '거북이' 파일을 불러와 장면을 꾸며요.

 셀에 키를 적용하여 토끼와 거북이가 달리기 경주를 하는 애니메이션을 완성해 봅니다.

Frame 11 펑펑! 대포 발사시키기 _ 091

Frame 12 기영이의 즐거운 하굣길

▶ 예제 파일 : 12강 폴더   ▶ 완성 파일 : 12강 완성.avi

투데이'S 컷

학습목표
- 애니메이션 탭의 도식단계 패널에 대해 이해할 수 있습니다.
- 도식단계를 이용하여 개체를 연결할 수 있습니다.
- 연결된 개체의 크기와 위치를 조절할 수 있습니다.
- 셀을 삭제하여 2개의 개체가 번갈아 나타나도록 할 수 있습니다.

1 ▶ 도식단계 이용하여 개체 연결하기

미션 1 프로그램을 실행하고 예제 파일을 불러옵니다.

① 오픈툰즈(OpenToonz) 아이콘()을 더블클릭하여 프로그램을 실행한 후 [프로젝트 열기]를 클릭합니다.

② [폴더 선택] 창이 나타나면 예제 파일이 저장되어 있는 폴더를 선택하고 [12강 예제]-[scenes] 폴더를 선택한 후 '12강 예제.tnz' 파일을 선택하여 장면이 나타나면 '12강 예제' 장면을 클릭합니다.

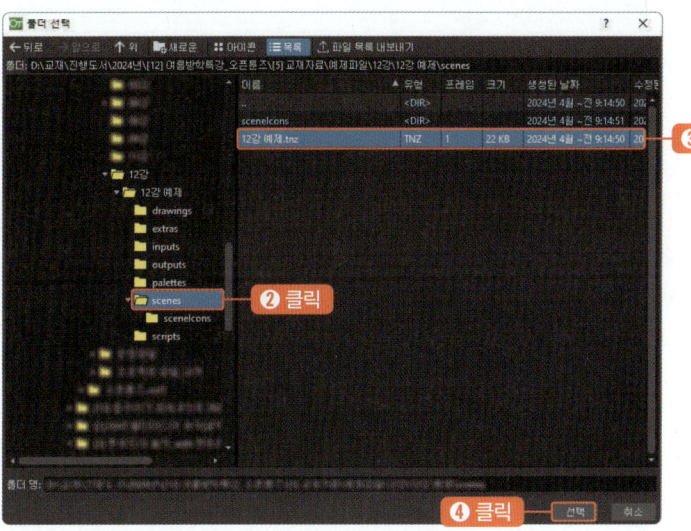

미션 2 [Animation] 탭의 도식단계를 이용하여 개체를 연결합니다.

① 레이아웃 메뉴에서 [Animation] 탭을 클릭합니다.

Frame 12 기영이의 즐거운 하굣길 _ **093**

❷ 도식단계 패널에서 각 개체가 따라 이동해야 하는 도식 뒤쪽으로 위치를 이동시킵니다.

오픈툰즈 디렉터 　도식단계(Stage Schematic)

장면에 사용되는 모든 개체(무대, 카메라, 레벨)가 노드로 나타납니다. 도식단계 패널에서는 개체의 연결 방식을 변경할 수 있고, 연결된 개체는 함께 이동하게 됩니다.

❸ '피자(Col4)'와 '햄버거(Col5)'가 '말풍선(Col3)'을 따라 이동하고, '말풍선(Col3)'이 '캐릭터(Col2)'를 따라 이동하도록 입출력 연결선을 그림과 같이 연결합니다.

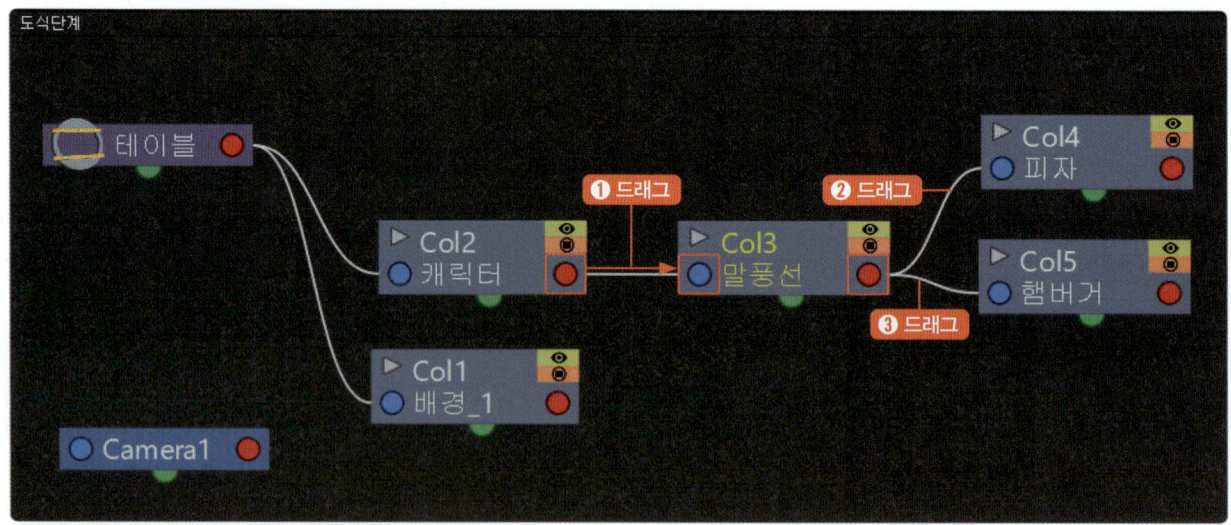

오픈툰즈 디렉터 　도식 연결하는 방법

- '캐릭터' 도식의 빨간색 점을 클릭한 후 드래그하여 새로운 선이 나타나면 '말풍선' 도식의 파란색 점과 연결합니다.
- '말풍선' 도식의 빨간색 점을 클릭한 후 드래그하여 새로운 선이 나타나면 '피자', '햄버거' 도식의 파란색 점과 각각 연결합니다.

 **즐거운 하굣길 애니메이션 완성하기**

미션 1 개체의 크기를 조절하고 위치를 변경합니다.

① 다시 [Drawing] 탭을 클릭한 후 각 레벨을 선택하고 도구 모음 패널의 '애니메이션 도구( )'를 이용하여 각 개체의 크기를 적절히 조절합니다. 이어서 '말풍선', '피자', '햄버거'의 위치를 그림과 같이 조절합니다.

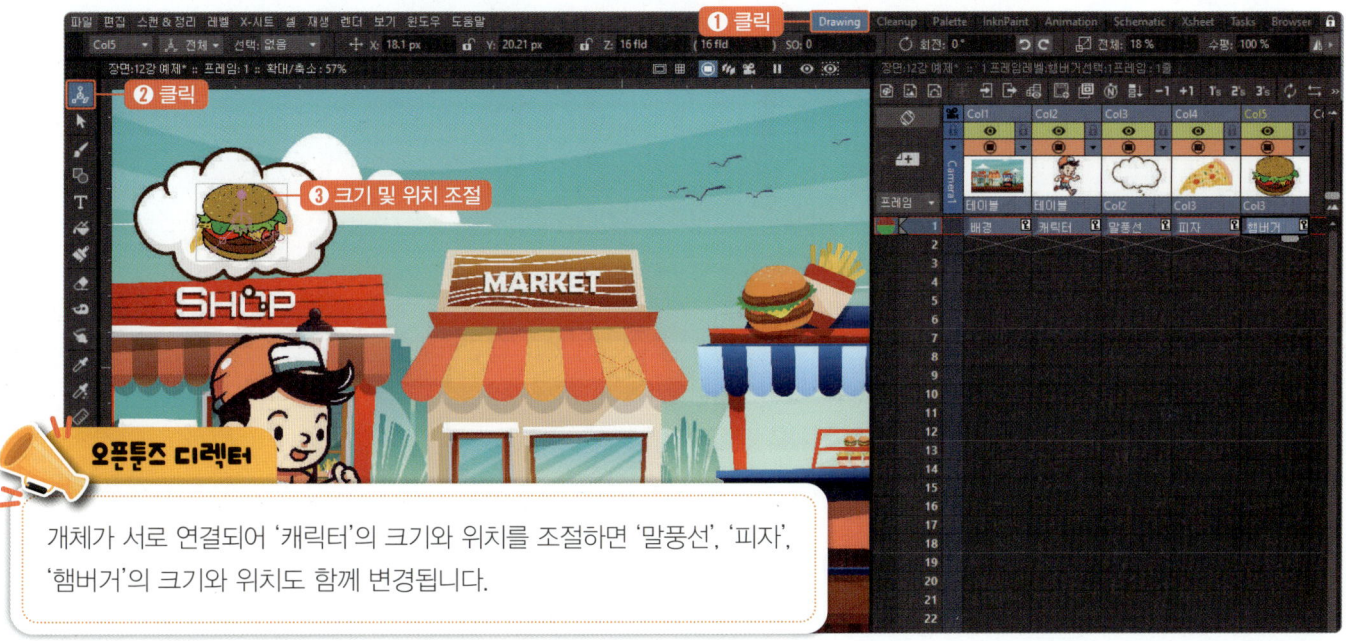

오픈툰즈 디렉터

개체가 서로 연결되어 '캐릭터'의 크기와 위치를 조절하면 '말풍선', '피자', '햄버거'의 크기와 위치도 함께 변경됩니다.

미션 2 셀에 키를 적용하여 애니메이션을 완성합니다.

① Shift 키를 누른 상태로 X-시트 패널 '배경(Col1)'~'햄버거(Col5)' 레벨의 1번째 셀을 각각 클릭한 후 채우기 바를 드래그하여 24번째 셀까지 복제합니다.

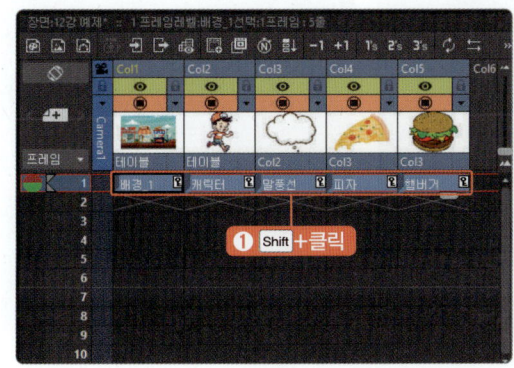 

오픈툰즈 디렉터

애니메이션을 길게 만들고 싶을 경우 프레임 수를 늘려 작업해도 됩니다.

Frame 12 기영이의 즐거운 하굣길 _ **095**

❷ '캐릭터(Col2)' 레벨을 선택한 후 셀에 키를 적용하며 '캐릭터'가 점프하며 이동하는 모습을 표현합니다.

오픈툰즈 디렉터

점프하는 모습 없이 '캐릭터'가 이동하는 모습만 표현하려면 1번째 셀과 24번째 셀에만 키를 적용하고 시작 지점과 도착 지점 위치를 지정하면 됩니다.

❸ 이어서 '피자'와 '햄버거'가 번갈아가며 나타나도록 하기 위해 '피자(Col4)', '햄버거(Col5)' 레벨의 셀을 선택한 후 Delete 키를 눌러 삭제합니다.

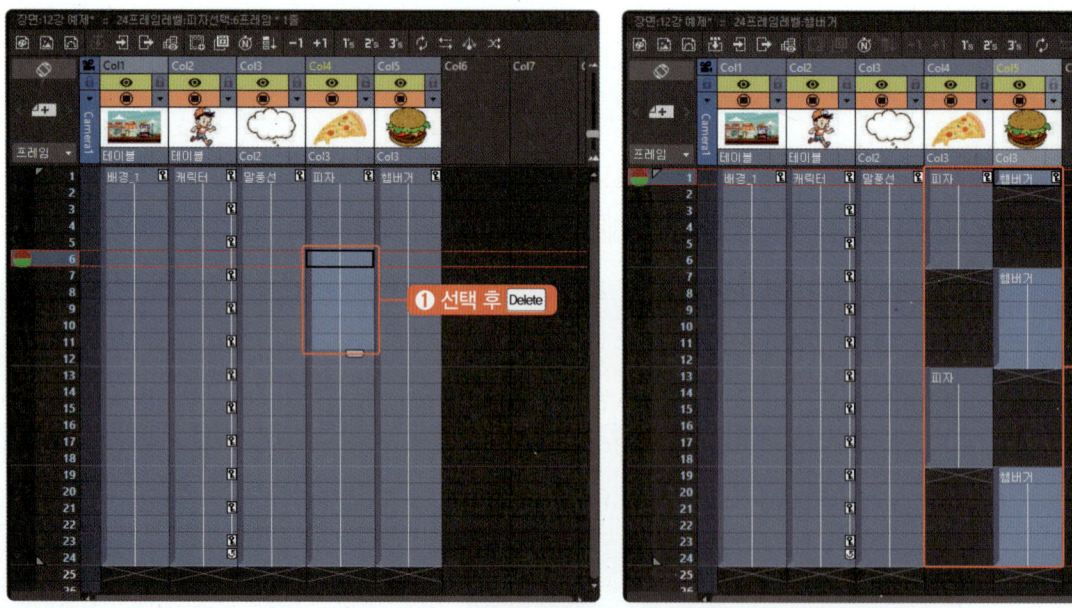

❹ 즐거운 하굣길 애니메이션이 완성되면 작업 공간 하단의 [실행(▶)]을 클릭하여 애니메이션을 확인한 후 [렌더]-[출력 설정]을 클릭하여 애니메이션을 'avi' 파일로 저장해 봅니다.

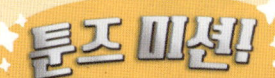

▶ 예제 파일 : 12강 폴더   ▶ 완성 파일 : 12강 창의 완성.avi

'12강 창의 예제.tnz' 파일을 불러와 '새1(Col2)' 도식에 나머지 새들을 연결해 봅니다.

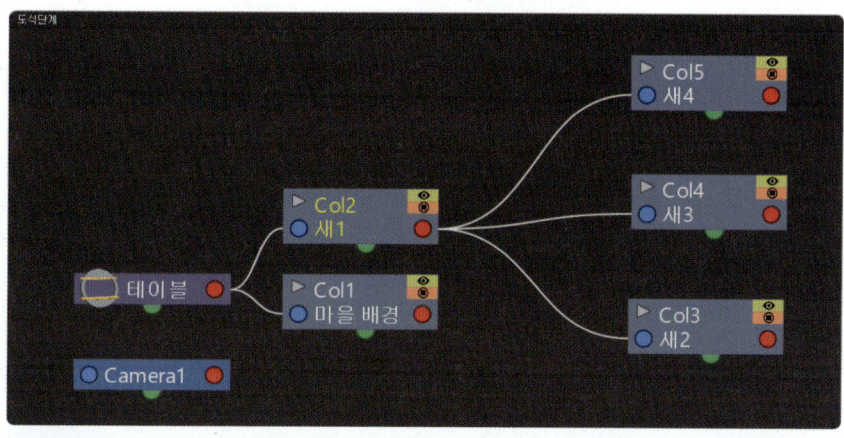

 [Animation] 탭의 도식단계 패널에서 '새1' 도식의 빨간색 점을 다른 새 도식들의 파란색 점과 연결해요.

새들이 하늘을 자유롭게 날아가는 애니메이션을 완성해 봅니다.

 모든 레벨의 셀을 동일하게 복제한 후 '새1' 레벨에 애니메이션을 적용해요.

Frame 13 어두운 동굴 속 날개 달린 유령 만들기

● 예제 파일 : 13강 폴더 ● 완성 파일 : 13강 완성.avi

학습목표
- 도식단계를 이용하여 개체를 연결할 수 있습니다.
- 양쪽 날개 레벨에 애니메이션을 적용할 수 있습니다.
- 이전 키 프레임 주기 설정을 이용하여 애니메이션을 반복할 수 있습니다.
- 셀에 키를 적용하여 날갯짓 하는 유령 애니메이션을 완성할 수 있습니다.

 예제 파일 불러와 개체 연결하기

> **미션 1** 프로그램을 실행하고 예제 파일을 불러옵니다.

❶ 오픈툰즈(OpenToonz) 아이콘(OT)을 더블클릭하여 프로그램을 실행한 후 [프로젝트 열기]를 클릭합니다.

❷ [폴더 선택] 창이 나타나면 예제 파일이 저장되어 있는 폴더를 선택하고 [13강 예제]-[scenes] 폴더를 선택한 후 '13강 예제.tnz' 파일을 선택하여 장면이 나타나면 '13강 예제' 장면을 클릭합니다.

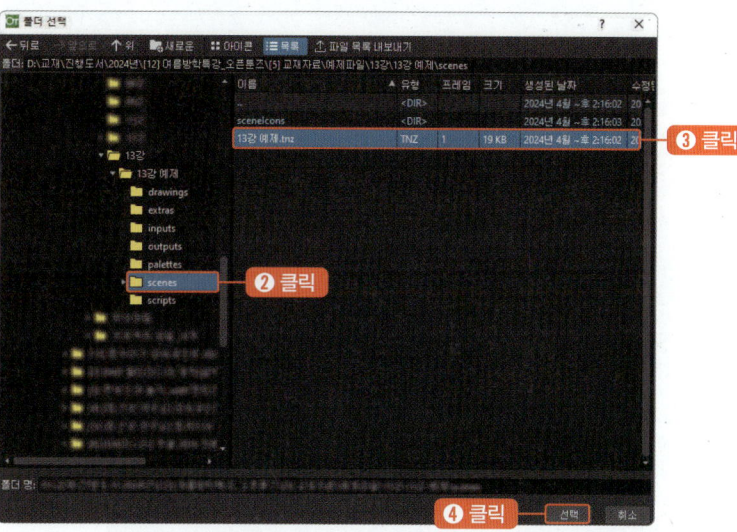

> **미션 2** 도식단계 패널에서 '유령'에 '왼쪽 날개'와 '오른쪽 날개'를 연결합니다.

❶ 레이아웃 메뉴에서 [Animation] 탭을 클릭한 후 도식단계 패널에서 '왼쪽 날개(Col3)', '오른쪽 날개(Col2)' 도식을 '유령(Col4)' 도식에 연결합니다.

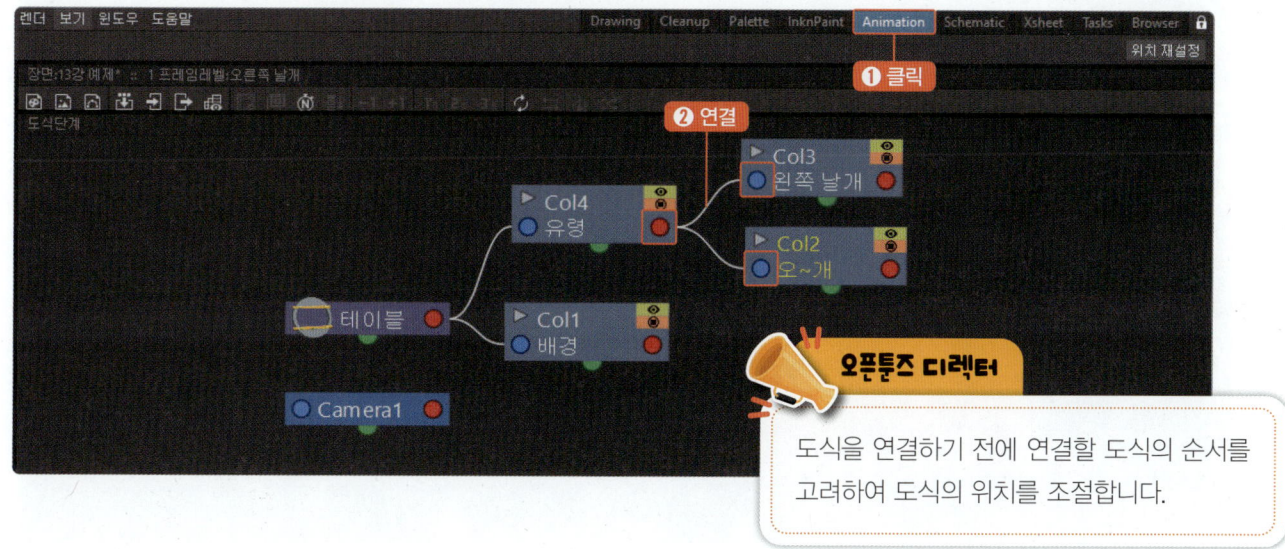

오픈툰즈 디렉터
도식을 연결하기 전에 연결할 도식의 순서를 고려하여 도식의 위치를 조절합니다.

2 날갯짓하는 유령 애니메이션 완성하기

미션 1 '왼쪽 날개'와 '오른쪽 날개'에 애니메이션을 적용합니다.

❶ 다시 [Drawing] 탭을 클릭한 후 '왼쪽 날개(Col3)' 레벨의 1번째 셀을 클릭하고 도구 모음 패널의 '애니메이션 도구()'를 이용하여 크기를 변경하고 중심점을 날개 끝으로 이동시킵니다.

> **오픈툰즈 디렉터**
> 중심점은 개체가 회전할 때 문의 경첩과 같은 역할을 하므로, '유령'과 '날개'를 연결할 위치로 중심점을 이동시킵니다.

❷ '오른쪽 날개(Col2)' 레벨의 1번째 셀을 클릭한 후 ❶과 같은 방법으로 크기와 중심점을 변경합니다.

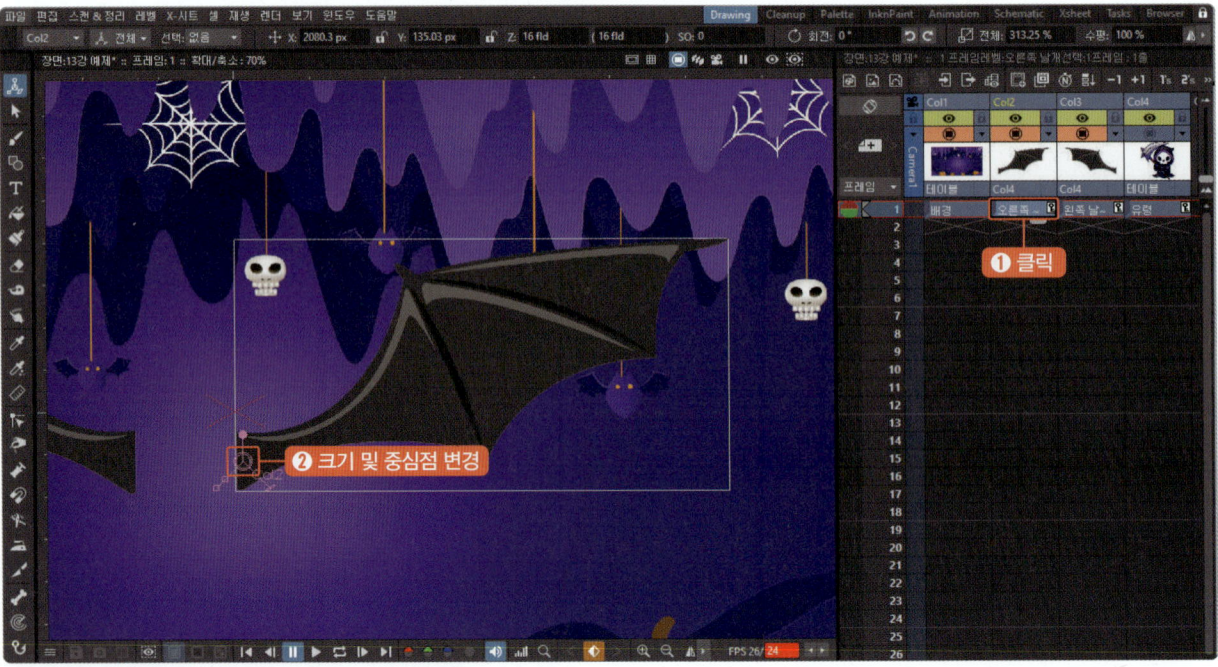

❸ '왼쪽 날개', '오른쪽 날개' 레벨의 1번째 셀을 각각 클릭한 후 '애니메이션 도구( )'를 이용하여 '유령'의 등 뒤쪽으로 위치를 이동시키고 크기를 조절합니다.

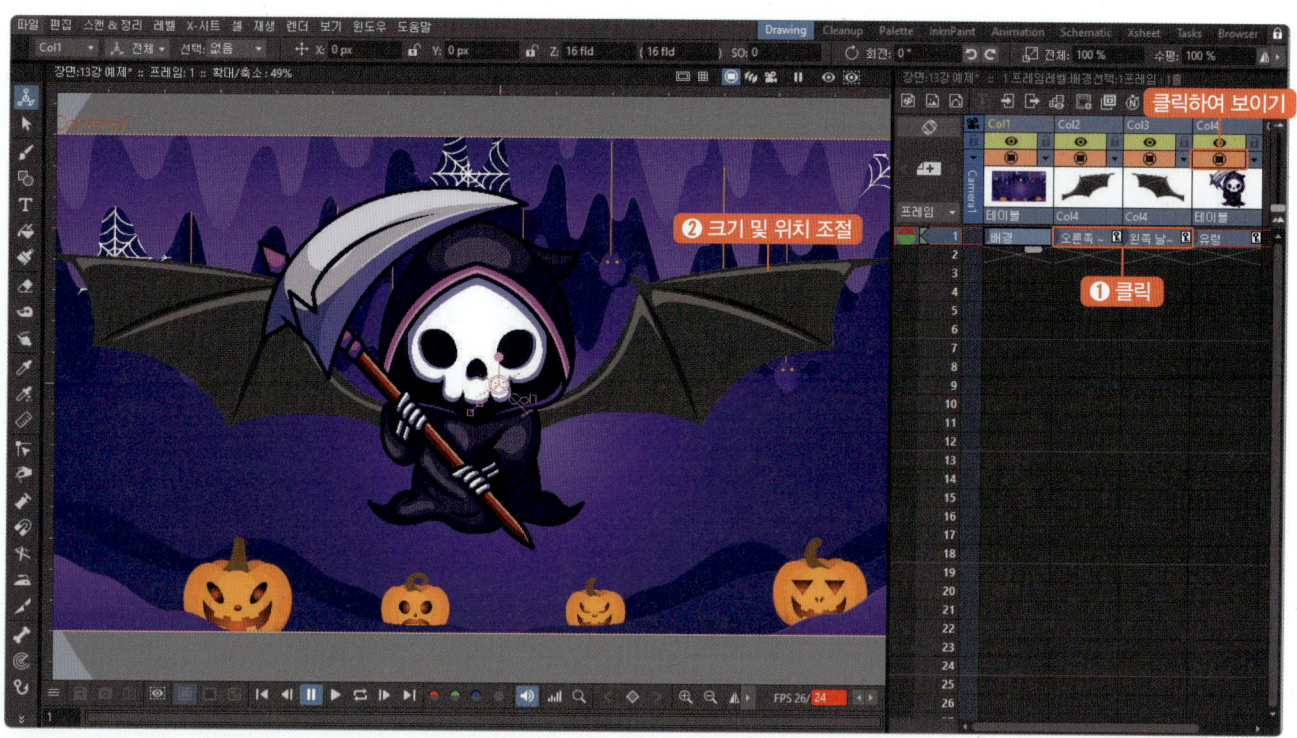

❹ '왼쪽 날개' 레벨의 1번째 셀을 클릭한 후 '애니메이션 도구( )'를 이용하여 '왼쪽 날개'가 위쪽으로 올라가도록 회전시킵니다.

❺ '왼쪽 날개' 레벨의 1번째 셀을 6번째 셀까지 복제하고 6번째 셀에 키를 적용한 후 올라간 날개의 위치를 원래 위치로 변경합니다.

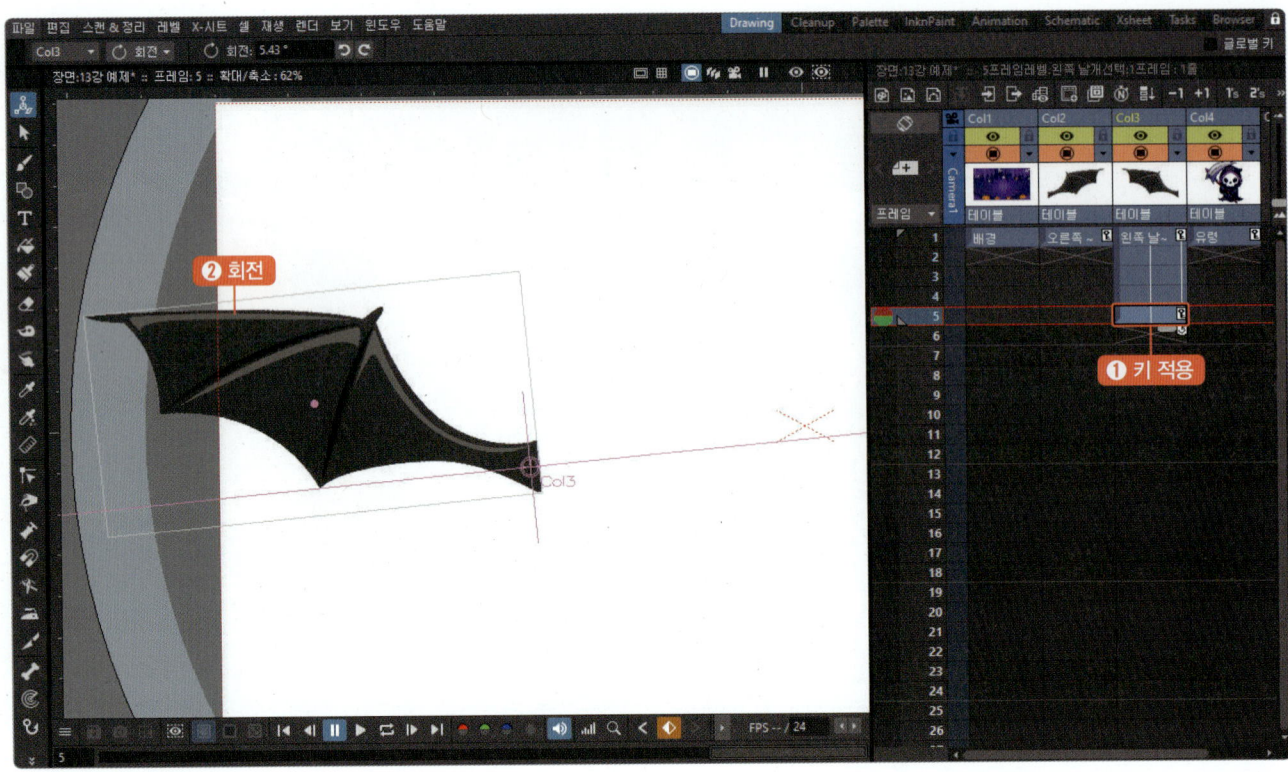

❻ 다시 '왼쪽 날개' 레벨의 셀을 12번째 셀까지 복제하고 12번째 셀에 키를 적용한 후 내려간 날개를 다시 위쪽으로 회전시킵니다.

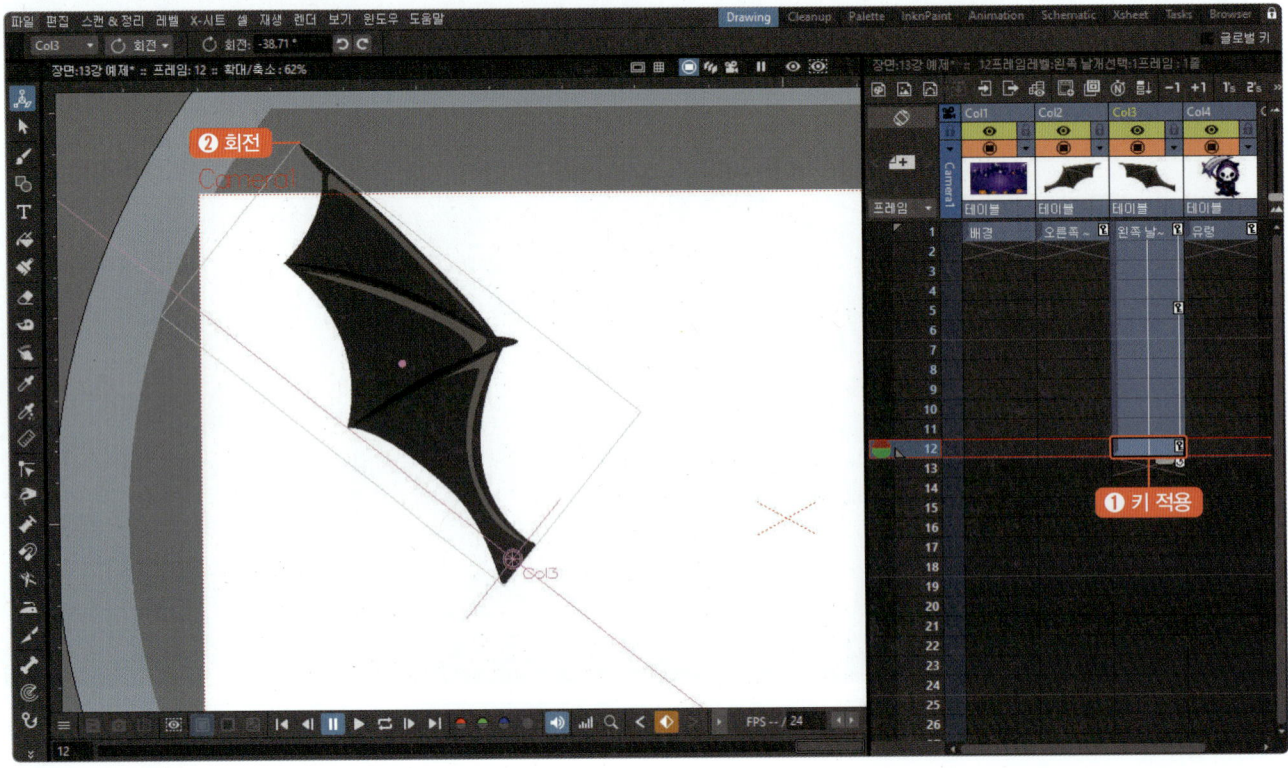

❼ ❹~❻과 같은 방법으로 '오른쪽 날개' 레벨을 선택한 후 셀에 키를 적용하여 애니메이션을 적용해 봅니다.

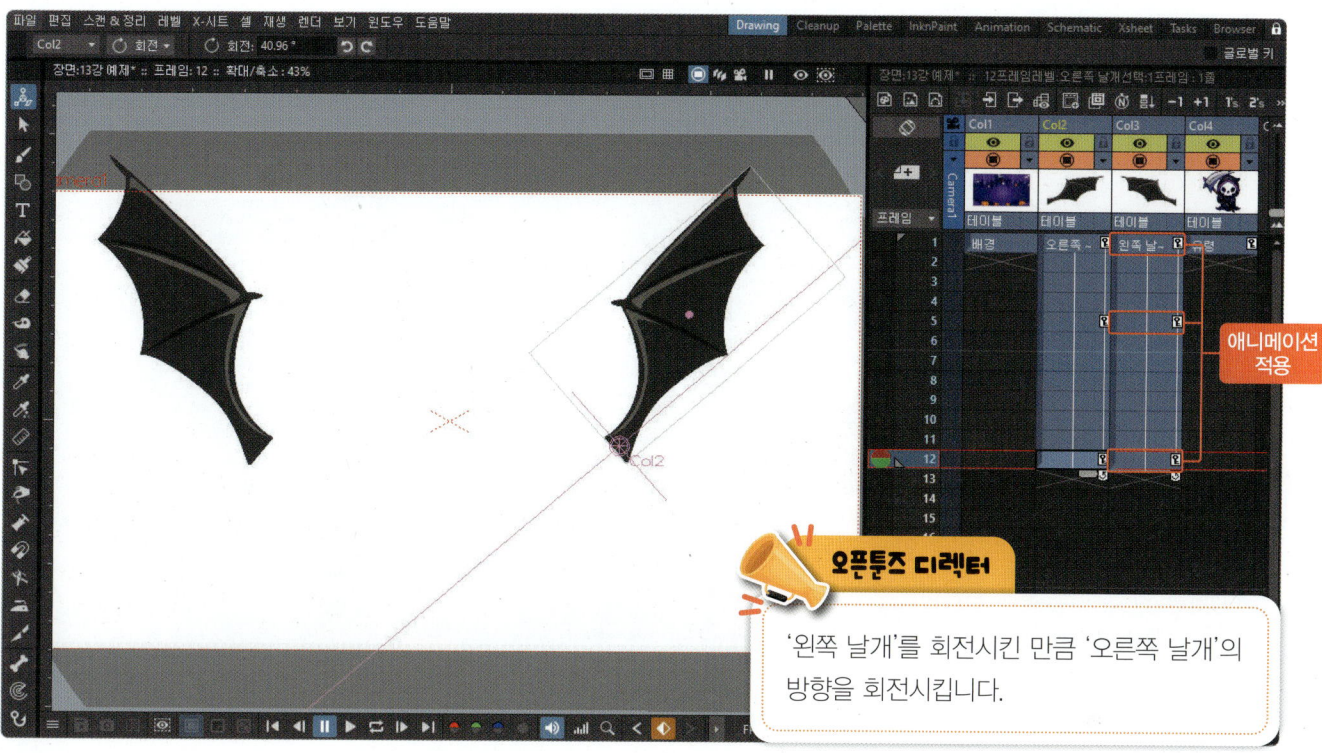

오픈툴즈 디렉터
'왼쪽 날개'를 회전시킨 만큼 '오른쪽 날개'의 방향을 회전시킵니다.

미션 2 이전 키 프레임 주기 설정을 이용하여 애니메이션을 완성합니다.

❶ '배경(Col1)', '유령(Col4)' 레벨의 1번째 셀을 각각 클릭하고 채우기 바를 드래그하여 72번째 셀까지 복제합니다.

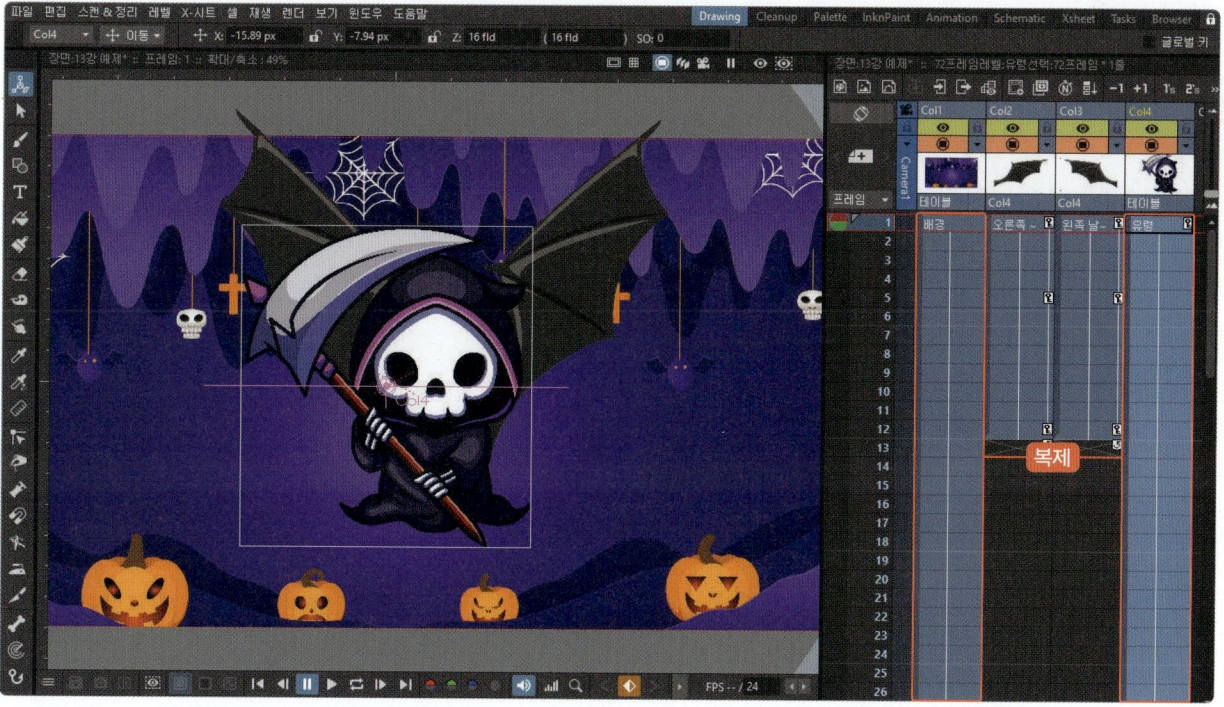

Frame 13 어두운 동굴 속 날개 달린 유령 만들기 _ **103**

❷ '왼쪽 날개'와 '오른쪽 날개' 레벨도 72번째 셀까지 복제한 후 12번째 셀 아래쪽의 [이전 키 프레임 주기 설정(🔲)]을 클릭하여 복제한 셀에도 동일한 애니메이션을 적용합니다.

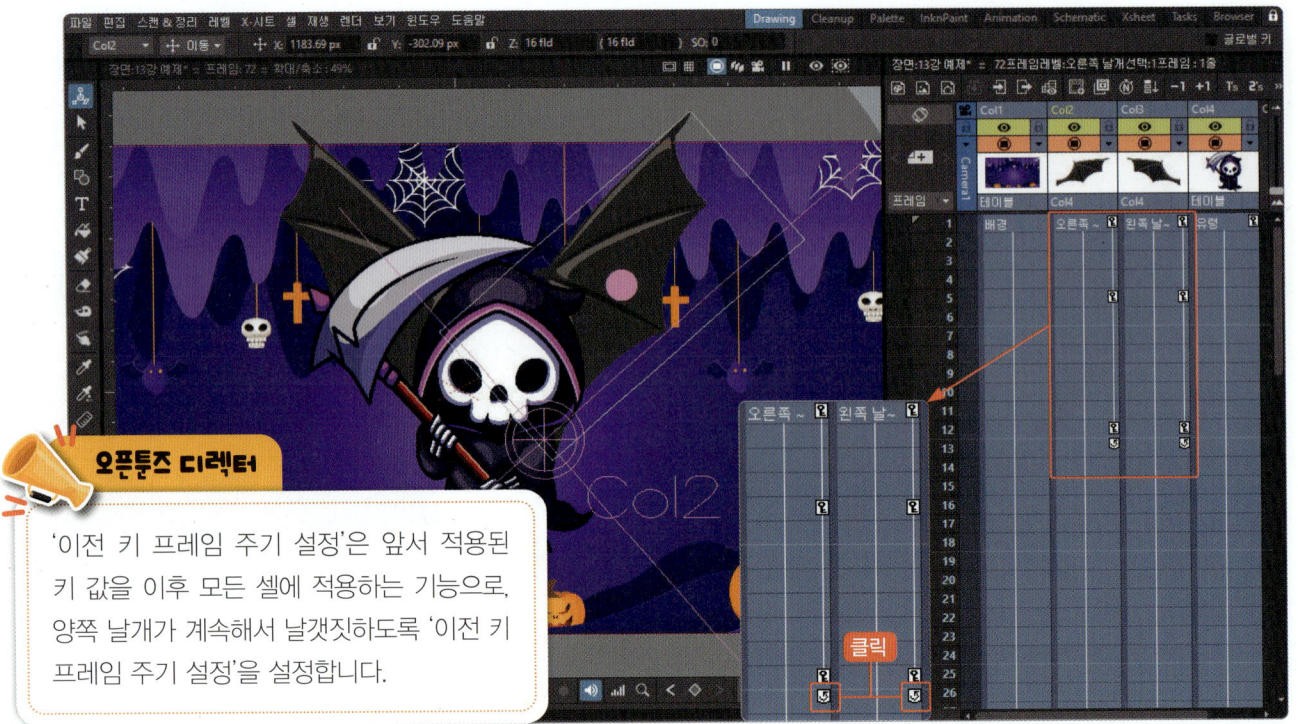

오픈툰즈 디렉터

'이전 키 프레임 주기 설정'은 앞서 적용된 키 값을 이후 모든 셀에 적용하는 기능으로, 양쪽 날개가 계속해서 날갯짓하도록 '이전 키 프레임 주기 설정'을 설정합니다.

❸ '유령' 레벨을 선택한 후 셀에 키를 적용하며 '유령'이 동굴 속에서 날아다니는 모습을 만들어 봅니다.

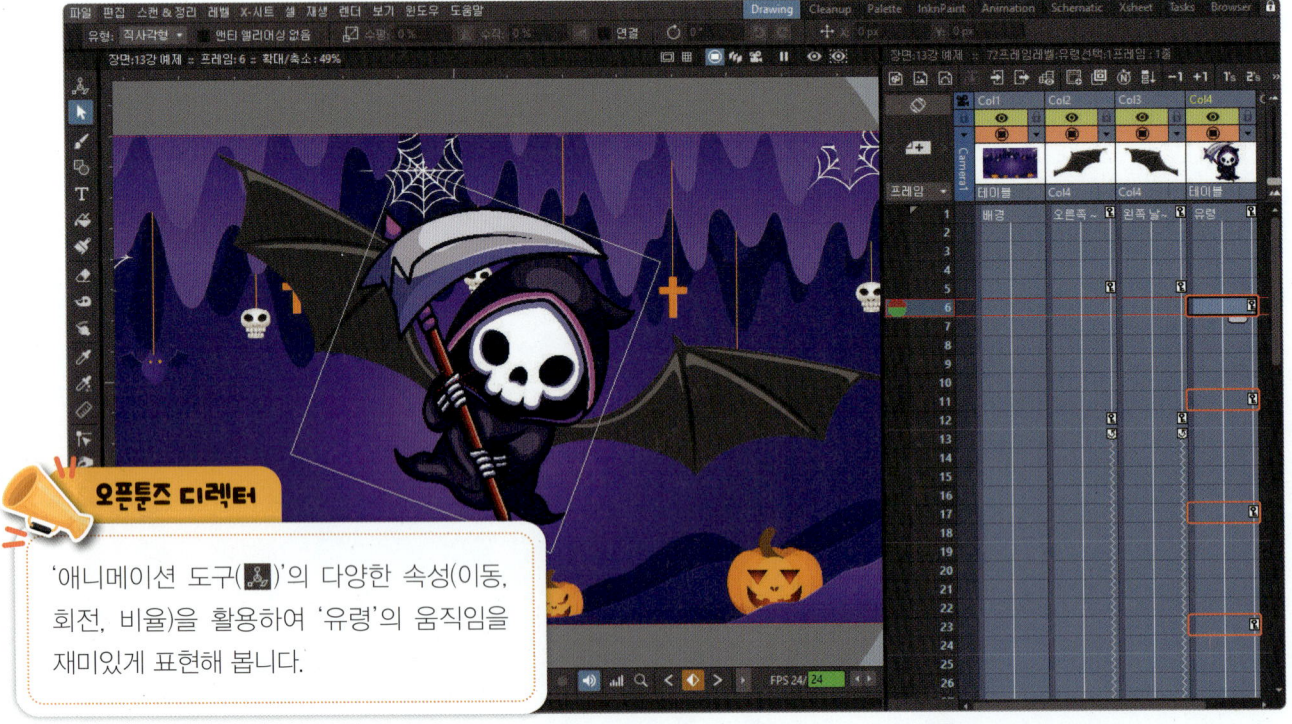

오픈툰즈 디렉터

'애니메이션 도구(🔧)'의 다양한 속성(이동, 회전, 비율)을 활용하여 '유령'의 움직임을 재미있게 표현해 봅니다.

❹ 날개 달린 유령 애니메이션이 완성되면 작업 공간 하단의 [실행(▶)]을 클릭하여 애니메이션을 확인한 후 [렌더]-[출력 설정]을 클릭하여 애니메이션을 'avi' 파일로 저장해 봅니다.

▶ 예제 파일 : 13강 폴더　▶ 완성 파일 : 13강 창의 완성.avi

'13강 창의 예제.tnz' 파일을 불러와 양쪽 날개가 날갯짓하도록 애니메이션을 적용해 봅니다.

 '애니메이션 도구'를 이용해 중심점을 이동시키고 셀을 복제한 후 키를 적용해요.

꿀벌이 꿀을 찾아 꽃밭을 날아다니는 애니메이션을 완성해 봅니다.

 [Animation] 탭의 도식단계 패널에서 '벌' 도식에 양쪽 날개를 연결해요.

Frame 14
윙윙~ 거실 안 모기 잡기

▶ 예제 파일 : 14강 폴더   ▶ 완성 파일 : 14강 완성.avi

| 학습목표 | ● 펌프 도구를 이용하여 개체의 두께를 변경할 수 있습니다.
● 도식단계를 이용하여 개체를 연결할 수 있습니다.
● 레벨 스트립 패널에서 사본을 추가하며 개체의 모양을 수정할 수 있습니다.
● 셀에 키를 적용하여 모기 잡기 애니메이션을 완성할 수 있습니다. |
| --- | --- |

1 펌프 도구로 두께 변경하고 개체 연결하기

미션 1 프로그램을 실행하고 예제 파일을 불러옵니다.

❶ 오픈툰즈(OpenToonz) 아이콘()을 더블클릭하여 프로그램을 실행한 후 [프로젝트 열기]를 클릭합니다.

❷ [폴더 선택] 창이 나타나면 예제 파일이 저장되어 있는 폴더를 선택하고 [14강 예제]-[scenes] 폴더를 선택한 후 '14강 예제.tnz' 파일을 선택하여 장면이 나타나면 '14강 예제' 장면을 클릭합니다.

 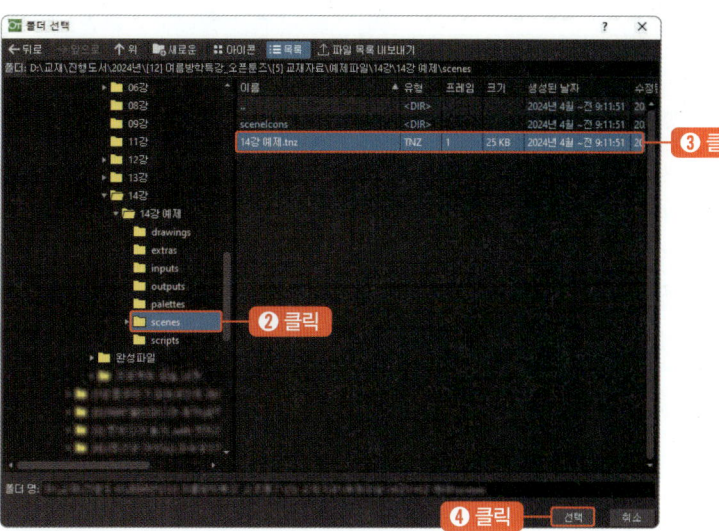

미션 2 펌프 도구와 채우기 도구를 이용하여 캐릭터를 꾸밉니다.

❶ 도구 모음 패널의 '펌프 도구(🖈)'를 클릭하고 X-시트 패널의 '몸(Col5)' 레벨을 선택한 후 선의 두께를 자유롭게 변경합니다.

> **오픈툰즈 디렉터**
> 마우스 포인터를 선에 가져다 대고 빨간색 선이 나타나면 두께를 변경하고 싶은 위치를 클릭한 후 마우스를 위로 올리거나 아래로 내립니다.

Frame 14 윙윙~ 거실 안 모기 잡기 _ 107

❷ 도구 모음 패널의 '채우기 도구( )'를 클릭하고 작업 공간 상단에서 [모드]를 '선'으로 선택한 후 팔레트 레벨 패널에 색상을 추가하여 '몸'을 채색합니다.

오픈툰즈 디렉터 채우기 도구 모드

- **선** : 벡터 형식으로 그려진 선의 색상을 변경할 수 있습니다.
- **영역** : 벡터 형식으로 그려진 면의 색상을 변경할 수 있습니다.
- **선 & 영역** : 벡터 형식으로 그려진 선과 면의 색상을 변경할 수 있습니다.

❸ ❶~❷와 같은 방법으로 '펌프 도구( )'와 '채우기 도구( )'를 이용하여 캐릭터의 팔과 다리를 꾸며 봅니다.

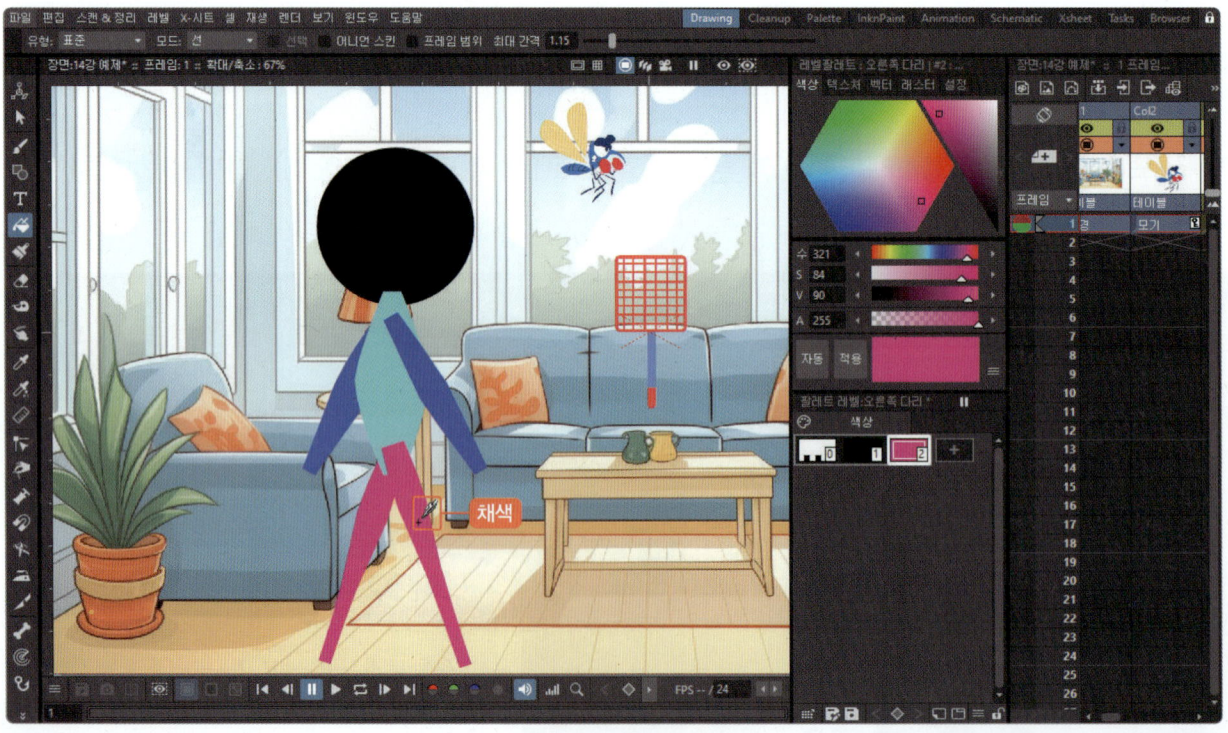

이렇게 하면 NG! [프레임 범위]에 체크된 상태에서는 제대로 채색이 되지 않을 수 있어요.

108 _ 꿈이 살아 움직이는 마법의 기술 **오픈툰즈 애니메이션**

| 미션 | 3 | 도식단계를 이용하여 캐릭터의 몸, 팔, 다리를 연결합니다. |

❶ 도구 모음 패널의 '애니메이션 도구( )'를 이용하여 양쪽 팔과 다리의 중심점을 몸 쪽으로 이동시킵니다.

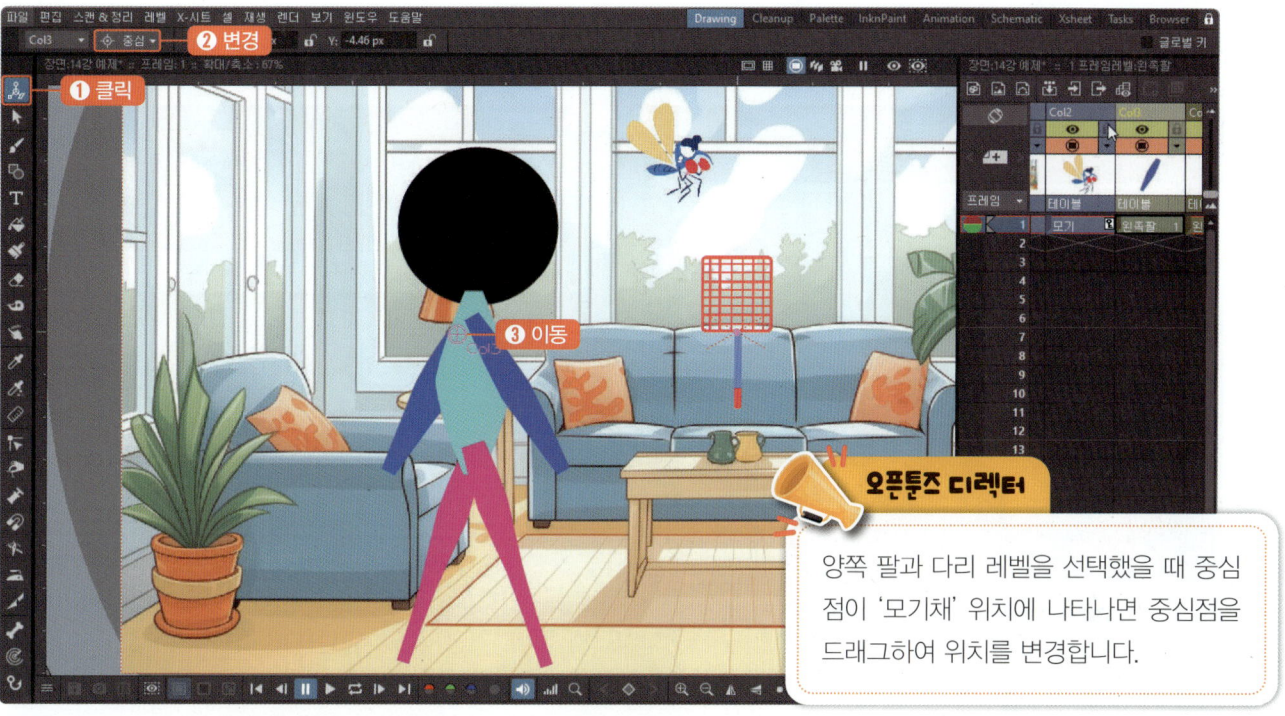

> **오픈툰즈 디렉터**
> 양쪽 팔과 다리 레벨을 선택했을 때 중심점이 '모기채' 위치에 나타나면 중심점을 드래그하여 위치를 변경합니다.

❷ 레이아웃 메뉴에서 [Animation] 탭을 클릭한 후 도식단계 패널에서 '몸(Col5)' 도식을 '왼쪽 팔(Col3)', '왼쪽 다리(Col4)', '오른쪽 팔(Col6)', '오른쪽 다리(Col7)' 도식에 연결합니다.

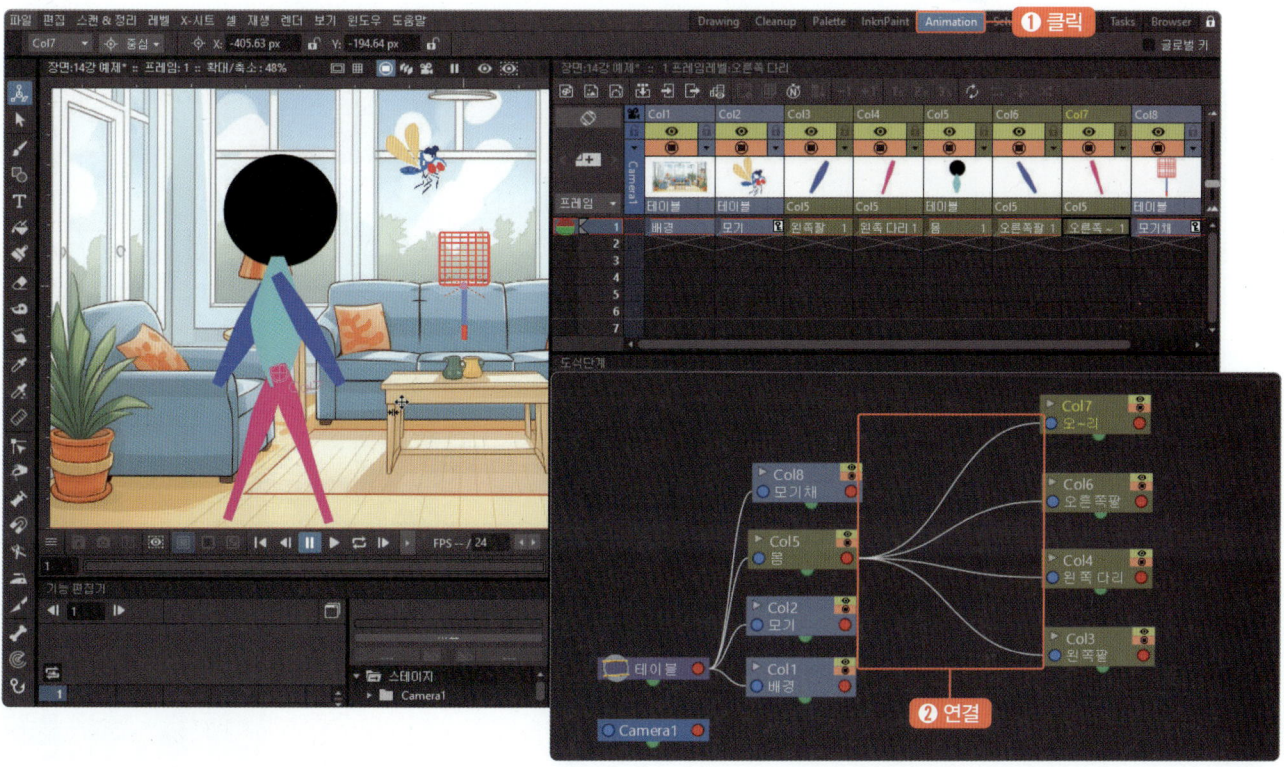

Frame 14 윙윙~ 거실 안 모기 잡기 _ **109**

2 날아다니는 모기 잡기 애니메이션 완성하기

미션 1 거실 이곳 저곳을 날아다니는 '모기'를 표현합니다.

❶ [Drawing] 탭을 클릭한 후 '배경(Col1)'~'모기채(Col8)' 레벨의 셀을 72번째 셀까지 복제합니다.

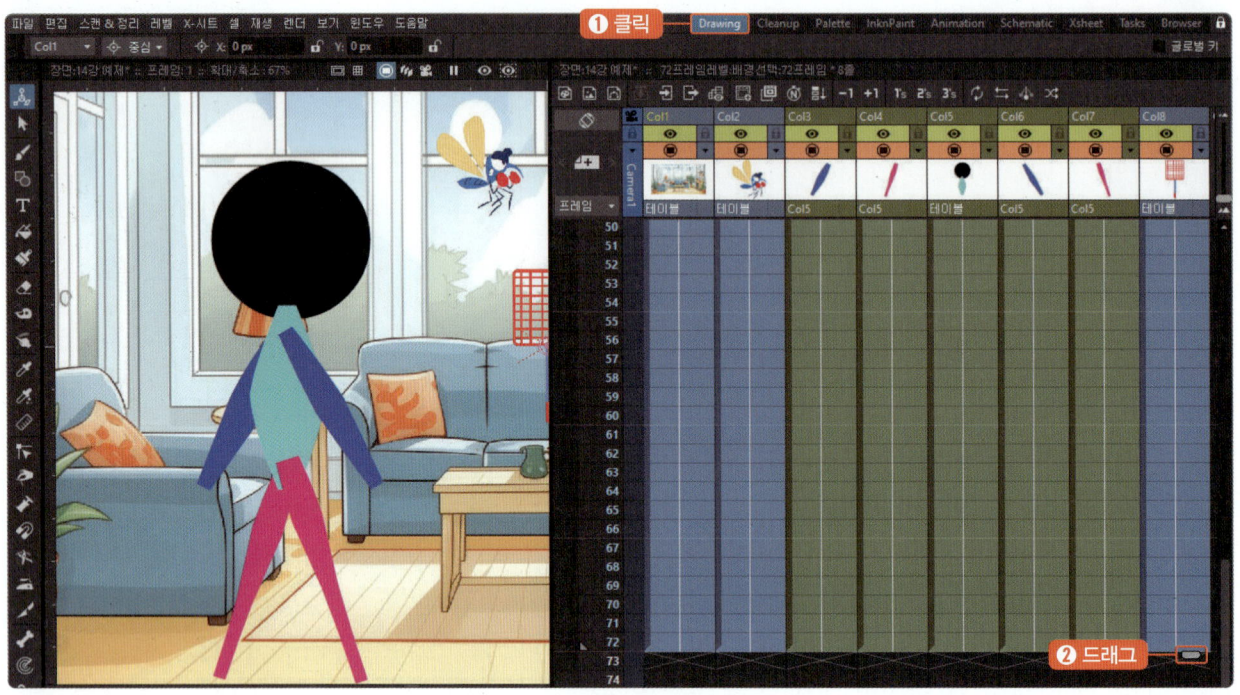

❷ '애니메이션 도구()'를 이용하여 '모기(Col2)' 레벨의 24번째 셀까지 자유롭게 키를 적용하며 날아다니는 '모기'를 표현합니다.

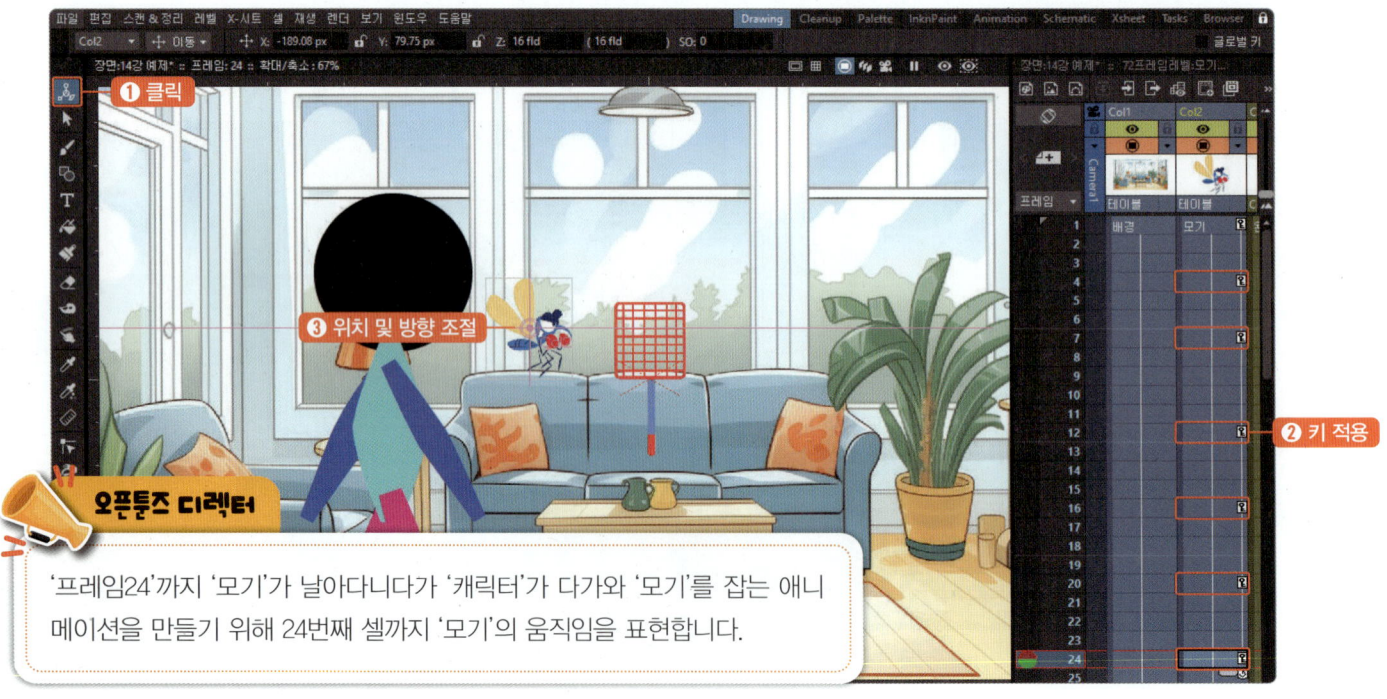

오픈툰즈 디렉터

'프레임24'까지 '모기'가 날아다니다가 '캐릭터'가 다가와 '모기'를 잡는 애니메이션을 만들기 위해 24번째 셀까지 '모기'의 움직임을 표현합니다.

미션 **2** '모기'에게 다가가는 캐릭터를 표현합니다.

① '왼쪽 팔'~'모기채' 레벨의 1번째 셀에 키를 적용하고 '몸' 레벨을 선택한 후 24번째 셀에 키를 적용합니다.

② 이어서 24번째 셀을 선택하고 '애니메이션 도구( )'를 이용하여 '몸'의 위치를 '모기'의 위치로 이동시킵니다.

③ 몸이 이동할 때 팔과 다리가 움직이도록 하기 위해 양쪽 팔과 다리 레벨을 각각 선택하고 6, 12, 18, 24번째 셀에 키를 적용한 후 '애니메이션 도구( )'를 이용하여 개체를 회전시킵니다.

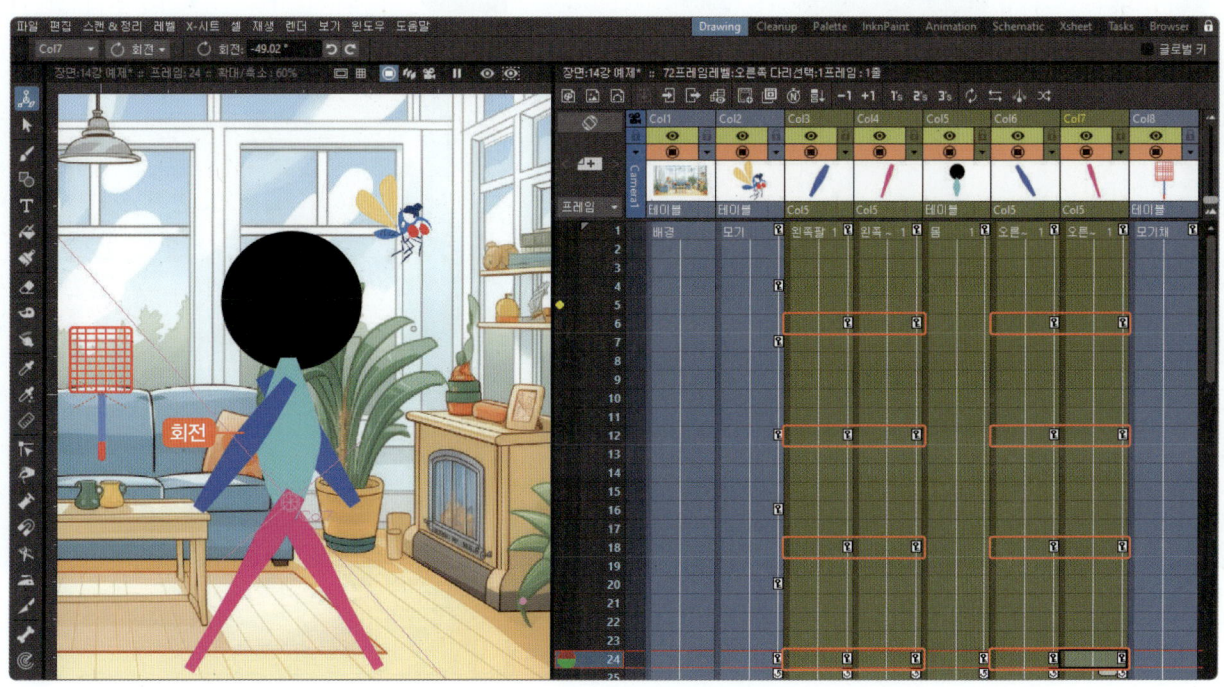

Frame 14 윙윙~ 거실 안 모기 잡기 _ **111**

| 미션 | 3 | 도식단계를 이용하여 '모기채'와 캐릭터를 연결합니다. |

❶ 도구 모음 패널의 '애니메이션 도구( )'를 이용하여 '모기채' 레벨의 중심점을 그림과 같이 이동시킵니다.

❷ '모기채' 레벨의 1번째 셀을 클릭한 후 '모기채'를 '오른쪽 팔' 위치로 이동시키고 방향을 변경합니다.

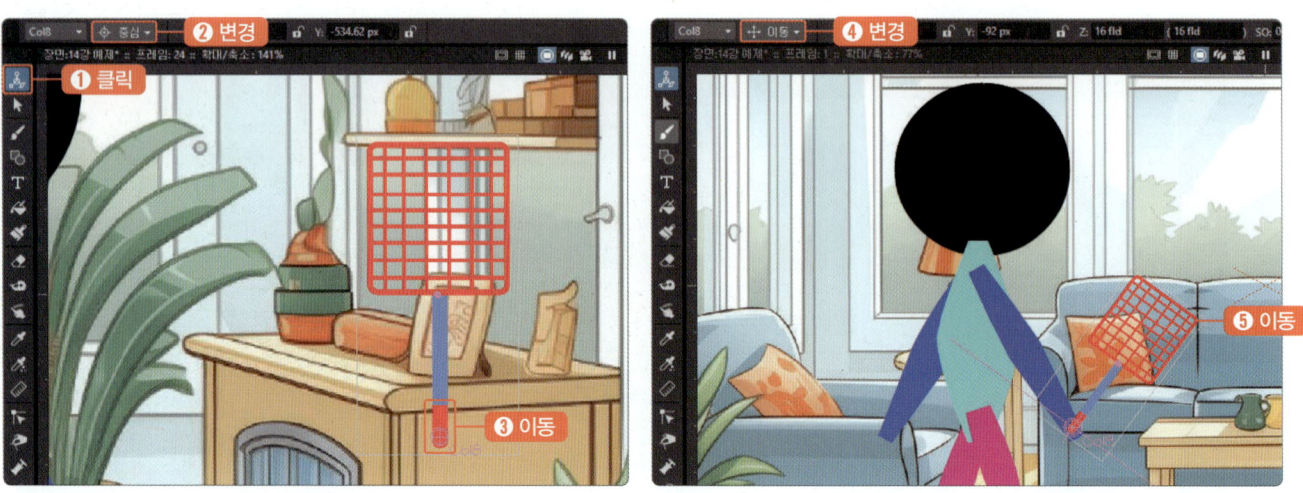

❸ 레이아웃 메뉴에서 [Animation] 탭을 클릭한 후 도식단계 패널에서 '오른쪽 팔(Col6)' 도식에 '모기채(Col8)' 도식을 연결합니다.

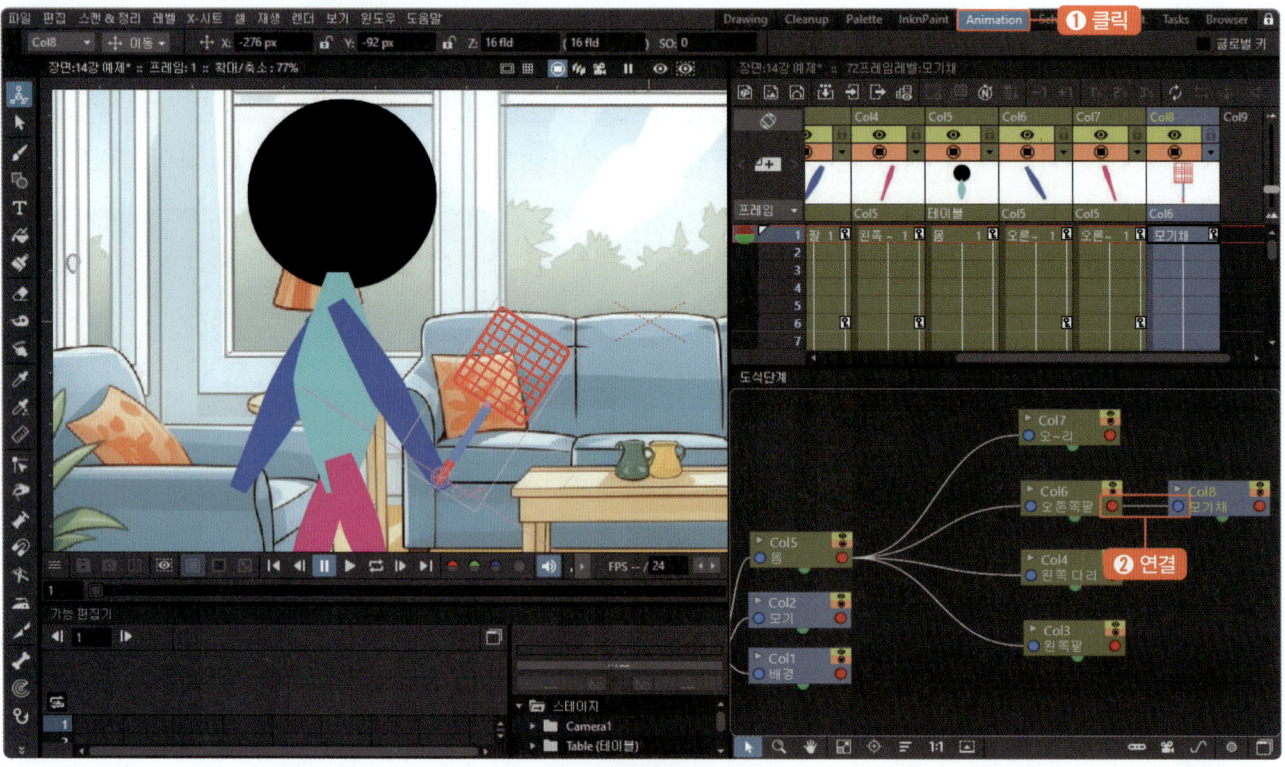

미션 4 레벨 스트립 패널에 사본을 만들며 '오른쪽 팔'의 길이를 늘립니다.

❶ [Drawing] 탭을 클릭하고 '오른쪽 팔(Col6)' 레벨을 선택합니다.

❷ 레벨 스트립 패널에서 '0001' 장면을 마우스 오른쪽 버튼으로 클릭하여 [사본 만들기]를 클릭합니다.

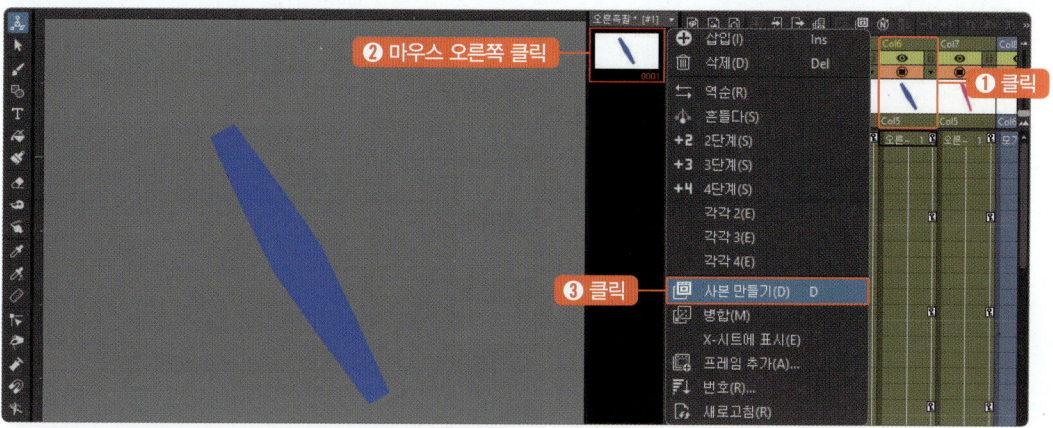

❸ 도구 모음 패널의 '제어 편집기 도구( )'를 이용하여 레벨 스트립 패널 '0002' 장면의 팔을 길게 수정합니다.

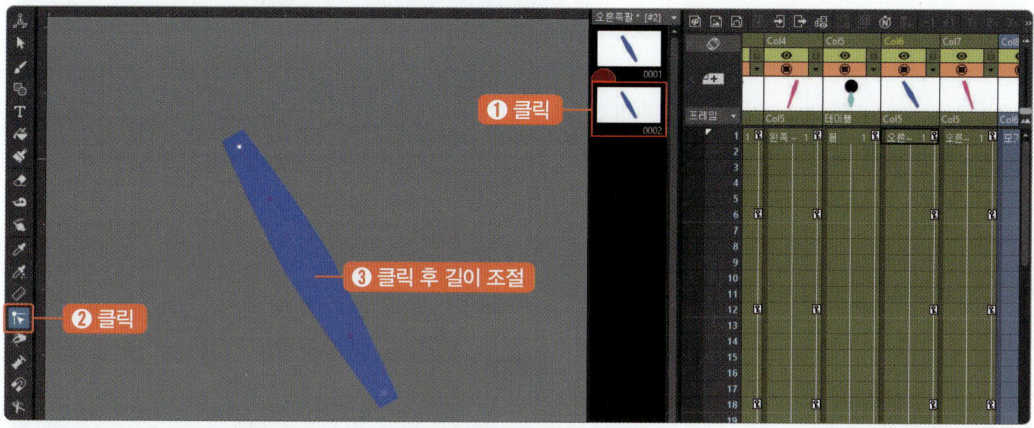

❹ ❷~❸과 같은 방법으로 사본을 추가하고 팔이 점점 길어지는 모습을 표현해 봅니다.

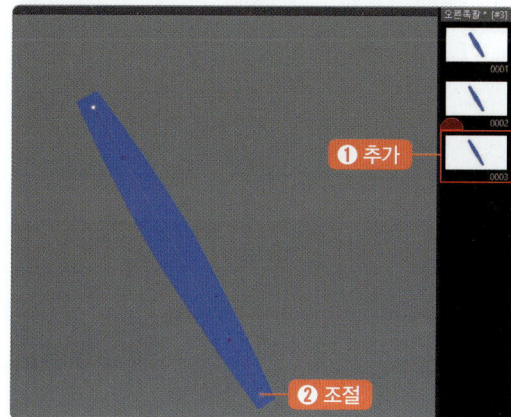 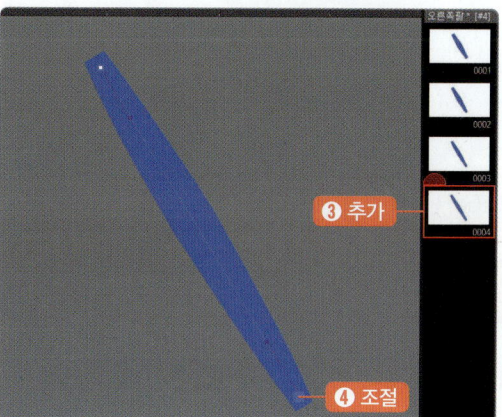

Frame 14 윙윙~ 거실 안 모기 잡기 _ **113**

미션 5 '모기채'로 '모기'를 잡는 애니메이션을 완성합니다.

① X-시트 패널에서 '오른쪽 팔' 레벨을 선택한 후 30번째 셀에 키를 적용하고 '애니메이션 도구'를 이용하여 '오른쪽 팔'의 방향을 회전시킵니다.

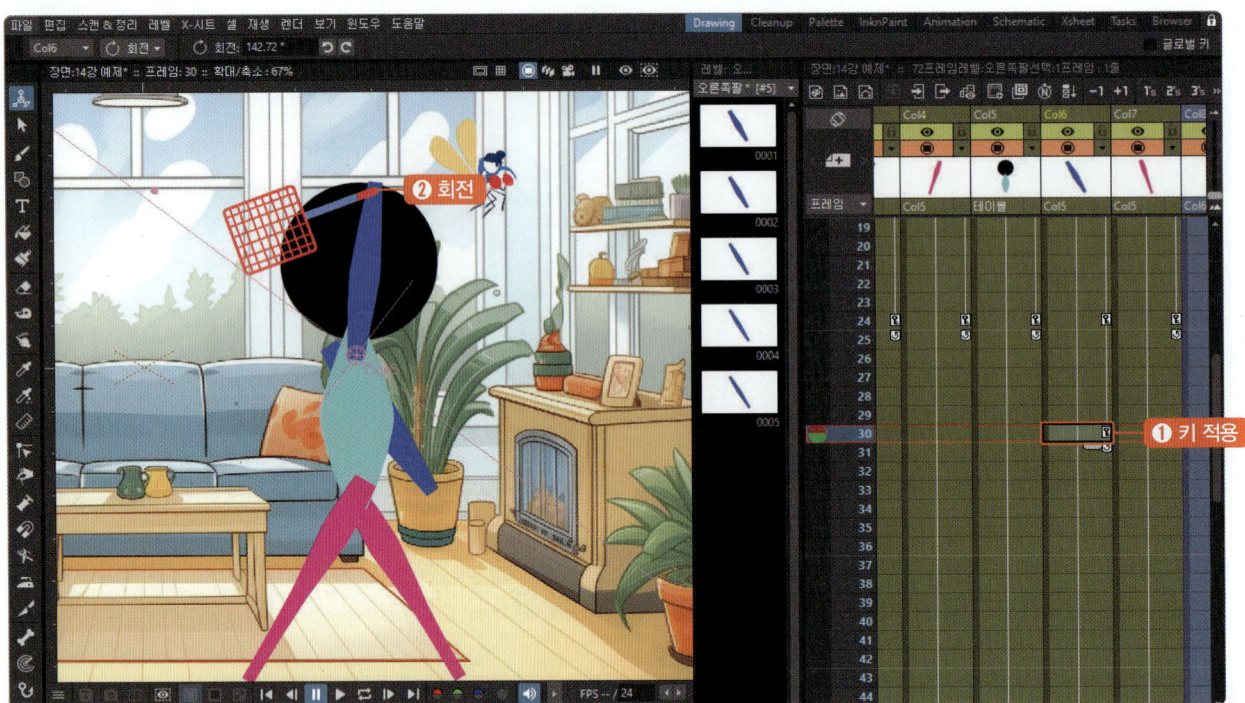

② '오른쪽 팔' 레벨의 31번째 셀부터 마지막 셀까지 삭제한 후 레벨 스트립 패널의 '0002'~'0005' 장면을 드래그하여 셀에 추가합니다.

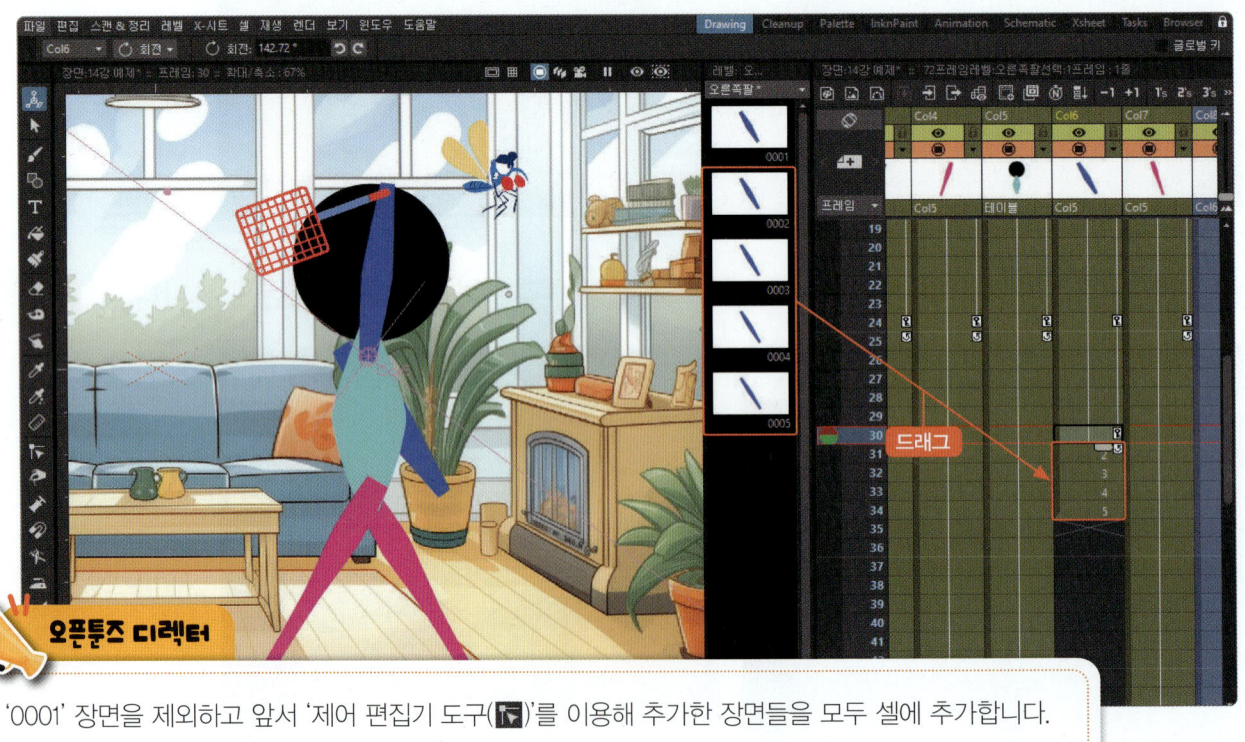

오픈툰즈 디렉터

'0001' 장면을 제외하고 앞서 '제어 편집기 도구( )'를 이용해 추가한 장면들을 모두 셀에 추가합니다.

❸ '모기채'가 늘어난 '오른쪽 팔'을 따라 이동하도록 하기 위해 '모기채(Col8)' 레벨을 선택한 후 '애니메이션 도구()'를 이용하여 31번째 셀부터 키를 적용하며 '모기채'의 위치를 이동시킵니다.

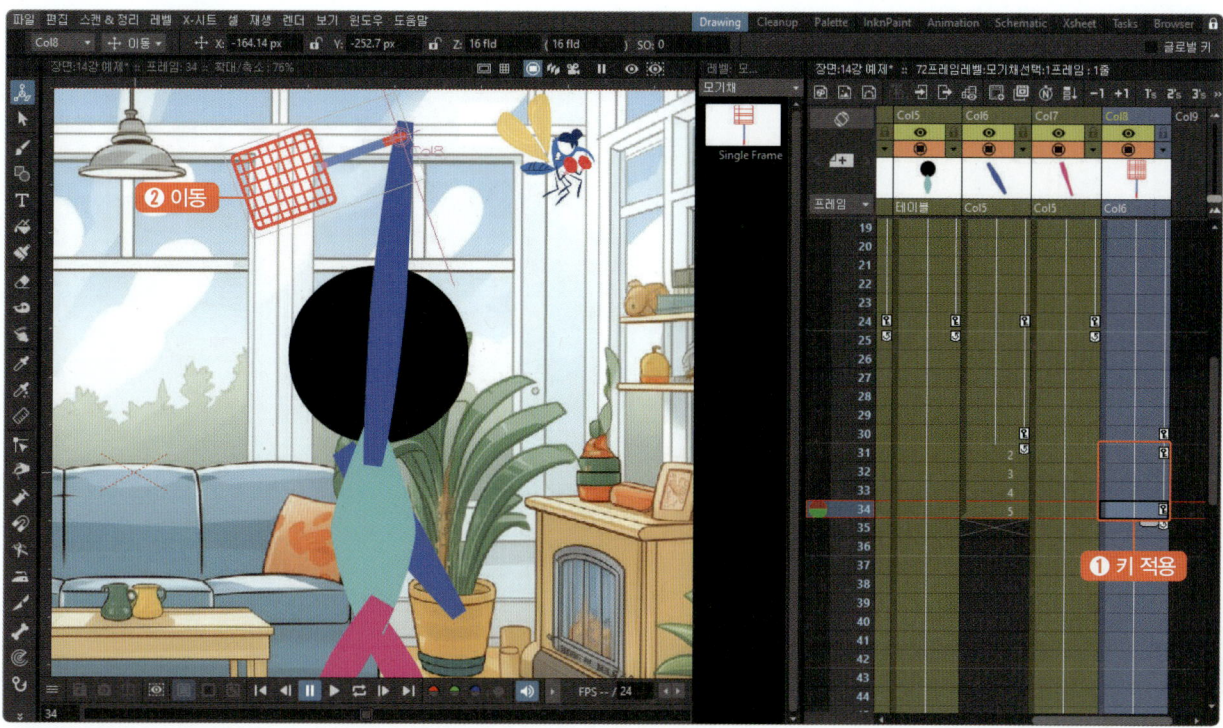

❹ '오른쪽 팔'이 화면에 계속 나타나도록 하기 위해 '오른쪽 팔' 레벨을 선택한 후 72번째 셀까지 복제합니다.

❺ '모기채'가 '모기'에 닿도록 하기 위해 '모기채' 레벨을 선택한 후 42번째 셀에 키를 적용하고 '애니메이션 도구()'를 이용하여 '모기채'가 '모기'에 닿도록 회전시킵니다.

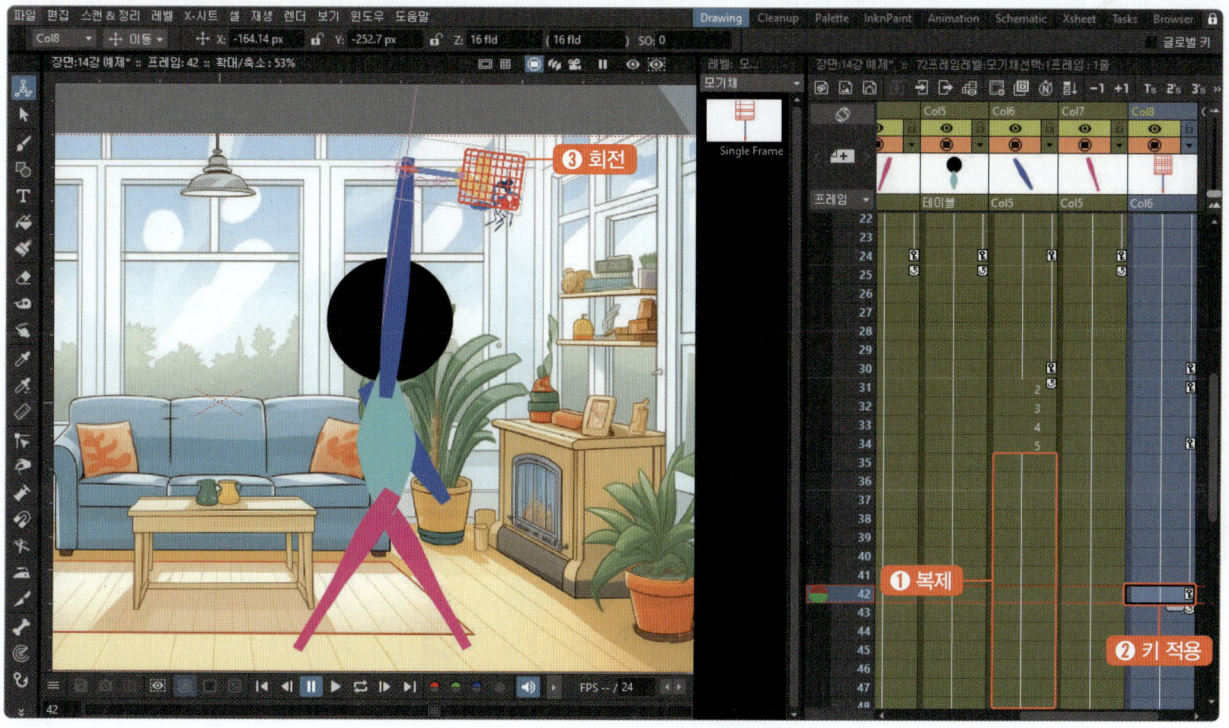

❻ '모기채'가 원래 위치로 돌아가도록 하기 위해 48번째 셀에 키를 적용한 후 '애니메이션 도구( )'를 이용하여 회전시킵니다.

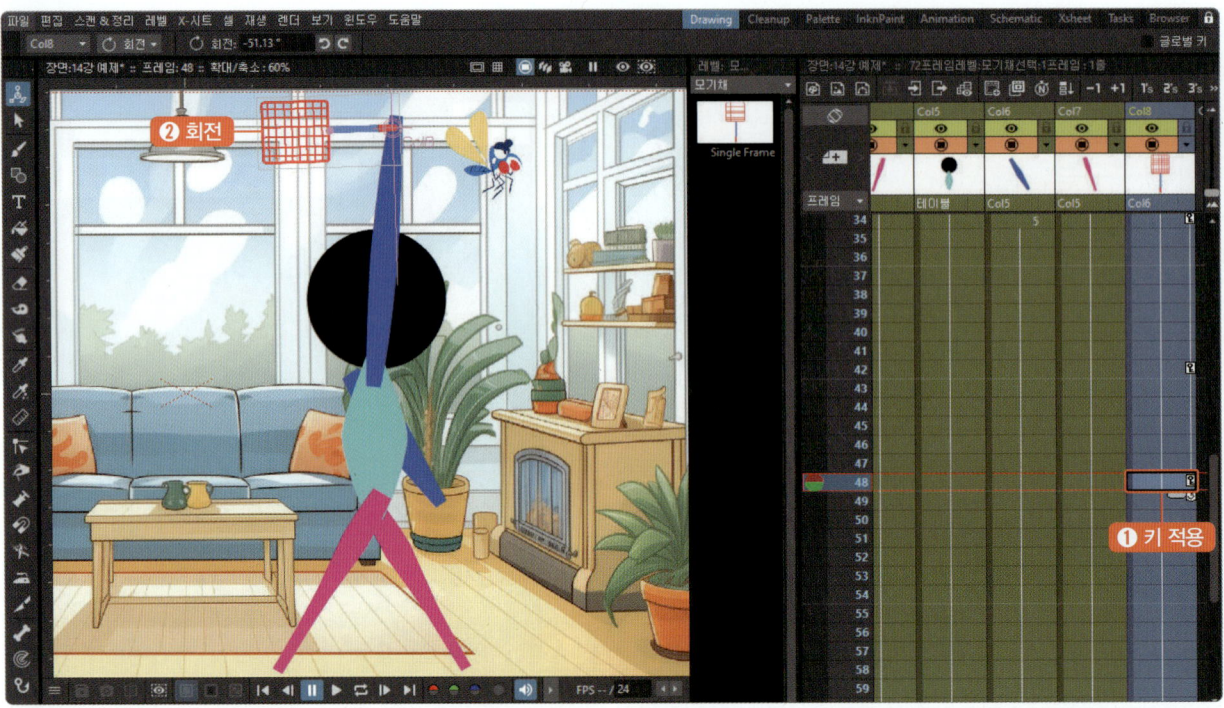

❼ '모기'가 바닥으로 떨어지는 모습을 표현하기 위해 '모기(Col2)' 레벨을 선택한 후 42번째 셀부터 72번째 셀까지 키를 적용하며 '모기'가 바닥으로 떨어지는 모습을 만들어 봅니다.

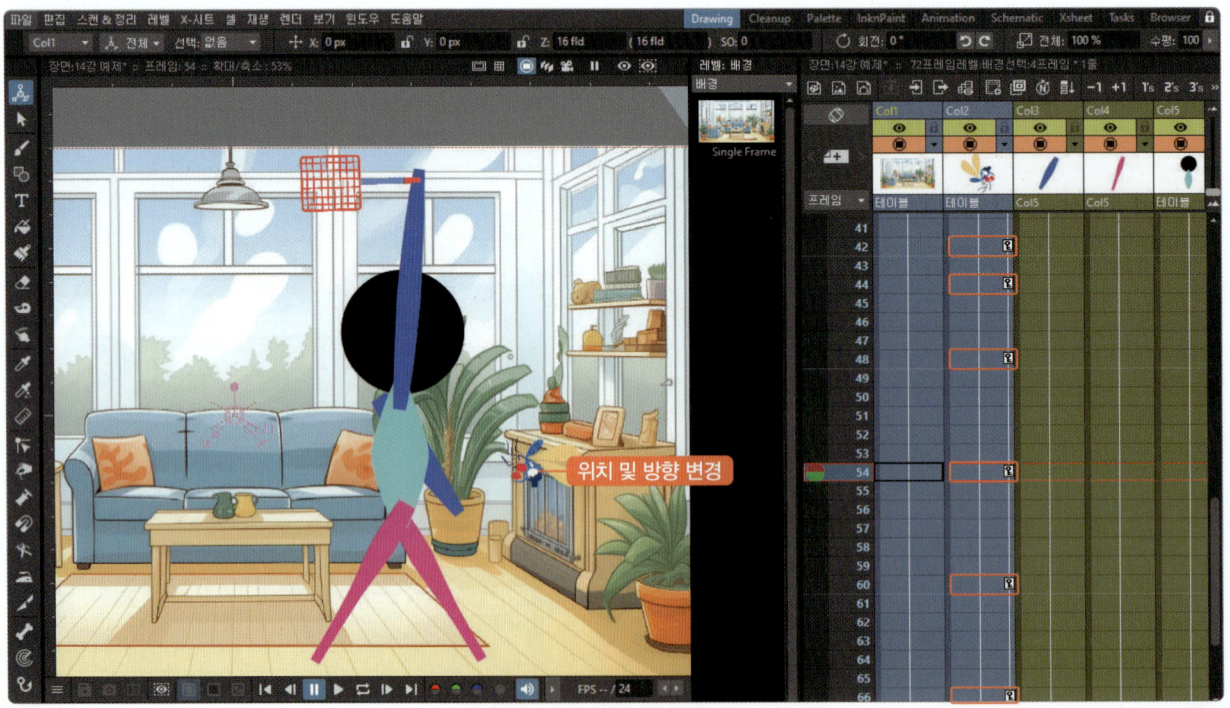

❽ 모기 잡기 애니메이션이 완성되면 작업 공간 하단의 [실행(▶)]을 클릭하여 애니메이션을 확인한 후 [렌더]-[출력 설정]을 클릭하여 애니메이션을 'avi' 파일로 저장해 봅니다.

▶ 예제 파일 : 14강 폴더　▶ 완성 파일 : 14강 창의 완성.avi

'14강 창의 예제.tnz' 파일을 불러와 캐릭터의 모습을 레슬링 선수로 변경해 봅니다.

 '펌프 도구'를 이용해 선의 두께를 변경해요.

캐릭터의 몸에 얼굴, 양쪽 팔, 양쪽 다리를 연결한 후 운동하는 애니메이션을 완성해 봅니다.

 [Animation] 탭의 도식단계 패널에서 각 도식을 연결한 후 애니메이션을 완성해요.

Frame 15
우리의 히어로, 날아라 슈퍼맨!

▶ 예제 파일 : 15강 폴더　▶ 완성 파일 : 15강 완성.avi

학습목표
- 개체의 이동 속도를 조절하여 배경이 움직이는 모습을 표현할 수 있습니다.
- 도식단계를 이용하여 개체를 연결할 수 있습니다.
- 셀에 키를 적용하여 슈퍼맨이 하늘을 나는 모습을 표현할 수 있습니다.
- 외부 파일을 불러와 새로운 레벨을 생성하고 애니메이션을 완성할 수 있습니다.

1 배경과 슈퍼맨에 애니메이션 적용하기

미션 1 셀을 복제하고 '바닥'과 '산'에 애니메이션을 적용합니다.

❶ 오픈툰즈(OpenToonz) 아이콘()을 더블클릭하여 프로그램을 실행하고 [프로젝트 열기]를 클릭한 후 '15강 예제.tnz' 파일을 선택하여 장면이 나타나면 '15강 예제' 장면을 클릭합니다.

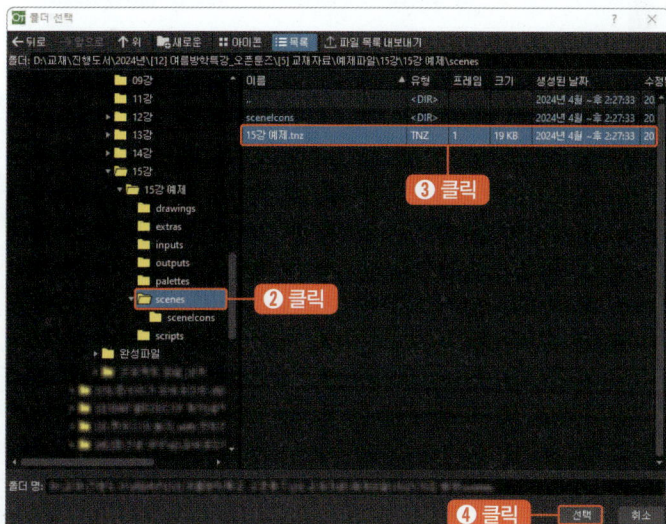

❷ Shift 키를 누른 상태로 '산(Col1)', '구름(Col2)', '바닥(Col3)', '슈퍼맨(Col4)' 레벨의 1번째 셀을 클릭한 후 72번째 셀까지 복제합니다.

Frame 15 우리의 히어로, 날아라 슈퍼맨! _ **119**

❸ 배경에 애니메이션을 적용하여 '슈퍼맨'이 날아가는 모습을 표현하기 위해 '바닥(Col3)' 레벨의 72번째 셀을 클릭한 후 키를 적용하고 '애니메이션 도구( )'를 이용하여 개체를 오른쪽 끝으로 이동시킵니다.

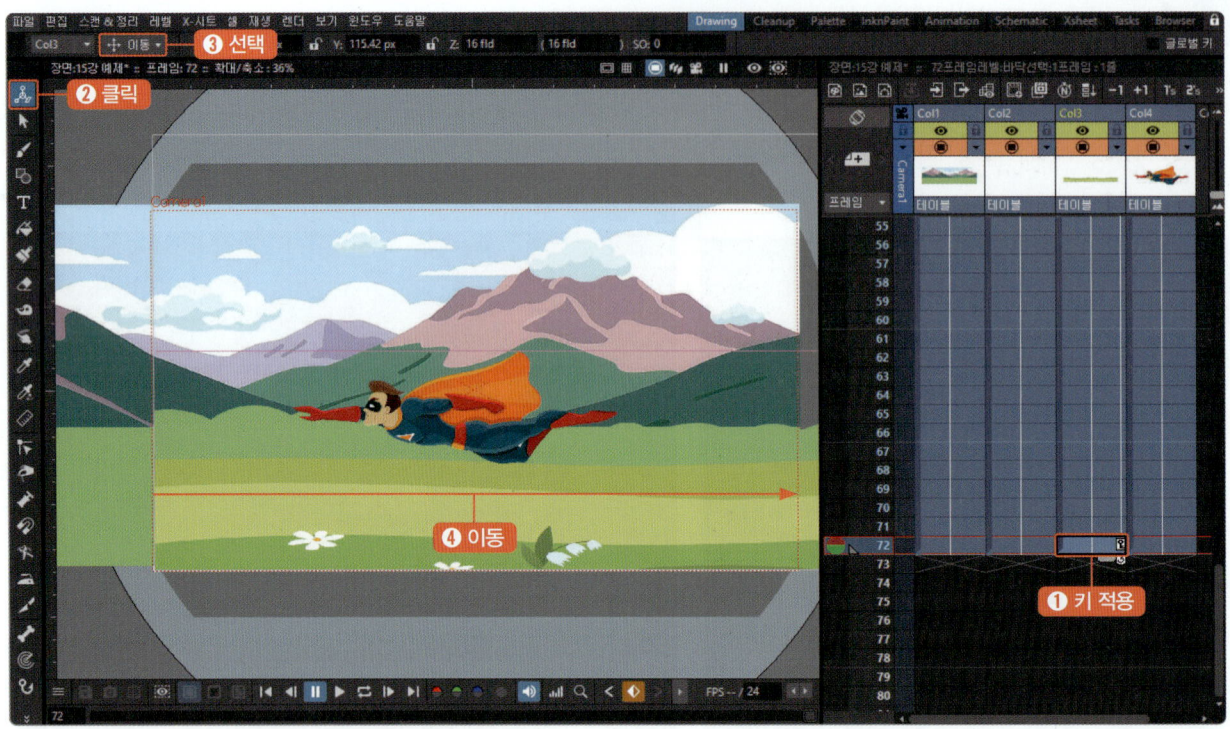

❹ 멀리 있는 '산'은 '바닥'보다 천천히 이동하는 모습을 표현하기 위해 '산(Col1)' 레벨의 72번째 셀에 키를 적용한 후 오른쪽으로 조금만 이동시킵니다.

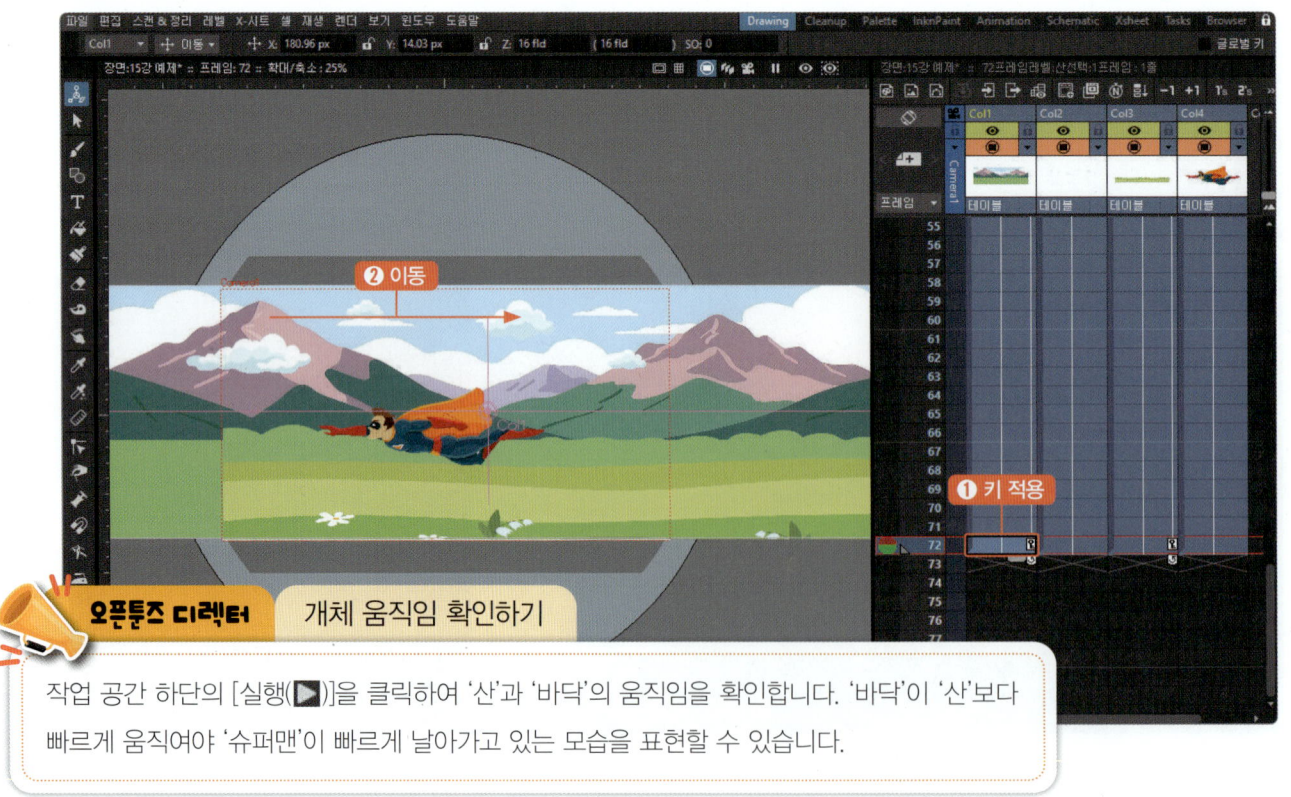

오픈툰즈 디렉터 — 개체 움직임 확인하기

작업 공간 하단의 [실행( )]을 클릭하여 '산'과 '바닥'의 움직임을 확인합니다. '바닥'이 '산'보다 빠르게 움직여야 '슈퍼맨'이 빠르게 날아가고 있는 모습을 표현할 수 있습니다.

| 미션 | 2 | 도식단계 패널에서 '산'에 '구름'을 연결하고 '슈퍼맨'에 애니메이션을 적용합니다. |

❶ 레이아웃 메뉴에서 [Animation] 탭을 클릭하고 도식단계 패널에서 '구름' 도식을 '산' 도식과 연결합니다.

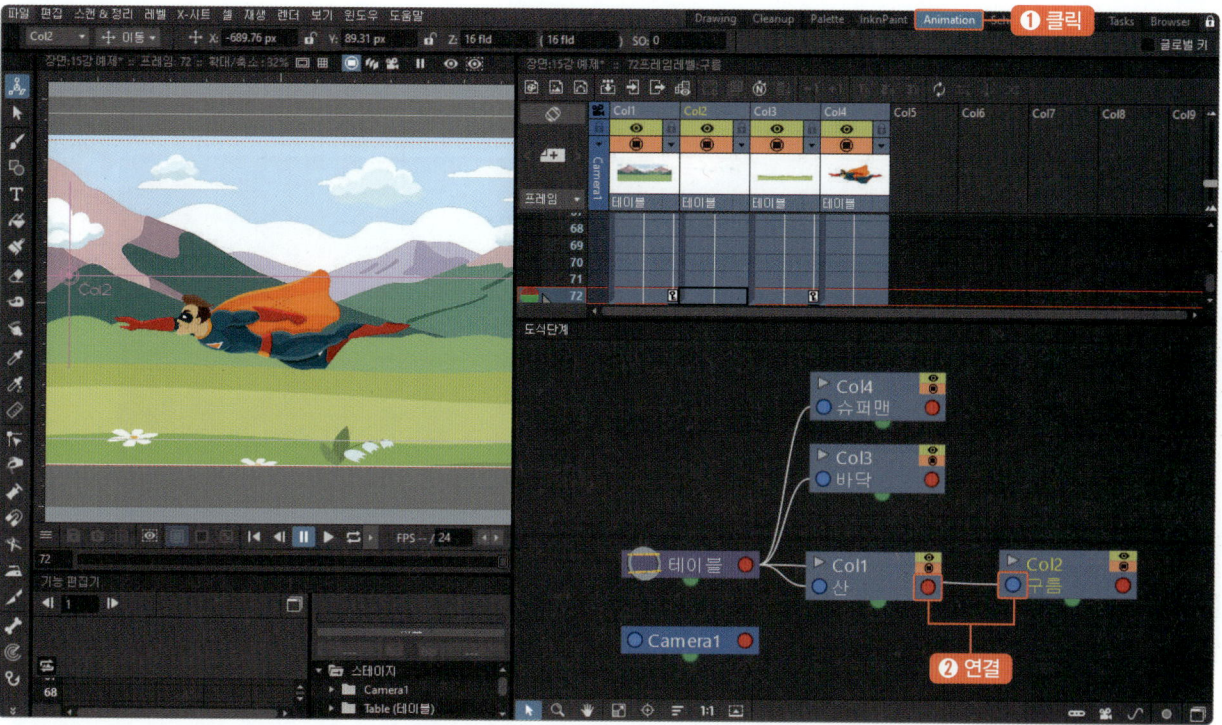

❷ [Drawing] 탭을 클릭한 후 '슈퍼맨(Col4)' 레벨의 72번째 셀까지 키를 적용하며 '슈퍼맨'이 하늘을 나는 모습을 표현해 봅니다.

Frame 15 우리의 히어로, 날아라 슈퍼맨!

2 새로운 레벨 생성하고 애니메이션 완성하기

미션 1 외부 파일을 불러와 새로운 레벨을 생성합니다.

❶ 레이아웃 메뉴에서 [Browser] 탭을 클릭하고 '히어로.png' 파일을 장면 캐스트 패널로 드래그한 후 다시 [Drawing] 탭을 클릭합니다.

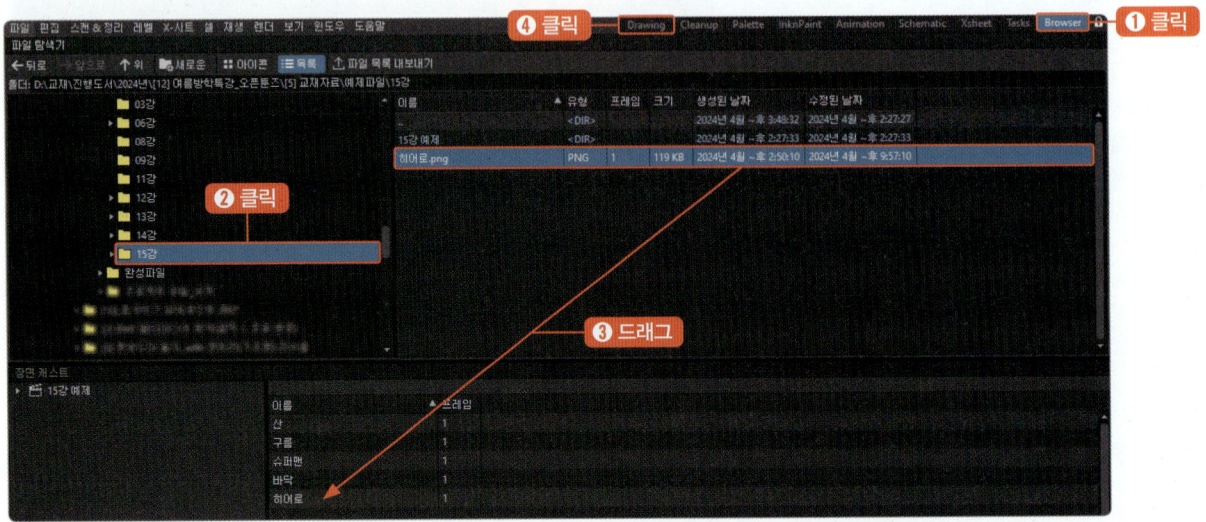

미션 2 '히어로'의 크기와 위치를 변경합니다.

❶ 새롭게 생성된 '히어로(Col5)' 레벨의 순서를 '슈퍼맨(Col4)' 레벨 앞쪽으로 이동시킵니다.

❷ '애니메이션 도구( )'를 이용하여 '슈퍼맨'과 비슷한 크기로 조절하고 '배경' 밖으로 위치를 이동시킵니다.

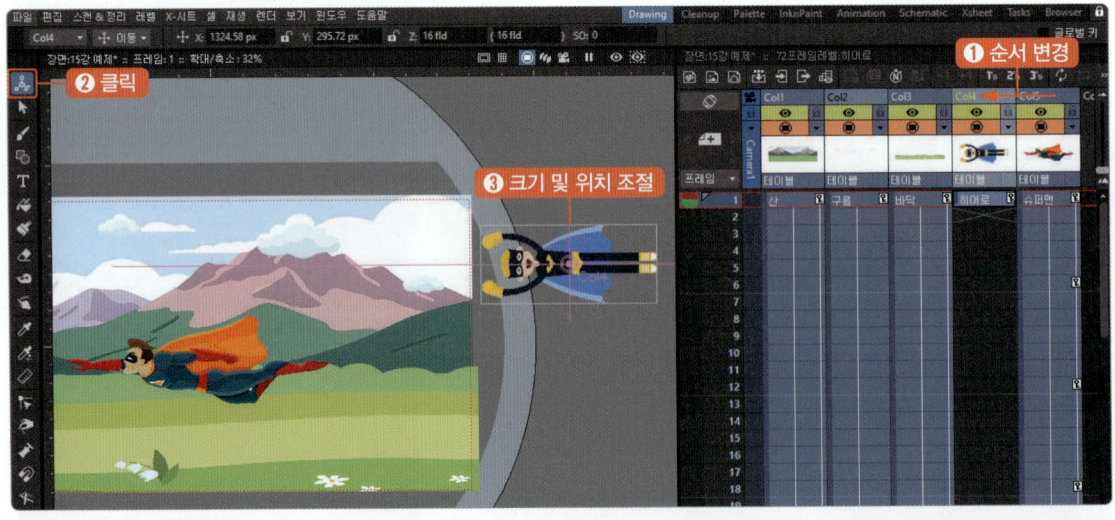

이렇게 하면 **NG!** 새로운 레벨을 추가하기 전에 '프레임1'을 선택한 후 파일을 불러와야 돼요.

미션 3 '히어로'에 애니메이션을 적용합니다.

❶ '히어로(Col4)' 레벨의 1번째 셀을 클릭한 후 72번째 셀까지 복제합니다.

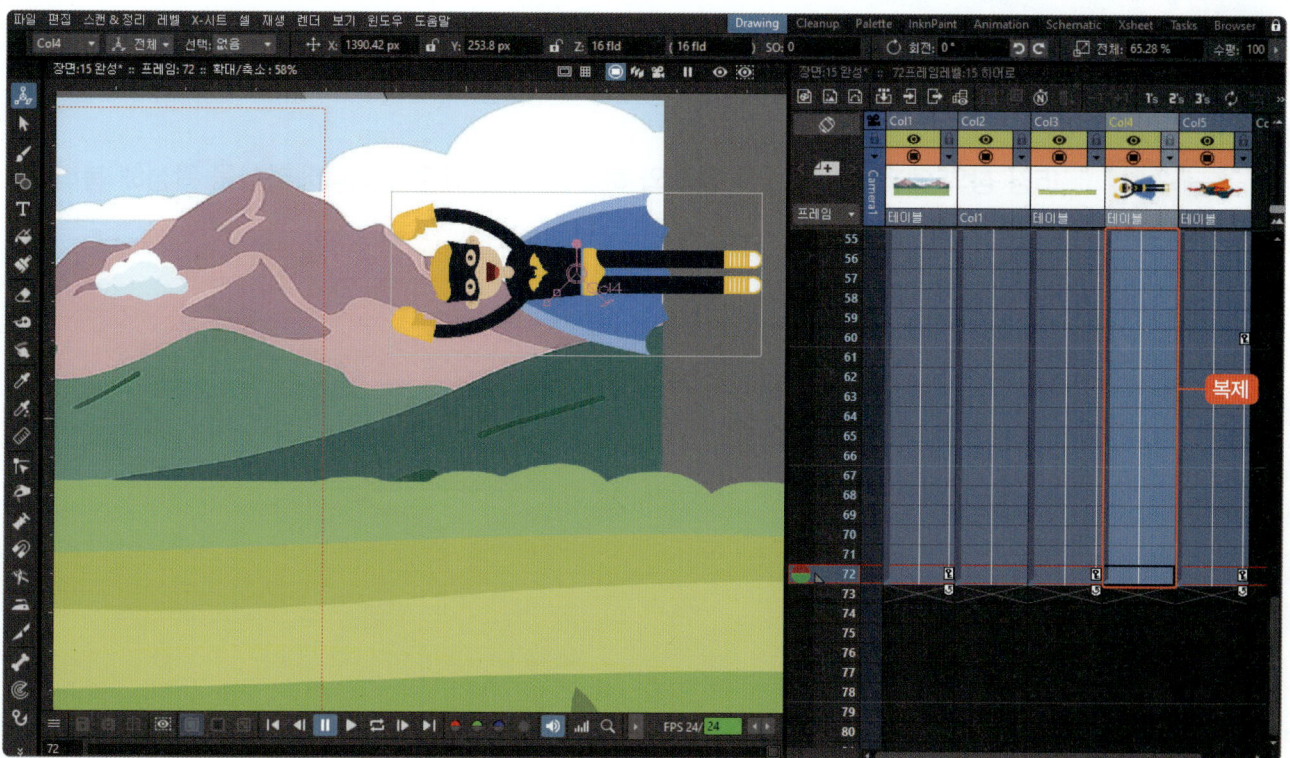

❷ 셀에 키를 적용하며 '히어로'가 '슈퍼맨' 주위를 돌며 날아가는 애니메이션을 완성해 봅니다.

❸ 하늘을 나는 슈퍼맨 애니메이션이 완성되면 작업 공간 하단의 [실행(▶)]을 클릭하여 애니메이션을 확인한 후 [렌더]-[출력 설정]을 클릭하여 애니메이션을 'avi' 파일로 저장해 봅니다.

▶ 예제 파일 : 15강 폴더   ▶ 완성 파일 : 15강 창의 완성.avi

'15강 창의 예제.tnz' 파일을 불러와 하늘을 나는 비행기 애니메이션을 완성해 봅니다.

 '하늘 배경'이 천천히 아래쪽으로 이동하도록 해요.

비행기를 지나쳐 날아가는 새를 표현해 봅니다.

Frame 16 경로를 따라 움직이는 자동차 만들기

▶ 예제 파일 : 16강 폴더　▶ 완성 파일 : 16강 완성.avi

학습목표
- 새로운 페그바를 생성하고 개체를 연결할 수 있습니다.
- 페그바에 새로운 동작 경로를 추가할 수 있습니다.
- 브러쉬 도구를 이용하여 배경에 이동 경로를 그릴 수 있습니다.
- 페그바에 키를 적용하며 개체가 이동 경로를 따라 움직이도록 할 수 있습니다.

 ## 자동차의 이동 경로 만들기

> **미션 1** 도식단계 패널에서 새로운 페그바를 생성합니다.

① 오픈툰즈(OpenToonz) 아이콘(OT)을 더블클릭하여 프로그램을 실행하고 [프로젝트 열기]를 클릭한 후 '16강 예제.tnz' 파일을 선택하여 장면이 나타나면 '16강 예제' 장면을 클릭합니다.

② 레이아웃 메뉴에서 [Animation] 탭을 클릭하고 도식단계 패널에서 [새로운 페그바(⬚)]를 클릭한 후 'Peg1' 도식을 '자동차(Col2)' 도식에 연결합니다.

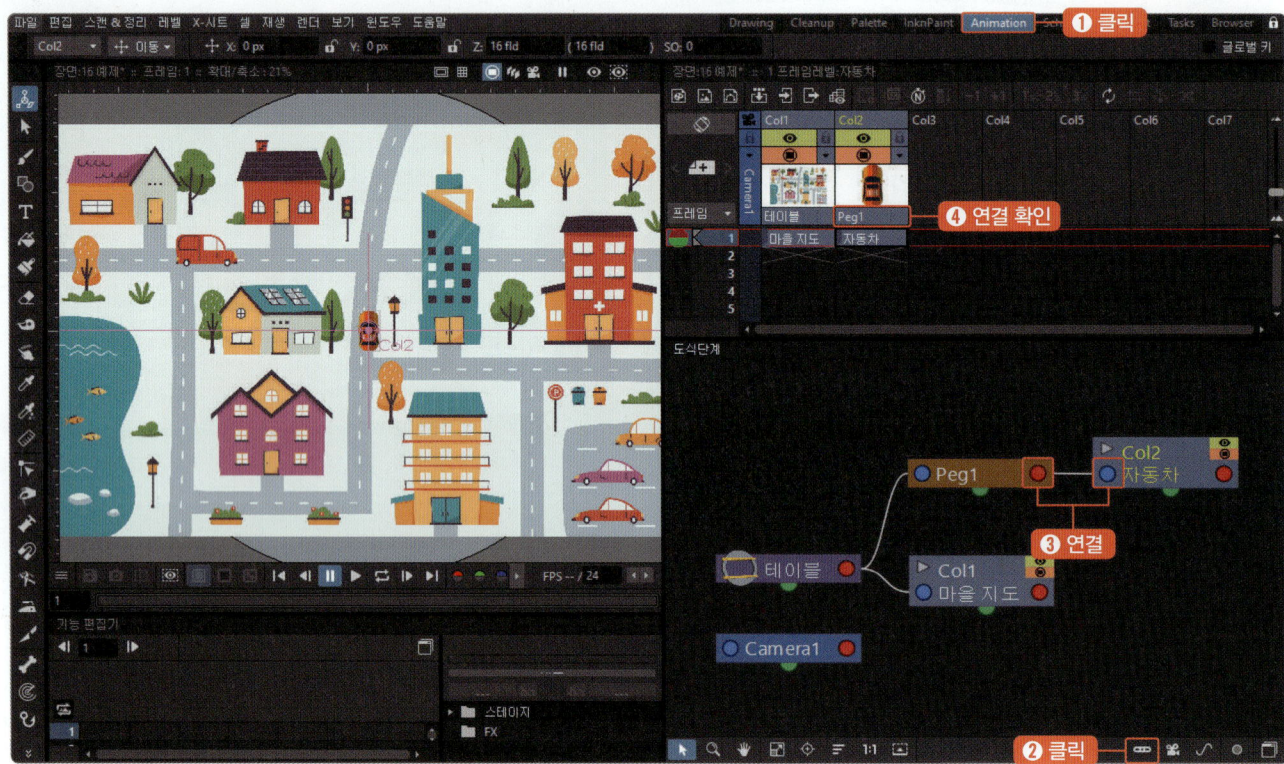

오픈툰즈 디렉터 — 페그바(Pegbar)

- 페그바는 애니메이션 내의 그림을 관리하고 구성하는 데 사용되는 도구로, 장면에서 개체의 타이밍, 위치 등을 쉽게 제어할 수 있게 해주는 도구입니다.
- 페그바를 이용하면 X-시트 패널에서 적용하기 힘든 복잡한 애니메이션을 쉽게 적용할 수 있으며, X-시트 패널에서와 마찬가지로 키를 적용하여 애니메이션을 적용합니다.

미션 2   새로운 동작 경로를 생성하고 '자동차'의 이동 경로를 그립니다.

① 'Peg1' 도식을 선택한 후 [새로운 동작 경로( )]를 클릭하여 'Peg1' 도식과 'Path1' 도식이 연결되는지 확인합니다.

오픈툰즈 디렉터

'Path'는 개체가 이동할 수 있는 모션 경로를 그릴 수 있는 기능으로, '페그바'에 연결된 '자동차'가 이동할 수 있는 모션 경로를 그릴 수 있습니다.

② 'Path1' 도식을 선택한 후 '브러쉬 도구( )'를 이용하여 '자동차'가 이동할 경로를 그립니다. 이어서 [질문('모션 경로를 변경하겠습니까?')] 창이 나타나면 [네]를 클릭합니다.

오픈툰즈 디렉터

지도에 그려진 도로를 확인하여 '자동차'의 이동 경로를 그립니다.

이동 경로를 따라 이동하는 자동차 만들기

미션 1 '자동차'가 이동할 좌표를 추가합니다.

① X-시트 패널에서 '마을 지도(Col1)', '자동차(Col2)' 레벨의 셀을 72번째 셀까지 복제한 후 기능 편집기 패널에서 [스테이지]-[Peg1]을 클릭합니다.

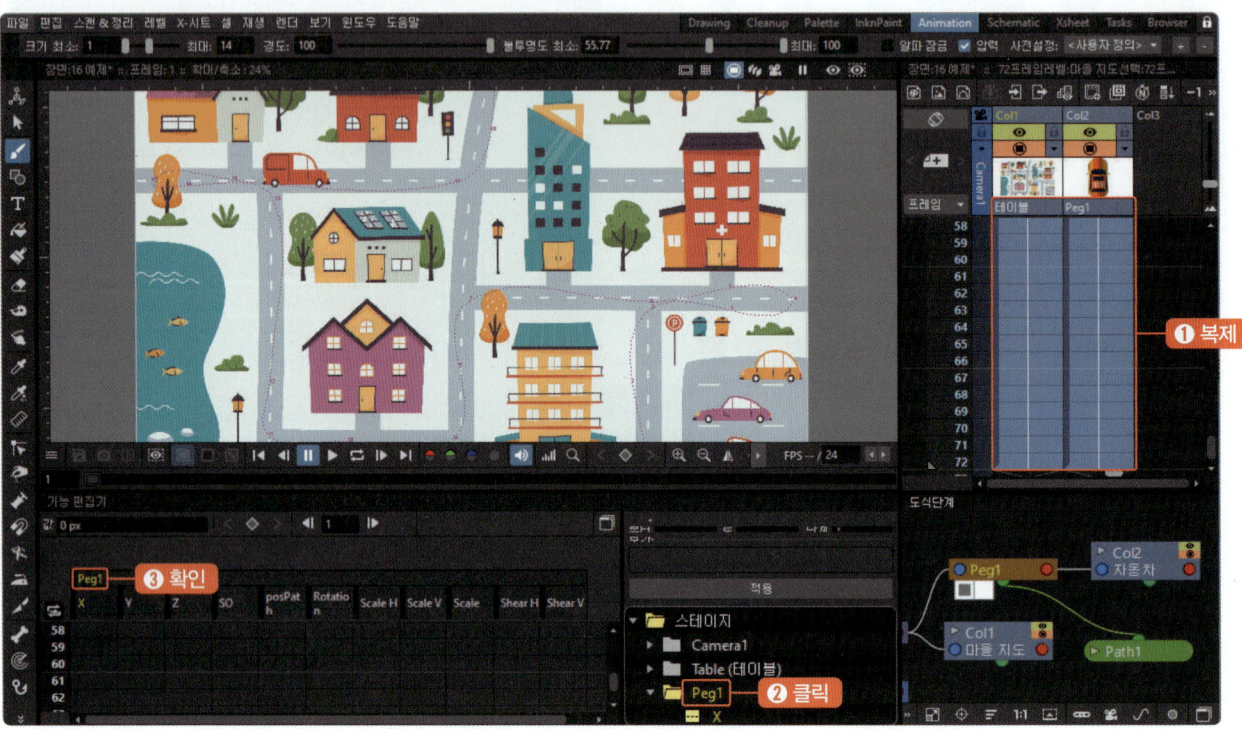

② '자동차'가 이동할 좌표를 추가하기 위해 X-시트 패널에서 '프레임1'을 클릭한 후 작업 공간 하단의 [키 설정(◆)]을 클릭합니다.

이렇게 하면 NG! [Peg1] 폴더의 색상이 노란색 상태가 아닐 땐 좌푯값이 보이지 않아요.

❸ 이어서 '프레임6'을 클릭하고 '애니메이션 도구( )'를 이용하여 6개의 프레임이 지날 동안 '자동차'가 이동할 위치로 이동시킨 후 '프레임6'에 키를 적용합니다.

> **오픈툰즈 디렉터**
> 'Peg1'에 연결된 '자동차'는 'Path1(이동 경로)'을 따라 이동하며, 이동 경로를 벗어난 위치로는 이동시킬 수 없습니다.

❹ '프레임7'을 클릭하고 '애니메이션 도구( )'를 이용하여 이동 경로의 방향에 맞게 방향을 회전시킨 후 '프레임7'에 키를 설정합니다.

Frame 16 경로를 따라 움직이는 자동차 만들기 _ **129**

❺ ❷~❹와 같은 방법으로 '프레임72'까지 '자동차'가 이동 경로를 따라 이동하도록 위치와 방향을 조절하고 키를 적용하여 'Peg1'에 좌표를 추가해 봅니다.

❻ 작업 공간 하단의 [실행(▶)]을 클릭하여 애니메이션을 확인합니다.

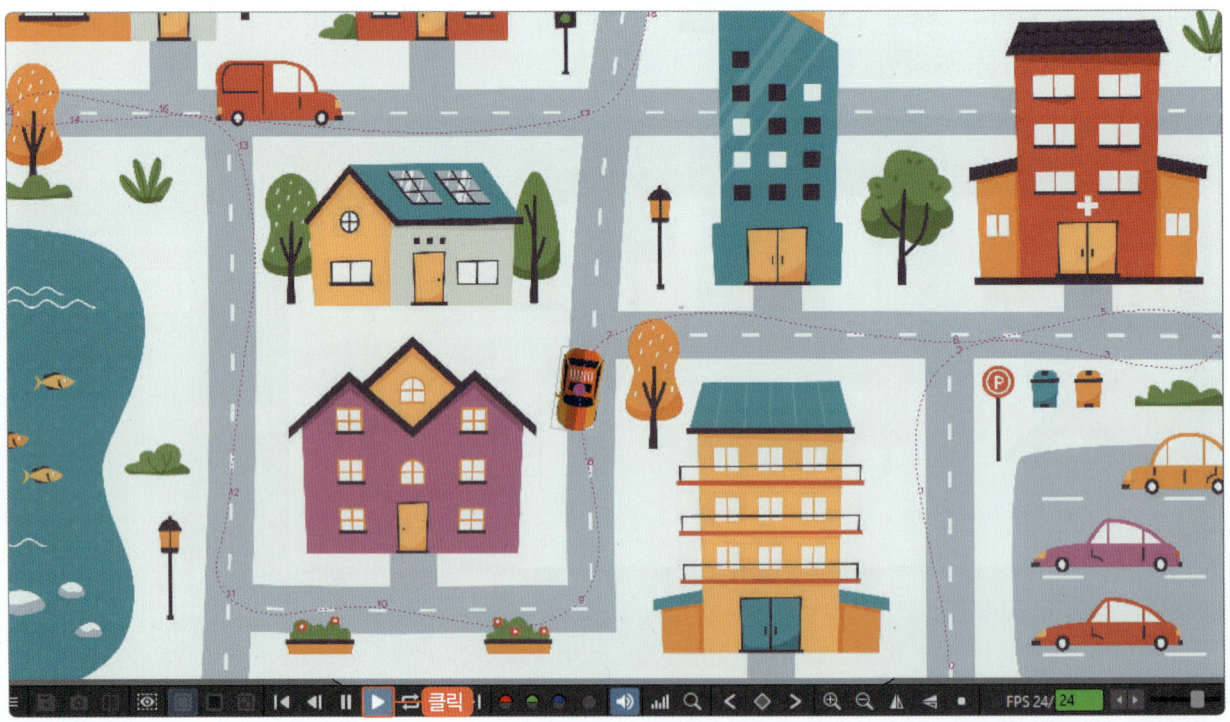

❼ 경로를 따라 움직이는 자동차 애니메이션이 완성되면 [렌더]-[출력 설정]을 클릭하여 애니메이션을 'avi' 파일로 저장해 봅니다.

'16강 창의 예제.tnz' 파일을 불러와 하트가 하늘을 날아다니도록 이동 경로를 만들어 봅니다.

 도식단계 패널에서 새로운 페그바와 새로운 동작 경로를 생성하고 '하트'의 이동 경로를 만들어요.

하트와 함께 하늘을 나는 아기 천사 애니메이션을 완성해 봅니다.

 도식단계 패널에서 '천사'를 '하트'에 연결해요.

Frame 17
두근두근! 심장 표현하기

▶ 예제 파일 : 17강 폴더   ▶ 완성 파일 : 17강 완성.avi

학습목표
- 새로운 페그바를 생성하고 개체를 연결할 수 있습니다.
- 페그바에 키를 적용하여 개체가 위아래로 움직이도록 할 수 있습니다.
- 페그바에 지정한 좌푯값을 복제하여 사용할 수 있습니다.
- 이전 키 프레임 주기 설정을 이용하여 애니메이션을 반복할 수 있습니다.

1 캐릭터가 위아래로 움직이며 이동하는 애니메이션 적용하기

미션 1 예제 파일을 불러와 셀을 복제합니다.

❶ 오픈툰즈(OpenToonz) 아이콘()을 더블클릭하여 프로그램을 실행하고 [프로젝트 열기]를 클릭한 후 '17강 예제.tnz' 파일을 선택하여 장면이 나타나면 '17강 예제' 장면을 클릭합니다.

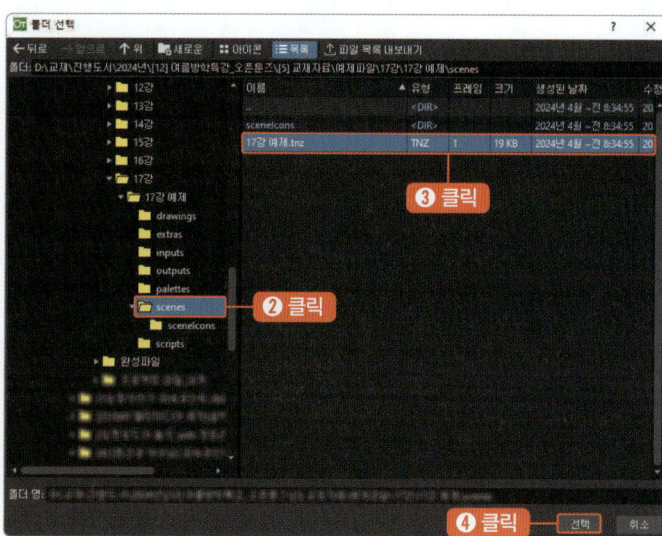

❷ '배경(Col1)', '캐릭터(Col2)', '하트(Col3)', '강아지(Col4)' 레벨을 72번째 셀까지 복제합니다.

Frame 17 두근두근! 심장 표현하기 _ 133

미션 2 새로운 페그바를 생성하고 '캐릭터'를 연결합니다.

① 레이아웃 메뉴에서 [Animation] 탭을 클릭한 후 도식단계 패널에서 [새로운 페그바(⬛)]를 클릭하고 'Peg1' 도식에 '캐릭터(Col2)' 도식을 연결합니다.

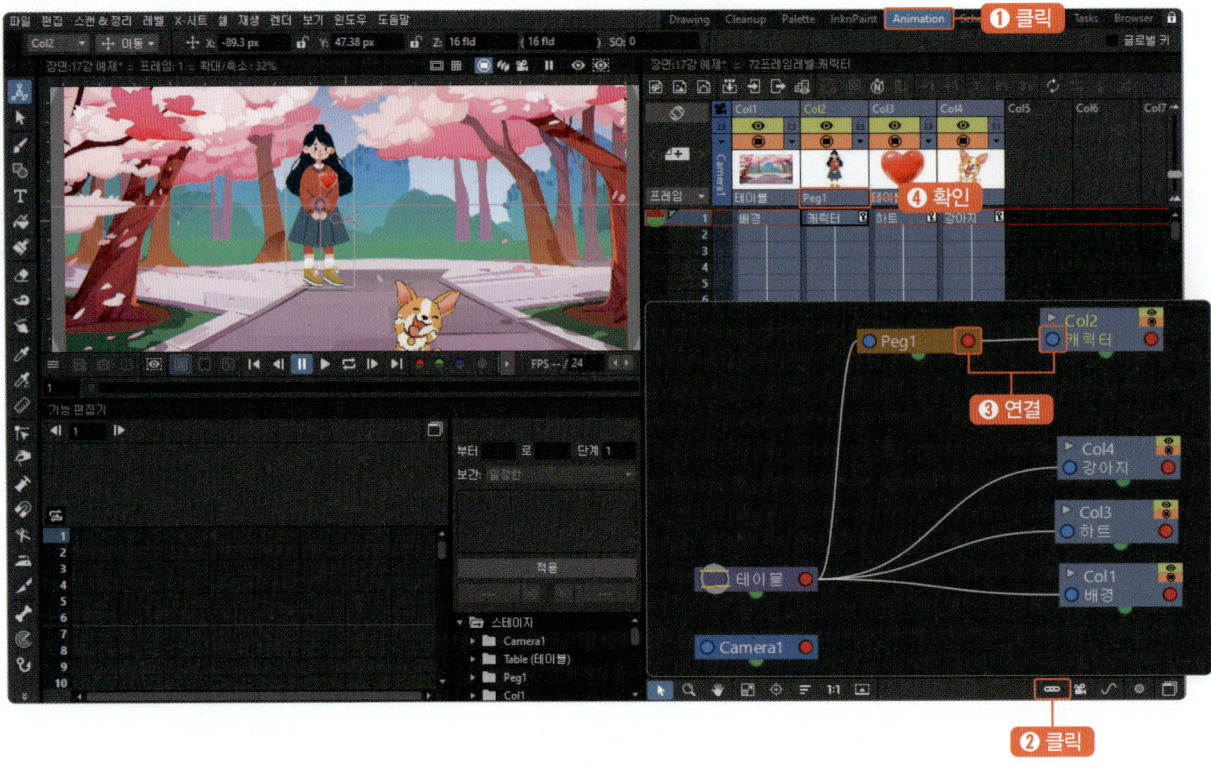

미션 3 'Peg1'에 키를 적용하여 '캐릭터'에 애니메이션을 적용합니다.

① 기능 편집기 패널에서 [스테이지]-[Peg1]을 클릭하고 X-시트 패널의 '프레임1'을 클릭한 후 [키 설정(◆)]을 클릭합니다.

② '프레임6'을 클릭하고 '애니메이션 도구( )'를 이용하여 '캐릭터'를 살짝 아래쪽으로 이동시킨 후 '프레임6'에 키를 적용합니다.

③ '프레임12'를 클릭하고 '애니메이션 도구( )'를 이용하여 '캐릭터'를 살짝 위쪽으로 이동시킨 후 '프레임12'에 키를 적용합니다.

④ '캐릭터'가 72번째 셀까지 위아래로 움직이도록 하기 위해 기능 편집기 패널에 적용된 'Peg1'의 좌푯값을 복사한 후 72번째 셀까지 붙여 넣습니다.

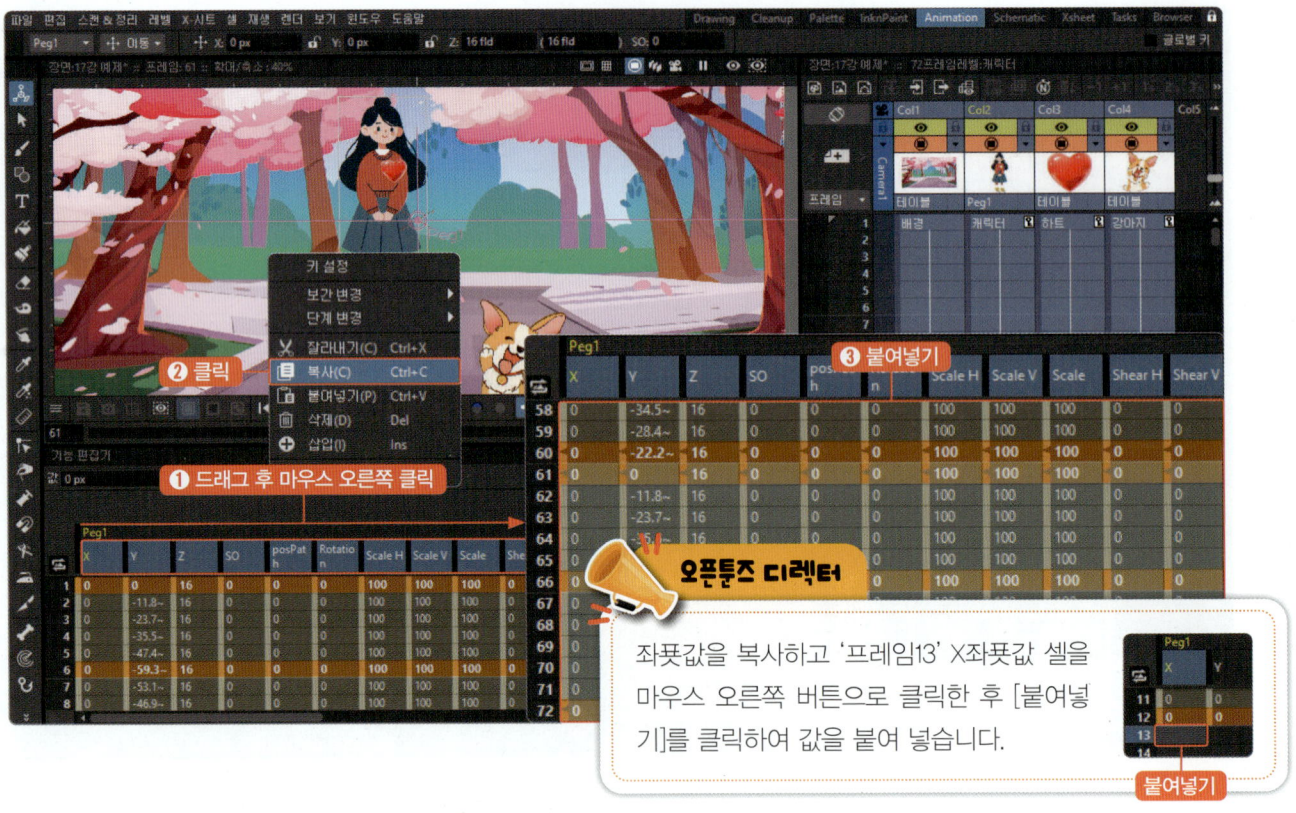

| 미션 | 4 | '캐릭터'가 '강아지'에게 다가가도록 애니메이션을 적용합니다. |

① [Drawing] 탭을 클릭한 후 '캐릭터(Col2)' 레벨의 72번째 셀까지 키를 적용하며 '캐릭터'가 '강아지' 위치로 이동하면서 크기가 점점 커지도록 만듭니다.

 심장이 두근거리는 애니메이션 적용하기

> **미션 1** '강아지'가 움직이도록 애니메이션을 적용합니다.

❶ '강아지(Col4)' 레벨을 선택한 후 72번째 셀까지 키를 적용하며 '강아지'가 귀여운 행동을 하는 모습을 표현합니다.

> **미션 2** '하트'가 커졌다 작아지도록 애니메이션을 적용합니다.

❶ '하트(Col3)' 레벨의 2번째 셀에 키를 적용한 후 크기를 크게 조절합니다.

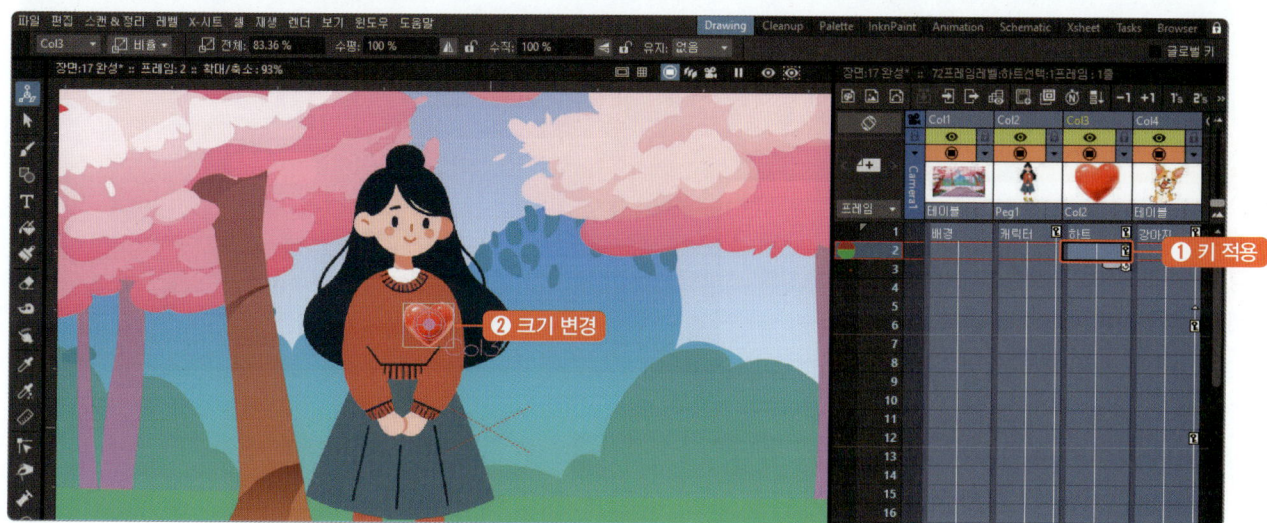

Frame 17 두근두근! 심장 표현하기 _ **137**

❷ 이어서 심장이 계속 두근거리는 모습을 표현하기 위해 [이전 키 프레임 주기 설정(🔑)]을 클릭합니다.

미션 ❸ 도식단계 패널에서 '캐릭터'에 '하트'를 연결하고 애니메이션을 완성합니다.

❶ '하트'가 '캐릭터'를 따라 이동하도록 하기 위해 [Animation] 탭을 클릭한 후 도식단계 패널에서 '캐릭터(Col2)' 도식과 '하트(Col3)' 도식을 연결합니다.

오픈툰즈 디렉터

'하트'의 위치가 '캐릭터' 위치에서 벗어나 있을 경우 '하트' 레벨의 1, 2번째 셀을 클릭하고 위치를 '캐릭터'의 가슴 위치로 이동시킵니다.

❷ 애니메이션이 완성되면 작업 공간 하단의 [실행(▶)]을 클릭하여 애니메이션을 확인한 후 [렌더]-[출력 설정]을 클릭하여 애니메이션을 'avi' 파일로 저장해 봅니다.

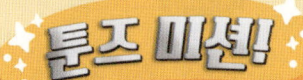

▶ 예제 파일 : 17강 폴더　▶ 완성 파일 : 17강 창의 완성.avi

'17강 창의 예제.tnz' 파일을 불러와 아이가 풍선을 들고 떠 있는 애니메이션을 완성해 봅니다.

 도식단계 패널에서 새로운 페그바를 생성하고 '풍선'과 연결해요.

아이가 풍선을 타고 놀이공원을 날아다니는 애니메이션을 완성해 봅니다.

 X-시트 패널에서 키를 적용하며 날아다니는 모습을 표현해요.

Frame 18
활짝! 문이 열리는 베이커리

▶ 예제 파일 : 18강 폴더　▶ 완성 파일 : 18강 완성.avi

투데이'S 컷

학습목표
- 애니메이션 스토리를 확인하고 장면을 기획할 수 있습니다.
- 카메라에 키를 적용하여 줌 인 효과가 시작되는 장면을 지정할 수 있습니다.
- 카메라에 키를 적용하여 줌 인 효과가 종료되는 장면을 지정할 수 있습니다.
- 장면이 줌 인되며 문이 열리는 애니메이션을 완성할 수 있습니다.

1 ▶ 애니메이션 장면 기획하기

애니메이션 스토리를 참고하여 각 개체를 어떻게 꾸밀지 기획해 봅니다.

가구1
예) 왼쪽으로 이동해요.

가구2
예) 오른쪽으로 이동해요.

파티셰와 직원
예) 점점 커지며 가까워져요.

기타

 **오픈툰즈 디렉터** 　애니메이션 스토리

새로운 빵집이 오픈했어요. 빵집 앞의 선반이 양쪽으로 열리며 파티셰와 직원이 반갑게 손님을 맞이하는 상황이에요.

2 카메라 영역 조절하여 장면 확대하기

미션 1 예제 파일을 불러와 셀을 복제합니다.

❶ 오픈툰즈(OpenToonz) 아이콘()을 더블클릭하여 프로그램을 실행하고 [프로젝트 열기]를 클릭한 후 '18강 예제.tnz' 파일을 선택하여 장면이 나타나면 '18강 예제' 장면을 클릭합니다.

❷ '배경(Col1)'~'가구2(Col5)' 레벨을 72번째 셀까지 복제합니다.

미션 2 'Camera1'의 크기와 위치를 조절하여 장면에 줌 인 기능을 적용합니다.

❶ 일정 시간이 흐르면 파티셰와 직원이 줌 인되도록 하기 위해 레이아웃 메뉴에서 [Animation] 탭을 클릭한 후 '프레임12'를 클릭합니다.

오픈툰즈 디렉터

첫 번째 장면부터 줌 인 기능을 적용하면 애니메이션의 시작과 동시에 파티셰와 직원이 줌 인됩니다. 따라서 일정 시간이 지난 후 줌 인 기능을 적용하기 위해 '프레임12'를 선택합니다.

② 기능 편집기 패널에서 [스테이지]-[Camera1]을 클릭합니다.

③ '프레임12'에 장면이 줌 인되기 전 카메라의 크기를 적용하기 위해 X-시트 패널에서 '프레임12'를 클릭한 후 [키 설정(◆)]을 클릭합니다.

오픈툰즈 디렉터

카메라는 애니메이션 실행 시 보여지는 화면으로, 카메라에 애니메이션을 적용하면 화면의 이동, 확대, 축소, 회전 등의 효과를 표현할 수 있습니다.

Frame 18 활짝! 문이 열리는 베이커리 _ **143**

④ 카메라에 줌 인 기능을 적용하기 위해 '프레임36'을 클릭한 후 '애니메이션 도구( )'를 이용하여 카메라의 크기를 줄이고 위치를 파티셰와 직원 위치로 조절합니다.

오픈툰즈 디렉터 안전 영역을 설정해요.

[보기]-[안전 영역]에 체크하면 안전 영역이 표시되는데, 안전 영역은 애니메이션을 제작할 때 사용된 개체가 다른 화면에서 볼 때 잘려 보이지 않는 안전한 영역을 안내하는 선입니다.

⑤ 이어서 [키 설정( )]을 클릭하여 장면에 줌 인 기능을 적용합니다.

가구가 양 옆으로 열리는 애니메이션 적용하기

미션 1 '가구1', '가구2'에 키를 적용합니다.

❶ [Drawing] 탭을 클릭한 후 '가구1(Col4)', '가구2(Col5)' 레벨의 12번째 셀에 키를 적용합니다.

오픈툰즈 디렉터
줌 인 기능이 시작되는 지점이 '프레임12'이므로 '가구1', '가구2'의 움직임도 '프레임12'부터 시작되도록 합니다.

❷ 이어서 '가구1', '가구2' 레벨의 36번째 셀에 키를 적용합니다.

오픈툰즈 디렉터
줌 인 기능이 종료되는 지점이 '프레임36'이므로 '가구1', '가구2'의 움직임도 '프레임36'에서 종료되도록 합니다.

Frame 18 활짝! 문이 열리는 베이커리 _ **145**

미션 **2** '가구1', '가구2'가 양 옆으로 이동하도록 만듭니다.

❶ '가구1' 레벨의 36번째 셀을 클릭한 후 '애니메이션 도구( )'를 이용하여 줌 인 기능이 종료되었을 때의 위치로 이동시킵니다.

❷ '가구2' 레벨의 36번째 셀을 클릭한 후 '애니메이션 도구( )'를 이용하여 줌 인 기능이 종료되었을 때의 위치로 이동시킵니다.

❸ 이어서 상단 메뉴의 [렌더]-[렌더]를 클릭하여 카메라의 줌 인 효과를 확인합니다.

오픈툰즈 디렉터

'가구1', '가구2'가 양 옆으로 열리는 모습을 표현하기 위해 '가구1'은 왼쪽으로, '가구2'는 오른쪽으로 이동시킵니다.

❹ 문이 열리는 베이커리 애니메이션이 완성되면 [렌더]-[출력 설정]을 클릭하여 애니메이션을 'avi' 파일로 저장해 봅니다.

▶ 예제 파일 : 18강 폴더   ▶ 완성 파일 : 18강 창의 완성.avi

'18강 창의 예제.tnz' 파일을 불러와 문을 열고 놀이공원으로 나가는 애니메이션을 완성해 봅니다.

 'Camera1'에 키를 적용하고 크기와 위치를 변경해요.

놀이공원으로 나가며 양 옆의 문이 사라지는 애니메이션을 완성해 봅니다.

 'Camera1'의 크기가 작아질 때 '문'은 반대로 커지도록 애니메이션을 지정해요.

Frame 18 활짝! 문이 열리는 베이커리 _ **147**

Frame 19
밀림의 왕! 라이온킹 클로즈업하기

▶ 예제 파일 : 19강 폴더 ▶ 완성 파일 : 19강 완성.avi

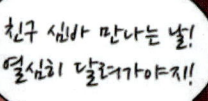

 **학습목표**
- 애니메이션 스토리를 만들고 장면을 기획할 수 있습니다.
- 카메라에 키를 적용하여 줌 인 효과를 표현할 수 있습니다.
- 셀의 위치를 변경하여 개체가 나타날 위치를 지정할 수 있습니다.
- 타입 도구를 이용하여 장면에 글자를 입력할 수 있습니다.

1. 애니메이션 장면 기획하기

그림을 보고 어떤 장면인지 상상하여 애니메이션 장면을 기획해 봅니다.

어떤 장면일까요?

예 사자가 친구를 만나러 열심히 달려가는 장면이에요.

말풍선에 어떤 대사가 들어갈까요?

예 친구 심바 만나는 날! 열심히 달려가야지!

어떻게 장면을 꾸미고 싶나요?

예 달리는 사자의 모습을 줌 인하여 주인공을 돋보이게 할 거예요.

2 배경에 애니메이션 적용하여 사자가 달리는 모습 표현하기

미션 1 '배경'과 '바닥' 레벨의 셀을 복제하고 '말풍선'을 숨깁니다.

① 오픈툰즈(OpenToonz) 아이콘()을 더블클릭하여 프로그램을 실행하고 [프로젝트 열기]를 클릭한 후 '19강 예제.tnz' 파일을 선택하여 장면이 나타나면 '19강 예제' 장면을 클릭합니다.

② '배경(Col1)', '바닥(Col2)' 레벨의 셀을 72번째 셀까지 복제합니다.

③ '말풍선(Col4)' 레벨을 선택한 후 '말풍선'을 장면에서 숨깁니다.

미션 2 '배경'과 '바닥'이 움직이도록 애니메이션을 적용합니다.

① '배경', '바닥' 레벨을 선택하고 72번째 셀에 키를 적용한 후 '애니메이션 도구( )'를 이용하여 오른쪽으로 위치를 변경합니다.

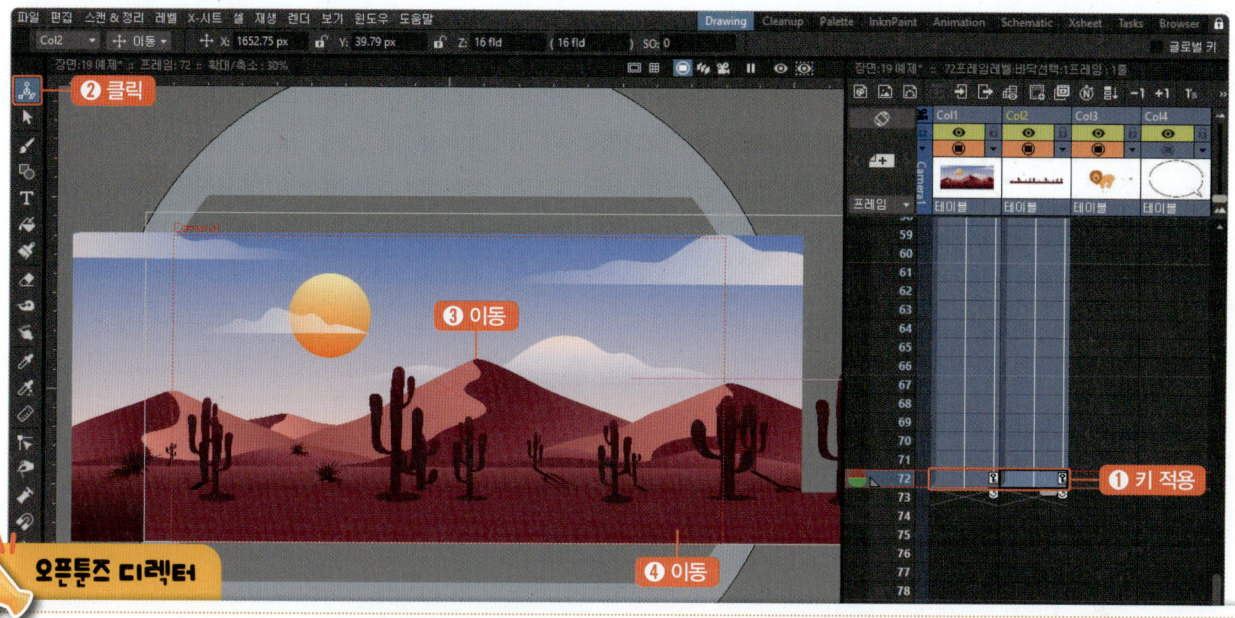

오픈툰즈 디렉터
'배경'은 천천히 이동하도록 작업 공간 중간까지만 이동시키고, '바닥'은 빠르게 이동하도록 작업 공간 끝까지 이동시킵니다.

미션 3 '사자'의 움직임을 반복하여 달리는 모습을 표현합니다.

① Shift 키를 누른 상태로 '사자(Col3)' 레벨의 1번째 셀과 2번째 셀을 클릭한 후 [프레임 재설정 2's ( )]를 클릭합니다.

Frame 19 밀림의 왕! 라이온킹 클로즈업하기 _ **151**

❷ '사자'가 달리는 모습을 애니메이션 끝까지 반복하기 위해 '사자' 레벨의 모든 셀을 선택한 후 [반복( )]을 클릭합니다.

❸ [반복] 창이 나타나면 [프레임까지]를 "72"로 입력하고 [적용]을 클릭합니다.

미션 ❹ 'Camera1'의 크기와 위치를 조절하여 '사자'의 모습을 확대합니다.

❶ 레이아웃 메뉴의 [Animation] 탭을 클릭하고 '프레임24'를 클릭합니다. 기능 편집기 패널에서 [스테이지]-[Camera1]을 클릭한 후 [키 설정( )]을 클릭합니다.

❷ 카메라에 줌 인 기능을 적용하기 위해 '프레임36'을 클릭합니다.

❸ '애니메이션 도구( )'를 이용하여 'Camera1'의 크기를 조절하고 위치를 '사자'의 얼굴로 이동시킨 후 [키 설정( )]을 클릭합니다.

❹ [Drawing] 탭을 클릭합니다. '말풍선' 레벨을 선택하고 1번째 셀을 줌 인 기능의 종료 지점인 36번째 셀로 드래그한 후 장면에 보이게 합니다.

❺ 이어서 '말풍선'이 카메라 영역 안쪽에 위치하도록 크기와 위치를 조절합니다.

오픈툰즈 디렉터

이동시킬 셀의 앞쪽 부분을 클릭한 후 원하는 셀의 위치로 드래그합니다.

Frame 19 밀림의 왕! 라이온킹 클로즈업하기 _ **153**

미션 5 　새로운 툰즈 래스터 레벨을 생성하고 텍스트를 입력합니다.

❶ 'Col5' 레벨의 36번째 셀을 클릭한 후 [뉴 툰즈 래스터 레벨(🎨)]을 클릭하여 [뉴 레벨] 창이 나타나면 [네]를 클릭합니다.

❷ 도구 모음 패널의 '타입 도구(T)'를 이용하여 '말풍선' 안쪽에 앞서 생각한 '사자'의 대사를 입력한 후 속성을 자유롭게 변경합니다.

❸ 이어서 '말풍선', 'Col5' 레벨의 셀을 72번째 셀까지 복제합니다.

오픈툰즈 디렉터
텍스트를 입력한 후 '애니메이션 도구(🔧)'를 이용하여 텍스트의 크기, 위치를 조절합니다.

❹ 달리는 사자 애니메이션이 완성되면 [렌더]-[렌더]를 클릭하여 카메라의 줌 인 효과를 확인한 후 [렌더]-[출력 설정]을 클릭하여 애니메이션을 'avi' 파일로 저장해 봅니다.

'19강 창의 예제.tnz' 파일을 불러와 캐릭터가 강아지와 대화하는 애니메이션을 완성해 봅니다.

카메라 영역의 크기와 위치를 조절하여 말하는 대상만 확대되도록 만들어 봅니다.

 'Camera1'에 키를 적용하고 크기와 위치를 변경해요.

Frame 19 밀림의 왕! 라이온킹 클로즈업하기 _ **155**

Frame 20
감성 넘치는 인트로 장면 만들기

▶ 예제 파일 : 20강 폴더   ▶ 완성 파일 : 20강 완성.avi

투데이's 컷

학습목표
- 인트로 장면을 어떤 식으로 구성할지 기획할 수 있습니다.
- 셀의 위치를 이동하여 새로운 레벨을 생성할 수 있습니다.
- 카메라에 키를 적용하여 줌 인/줌 아웃 효과를 표현할 수 있습니다.
- 카메라에 키를 적용하여 인트로 장면을 완성할 수 있습니다.

1 애니메이션 장면 기획하기

각 장면을 확인한 후 카메라 기능을 이용하여 인트로 장면을 어떻게 구성하면 좋을지 기획해 봅니다.

예) 화면 아래쪽으로 이동

2 인트로 장면 애니메이션 만들기

미션 1 'Col1' 레벨의 셀을 새로운 레벨로 이동시켜 인트로 장면을 만듭니다.

① 오픈툰즈(OpenToonz) 아이콘()을 더블클릭하여 프로그램을 실행하고 [프로젝트 열기]를 클릭한 후 '20강 예제.tnz' 파일을 선택하여 장면이 나타나면 '20강 예제' 장면을 클릭합니다.

② 'Col1' 레벨에서 필요한 이미지를 'Col2' 레벨의 1번째 셀로 이동시킨 후 '애니메이션 도구( )'를 이용하여 크기와 위치를 조절하고 'Col1' 레벨은 장면에서 숨깁니다.

③ 'Col2' 레벨의 셀을 24번째 셀까지 복제한 후 레이아웃 메뉴에서 [Animation] 탭을 클릭합니다.

④ 기능 편집기 패널에서 [스테이지]-[Camera1]을 클릭한 후 '프레임1'에 키를 적용합니다.

⑤ '프레임24'를 클릭한 후 '애니메이션 도구( )'를 이용하여 'Camera1'의 크기와 위치를 조절하고 키를 적용합니다.

오픈툴즈 디렉터

앞서 기획한 인트로 장면대로 카메라 영역의 크기와 위치를 변경합니다.

Frame 20 감성 넘치는 인트로 장면 만들기 _ **159**

미션 2 'Col1' 레벨에서 나머지 셀을 'Col2' 레벨로 이동시켜 인트로 장면을 완성합니다.

❶ X-시트 패널의 'Col1' 레벨을 장면에 나타나게 한 후 2번째 인트로 장면에 필요한 이미지를 'Col2' 레벨의 25번째 셀로 이동시키고 48번째 셀까지 복제합니다.

오픈툰즈 디렉터
인트로 장면의 재생 시간을 고려하여 셀을 복제합니다.

❷ '프레임25'를 클릭한 후 '애니메이션 도구(🎯)'를 이용하여 'Camera1'의 크기와 위치를 변경하고 키를 적용합니다.

③ '프레임48'을 클릭한 후 '애니메이션 도구(🙏)'를 이용하여 'Camera1'의 크기와 위치를 변경하고 키를 적용합니다.

④ ①~③과 같은 방법으로 'Col1' 레벨의 나머지 이미지들도 'Col2' 레벨로 이동시킨 후 카메라 영역의 크기와 위치를 변경하며 인트로 장면을 완성해 봅니다.

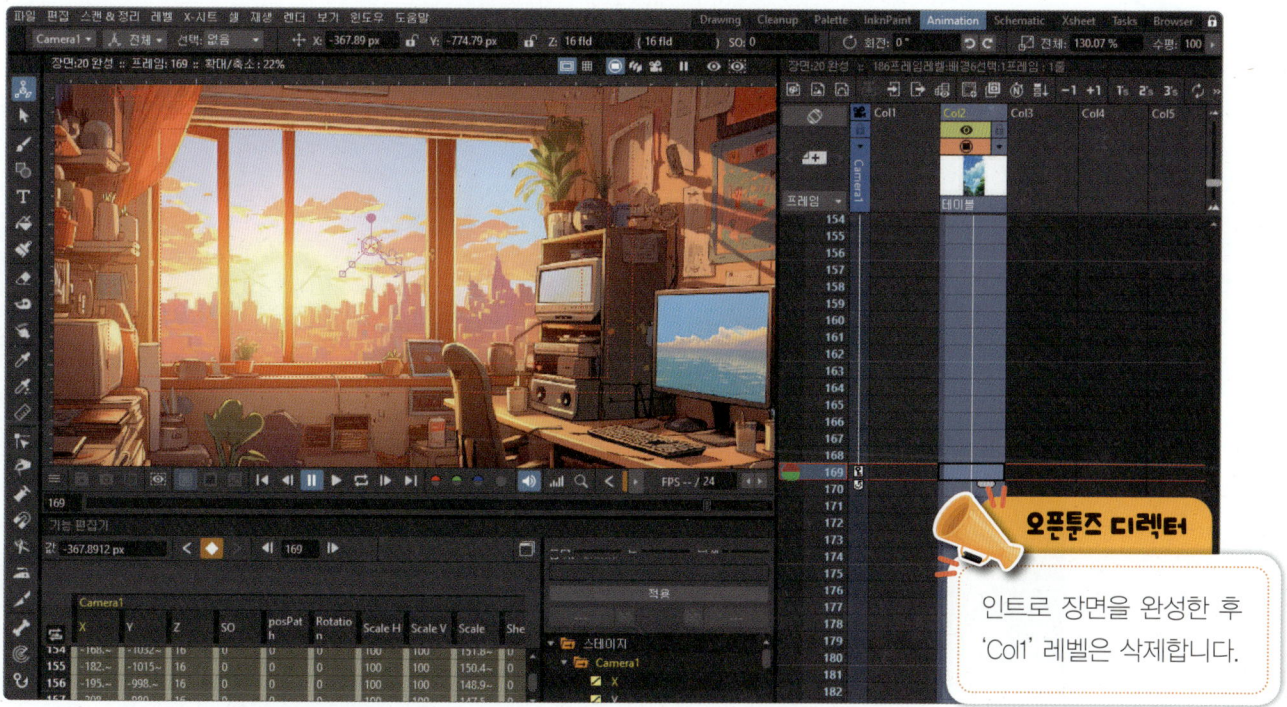

> 인트로 장면을 완성한 후 'Col1' 레벨은 삭제합니다.

⑤ 인트로 장면이 완성되면 [렌더]-[렌더]를 클릭하여 장면을 확인한 후 [렌더]-[출력 설정]을 클릭하여 애니메이션을 'avi' 파일로 저장해 봅니다.

▶ 예제 파일 : 20강 폴더　▶ 완성 파일 : 20강 창의 완성.avi

 각 장면을 확인한 후 3D 애니메이션의 인트로 장면을 어떻게 구성하면 좋을지 생각해 봅니다.

 생각한 내용을 바탕으로 인트로 장면을 완성해 봅니다.

 'Camera1'의 크기와 위치를 조절하며 인트로 장면을 완성해요.

Frame 21 바람에 날리는 머리카락 만들기

▶ 예제 파일 : 21강 폴더   ▶ 완성 파일 : 21강 완성.avi

투데이'S 컷

학습목표
- 플라스틱 도구의 메쉬 작성을 이용하여 움직임을 자연스럽게 만들 수 있습니다.
- 플라스틱 도구를 이용하여 머리카락에 골격을 생성할 수 있습니다.
- 골격을 움직여 머리카락이 바람에 날리는 모습을 표현할 수 있습니다.
- 꽃잎 레벨을 여러 개의 레벨로 복제할 수 있습니다.

 바람에 날리는 머리카락 만들기

미션 1 플라스틱 도구의 메쉬 작성 속성을 설정합니다.

❶ 오픈툰즈(OpenToonz) 아이콘(🎨)을 더블클릭하여 프로그램을 실행하고 [프로젝트 열기]를 클릭한 후 '21강 예제.tnz' 파일을 선택하여 장면이 나타나면 '21강 예제' 장면을 클릭합니다.

❷ '머리카락(Col3)' 레벨의 1번째 셀을 클릭한 후 도구 모음 패널의 '플라스틱 도구(🎨)'를 클릭하고 [메쉬 작성]을 클릭합니다.

오픈툰즈 디렉터 — 플라스틱 도구

개체의 필요한 영역에 포인트를 생성한 후 각 셀에서 포인트의 위치를 변경하여 개체에 움직임을 적용할 수 있는 도구입니다.

❸ [메쉬 작성] 창이 나타나면 '머리카락'이 자연스럽게 흩날리도록 하기 위해 [메쉬 가장자리 길이]를 '2px' 이하로 지정한 후 [적용]을 클릭합니다.

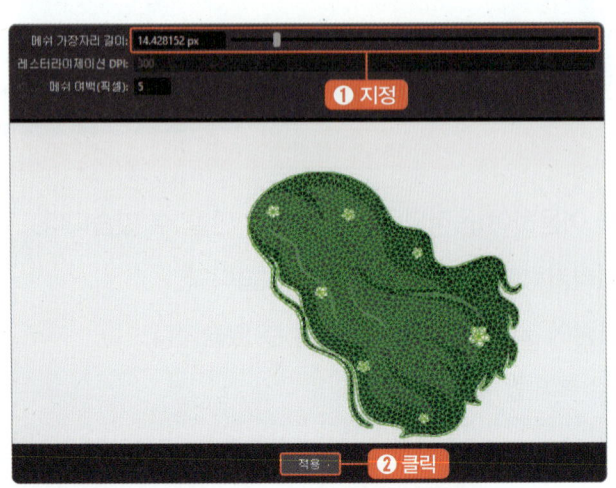

오픈툰즈 디렉터

- 메쉬 가장자리 길이 값이 적을수록 메쉬가 촘촘하게 생성되어 개체의 움직임을 더욱 자연스럽게 표현할 수 있습니다. 단, 메쉬 적용 시 프로그램이 강제 종료되는 경우 메쉬 가장자리 길이 값을 '2px' 보다 크게 설정합니다.
- 메쉬를 적용하면 X-시트 패널에 '머리카락_mesh (Col3_mesh)' 레벨이 생성됩니다.

| 미션 | 2 | '머리카락'에 골격을 추가하고 움직임을 설정합니다. |

❶ '플라스틱 도구( )'의 모드를 '골격 만들기'로 선택한 후 '머리카락'을 클릭하며 골격을 추가합니다.

오픈툰즈 디렉터 — 골격 만들기

골격 만들기는 개체가 움직이기 위한 뼈대를 만드는 과정으로, '머리카락'의 움직임(웨이브)을 생각하며 골격을 만들어 봅니다.

❷ '배경(Col1)'~'꽃잎(Col5)' 레벨의 셀을 72번째 셀까지 복제한 후 '머리카락_mesh(Col3_mesh)' 레벨의 1번째 셀에 키를 적용합니다.

Frame 21 바람에 날리는 머리카락 만들기 _ **165**

❸ '플라스틱 도구( )'의 모드를 '애니메이션'으로 변경한 후 각 골격을 움직여 애니메이션을 적용합니다.

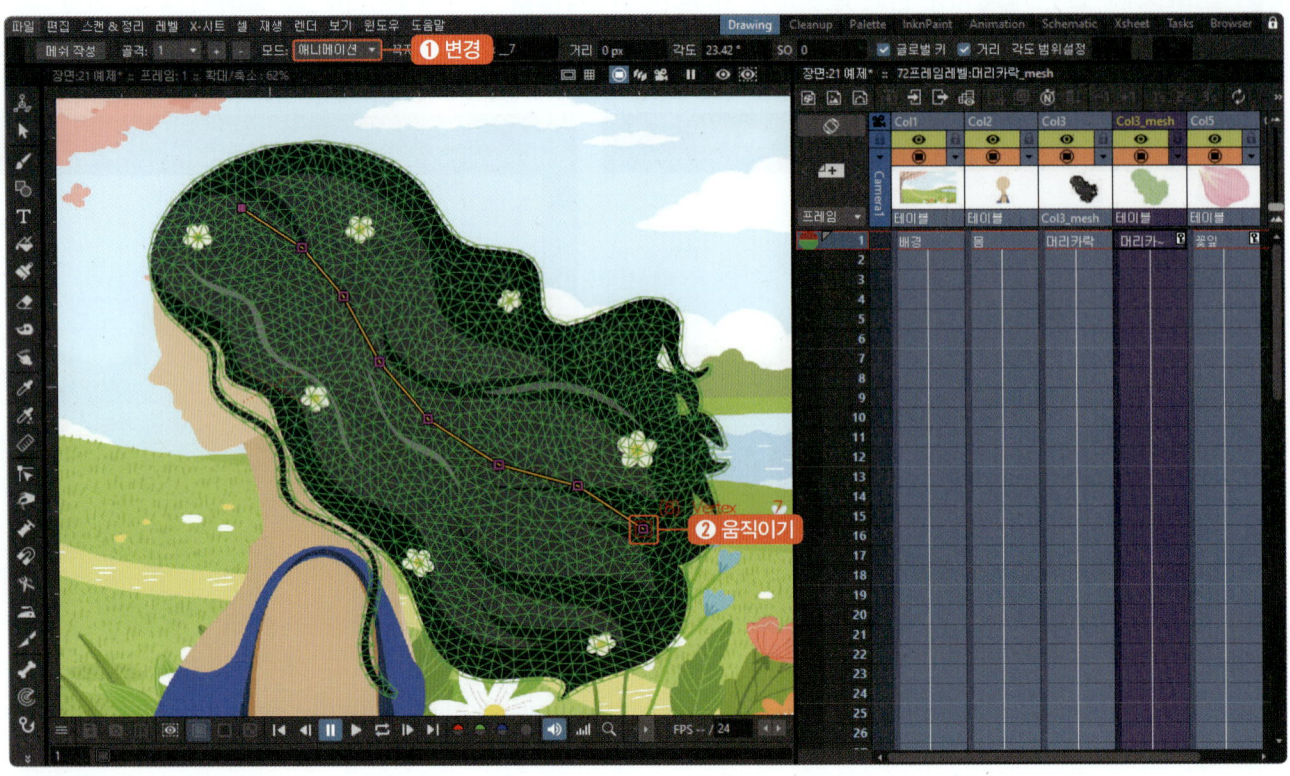

❹ 72번째 셀까지 키를 적용하며 각 골격을 움직여 '머리카락'이 바람에 흩날리는 애니메이션을 완성해 봅니다.

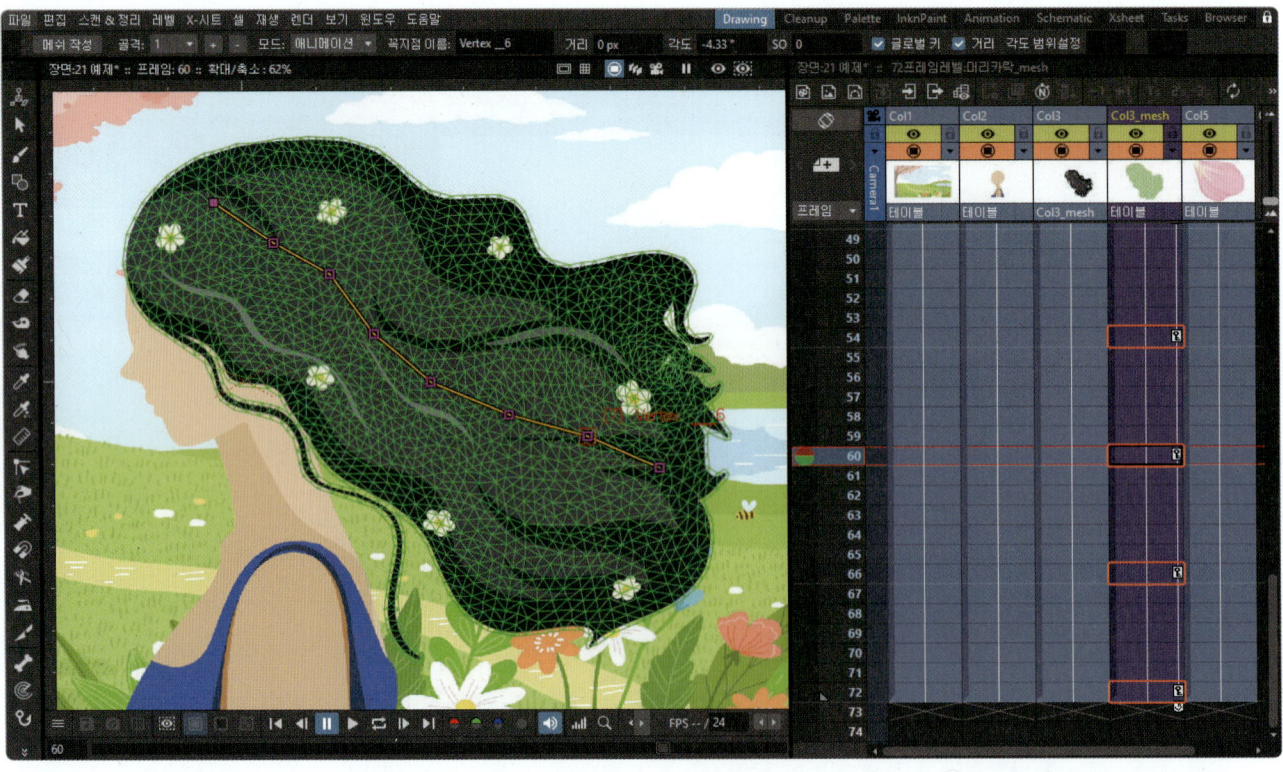

2 바람에 날리는 꽃잎 만들기

미션 1 '꽃잎' 레벨을 여러 레벨로 복제합니다.

① '꽃잎(Col5)' 레벨을 선택한 후 Ctrl+C 키를 눌러 복사하고 'Col6' 레벨을 선택한 후 Ctrl+V 키를 눌러 붙여 넣습니다.

② ①과 같은 방법으로 '꽃잎' 레벨을 여러 레벨로 복제합니다.

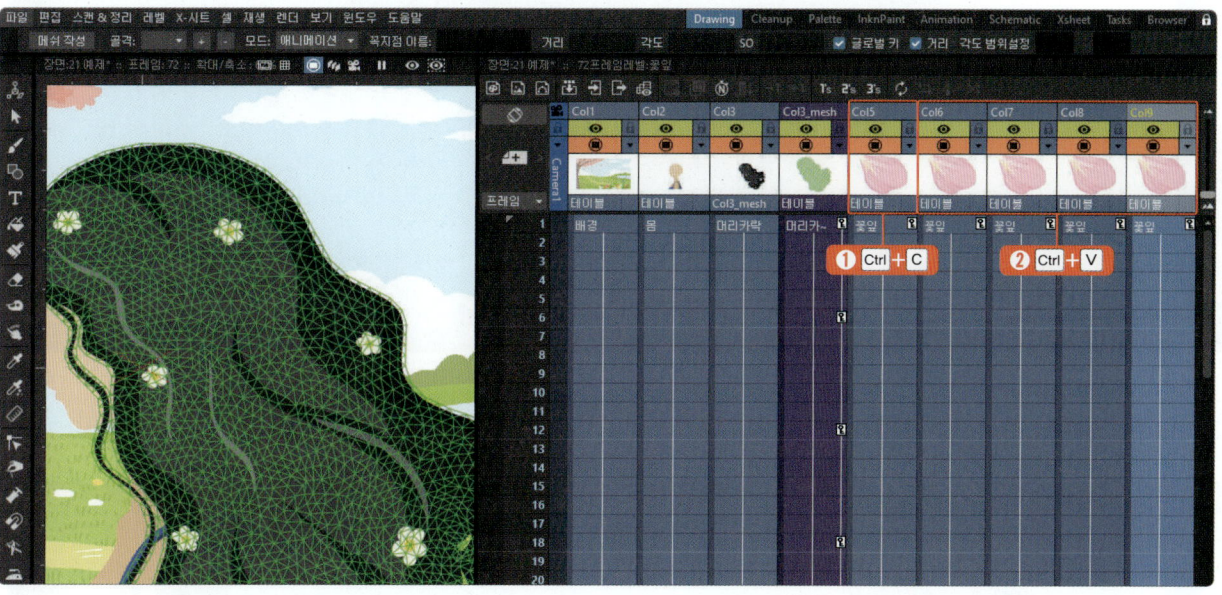

미션 2 키를 적용하며 '꽃잎'이 바람에 날리는 모습을 표현합니다.

① 복제된 '꽃잎' 레벨의 1번째 셀을 클릭한 후 '꽃잎'의 크기, 위치, 방향을 자유롭게 변경합니다.

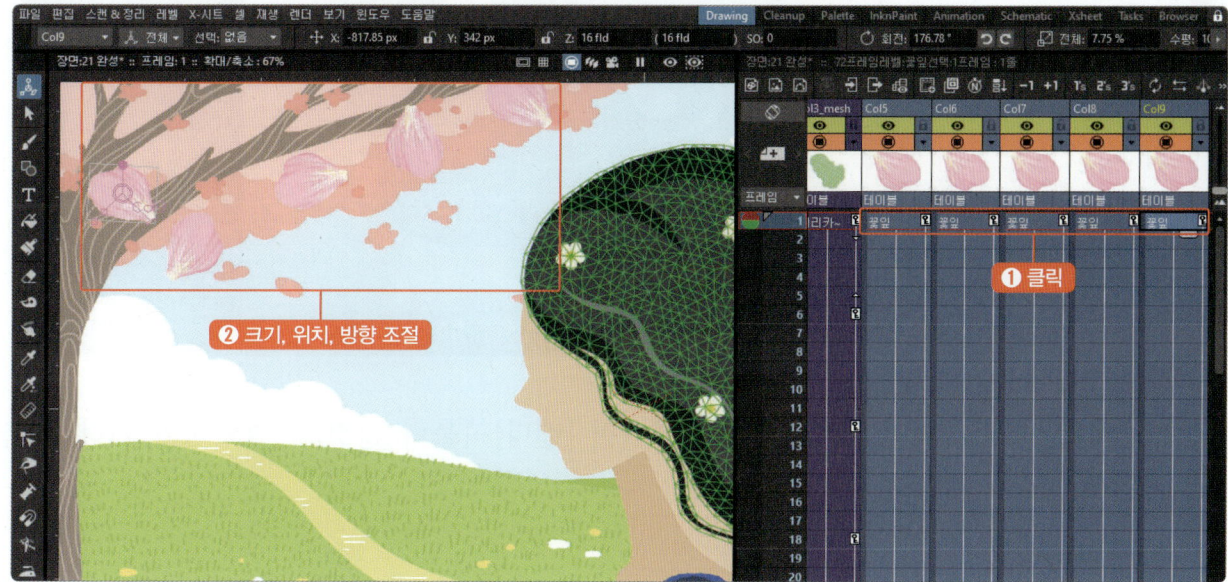

Frame 21 바람에 날리는 머리카락 만들기 _ **167**

❷ 72번째 셀까지 키를 적용하며 '꽃잎'이 바람에 날리는 모습을 표현합니다.

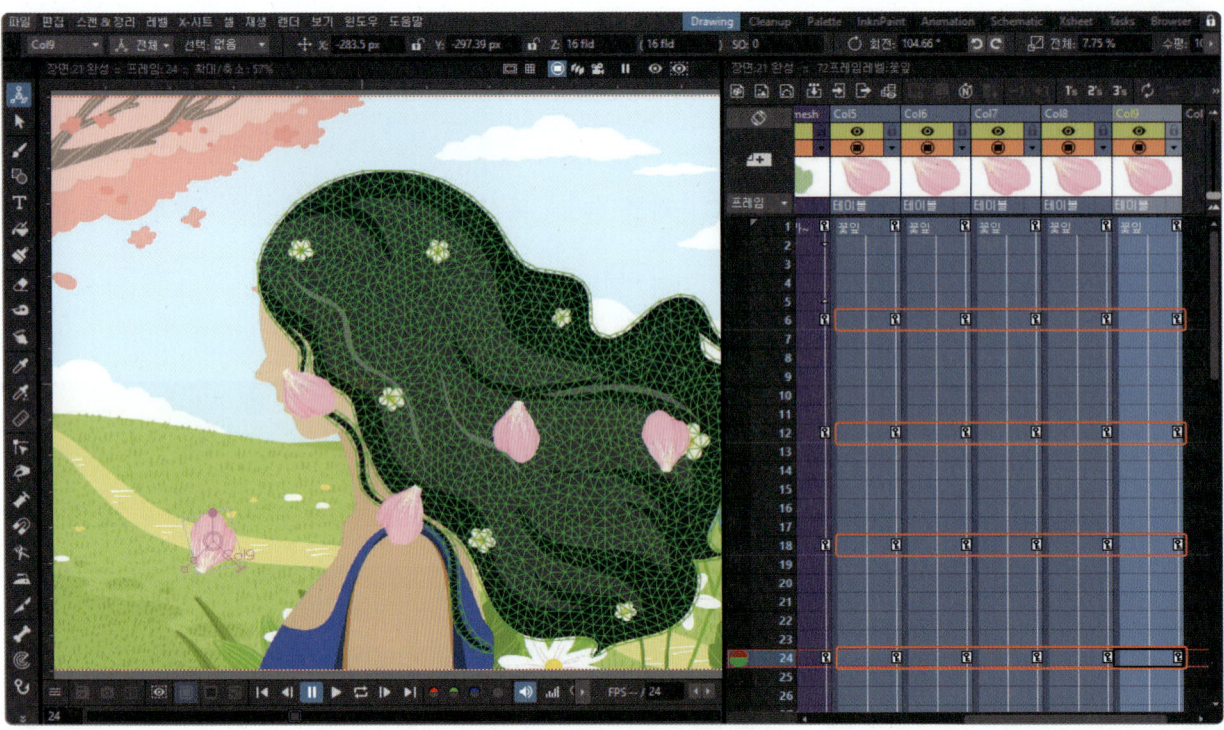

❸ 작업 공간 하단의 [실행(▶)]을 클릭하여 '머리카락'과 '꽃잎'이 바람에 날리는 모습을 확인합니다.

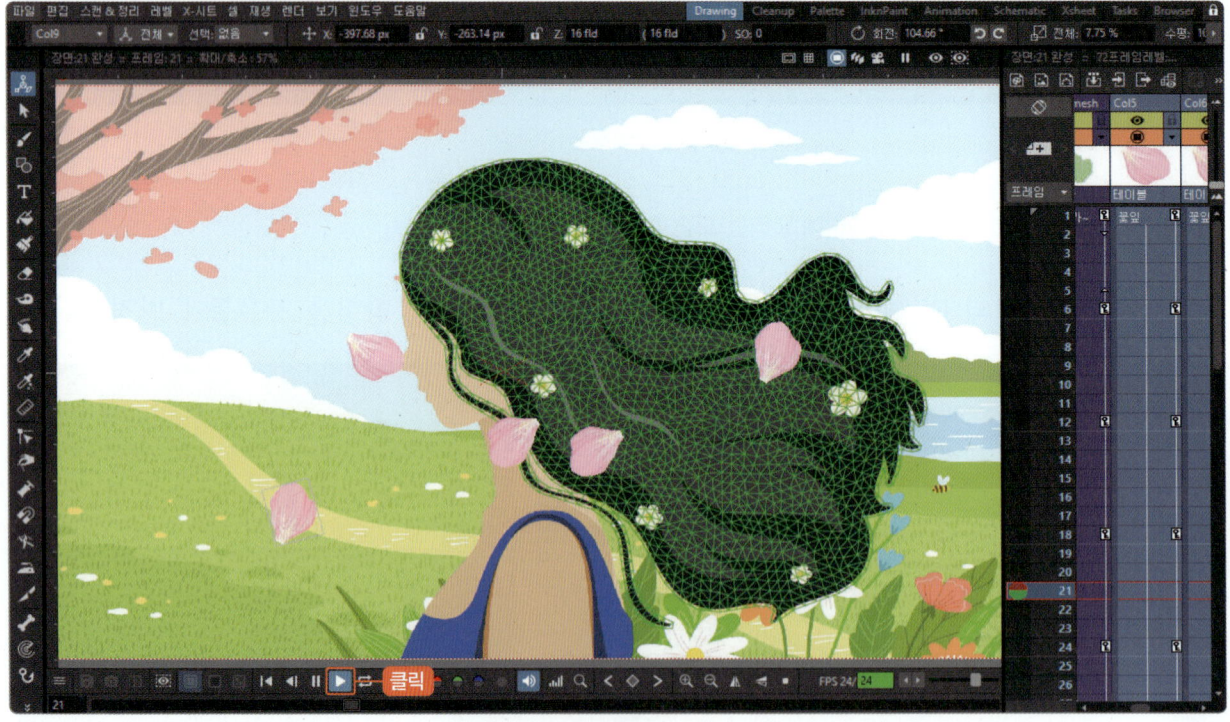

❹ 바람에 날리는 머리카락 애니메이션이 완성되면 [렌더]-[출력 설정]을 클릭하여 애니메이션을 'avi' 파일로 저장해 봅니다.

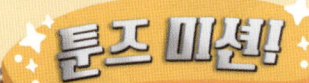

▶ 예제 파일 : 21강 폴더　▶ 완성 파일 : 21강 창의 완성.avi

'21강 창의 예제.tnz' 파일을 불러와 열기구가 현수막을 달고 이동하도록 해봅니다.

 도식단계 패널에서 '현수막'을 '열기구'에 연결해요.

열기구가 이동하며 현수막이 바람에 날리는 애니메이션을 완성해 봅니다.

 '플라스틱 도구'의 '골격 만들기' 기능을 이용해요.

Frame 21　바람에 날리는 머리카락 만들기　**169**

Frame 22

애니메이션 장면 더빙하기

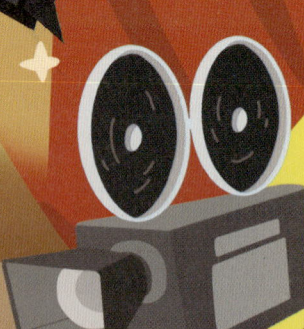

▶ 예제 파일 : 22강 폴더 ▶ 완성 파일 : 22강 완성.avi

투데이's 컷

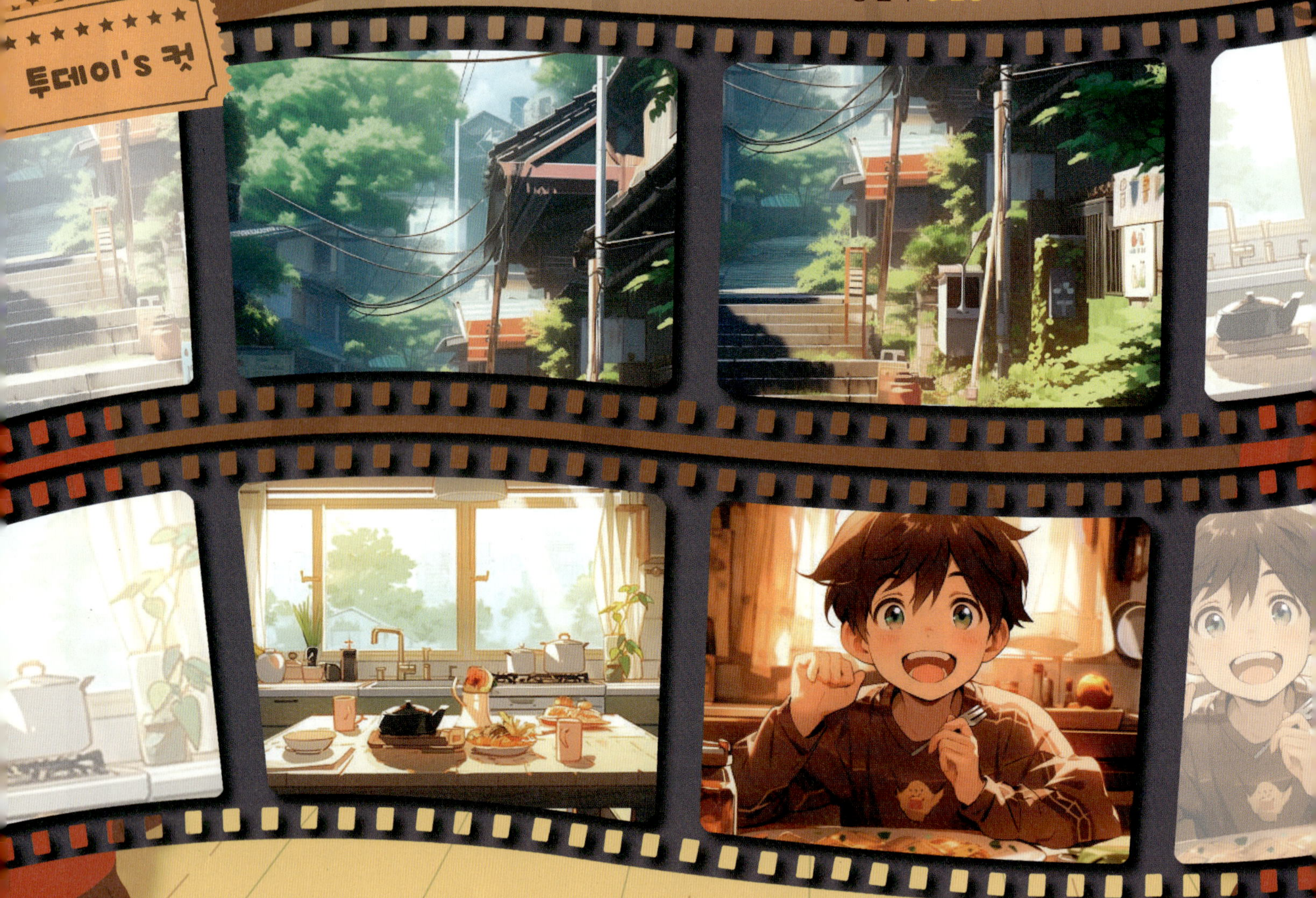

학습목표

- 레벨 가져오기를 이용하여 필요한 장면에 효과음을 적용할 수 있습니다.
- 효과음에서 필요한 구간만 잘라내어 사용할 수 있습니다.
- 음성 녹음기를 이용하여 장면에 필요한 대사를 녹음할 수 있습니다.
- 장면에 적용된 효과음의 볼륨을 조절할 수 있습니다.

1 애니메이션에 효과음 적용하기

미션 1 아침 풍경 배경에 어울리는 효과음을 적용합니다.

❶ 오픈툰즈(OpenToonz) 아이콘()을 더블클릭하여 프로그램을 실행하고 [프로젝트 열기]를 클릭한 후 '22강 예제.tnz' 파일을 선택하여 장면이 나타나면 '22강 예제' 장면을 클릭합니다.

❷ 'Col1' 레벨에 삽입되어 있는 장면들과 카메라 영역의 크기, 위치 등을 확인합니다. 'Col2' 레벨의 1번째 셀을 마우스 오른쪽 버튼으로 클릭한 후 [레벨 가져오기]를 클릭합니다.

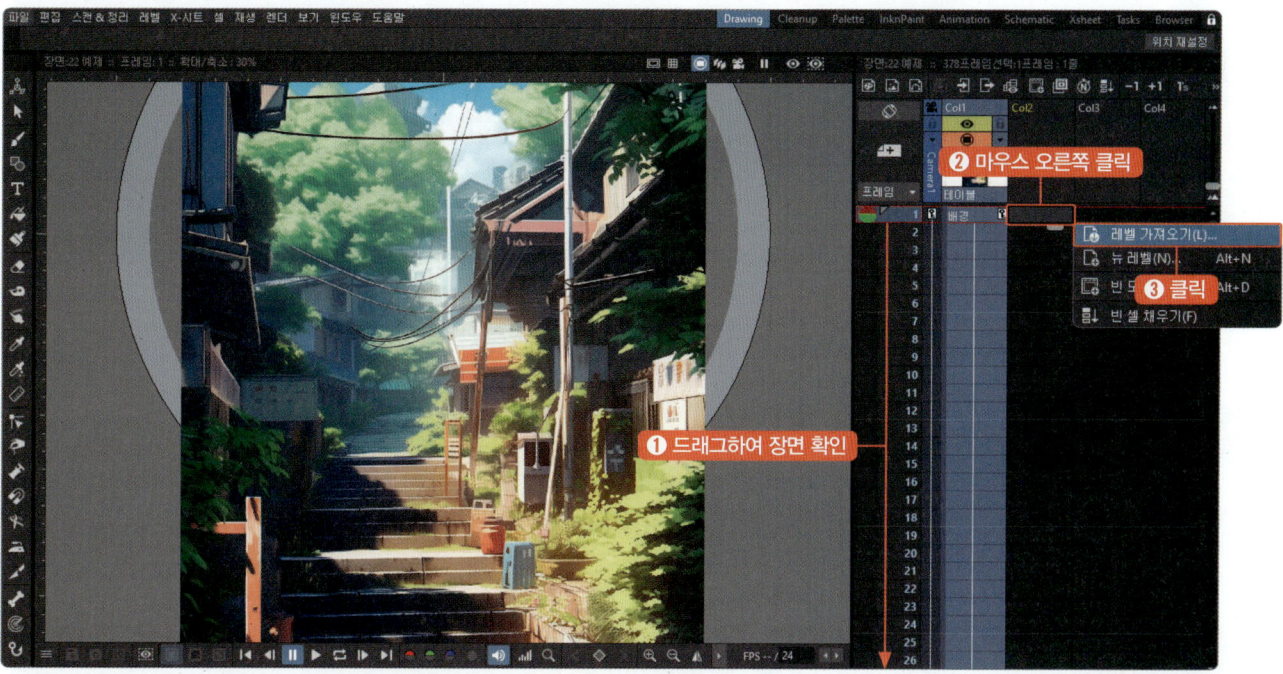

❸ [레벨 가져오기] 창이 나타나면 [22강 예제]-[효과음] 폴더에서 '새소리.wav' 파일을 선택한 후 [가져오기]를 클릭합니다.

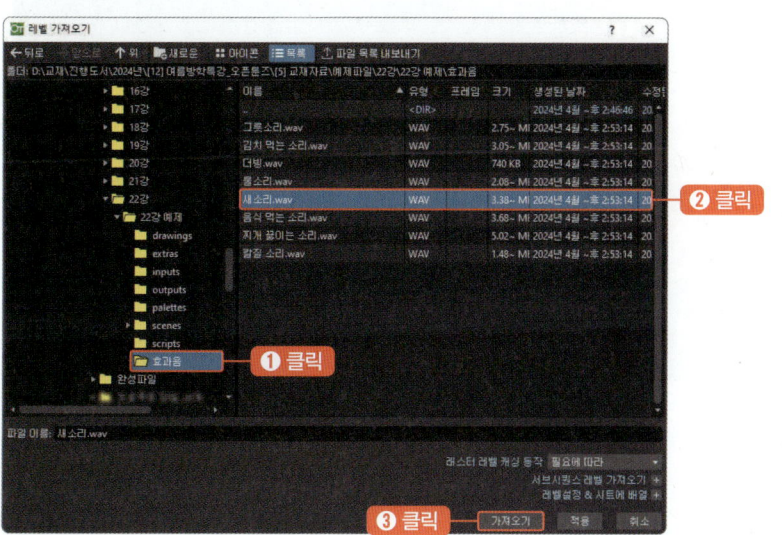

Frame 22 애니메이션 장면 더빙하기 _ **171**

④ 'Col2' 레벨의 95번째 셀로 이동한 후 96번째 셀부터 마지막 셀까지 삭제합니다.

오픈툰즈 디렉터

'프레임96'부터 '배경' 장면에서 '주방' 장면으로 전환되기 때문에 '새소리' 효과음은 '프레임95'까지만 적용합니다.

미션 2 주방 배경에 어울리는 효과음을 적용합니다.

① 'Col3' 레벨의 96번째 셀을 마우스 오른쪽 버튼으로 클릭하고 [레벨 가져오기]를 클릭하여 '물소리.wav' 파일을 불러와 셀에 적용한 후 불필요한 장면에서는 삭제합니다.

오픈툰즈 디렉터

카메라 영역의 크기와 위치를 확인하며 효과음이 적용될 구간을 설정해 봅니다.

172 _ 꿈이 살아 움직이는 마법의 기술 **오픈툰즈 애니메이션**

❷ 같은 방법으로 'Col4' 레벨에 '칼질 소리.wav' 파일을 불러와 효과음이 적용될 구간을 설정해 봅니다.

오픈툰즈 디렉터

여러 개의 효과음을 동시에 실행했을 때 장면과 어울린다면 함께 사용해도 됩니다.

❸ 앞서 배운 내용을 바탕으로 애니메이션의 각 장면과 카메라 영역의 크기, 위치 등을 참고하여 각 장면에 어울리는 효과음을 추가해 봅니다.

이렇게 하면 NG! 오픈툰즈에서는 'wav' 형식의 파일만 사용할 수 있어요. 'mp3' 형식의 파일일 경우 변환해서 사용해야 해요.

2 음성 녹음하여 애니메이션 더빙하기

미션 1 음성 녹음기로 장면에 어울리는 대사를 녹음합니다.

❶ 장면을 확인한 후 음식을 먹는 장면에 어울리는 대사를 작성해 봅니다.

> 예) 너무 맛있다. 음, 너무 맛있어.

❷ 시작 표시줄의 [윈도우 로고()]-[음성 녹음기]를 실행하고 [녹음(🎤)] 버튼을 클릭하여 앞서 작성한 대사를 녹음합니다.

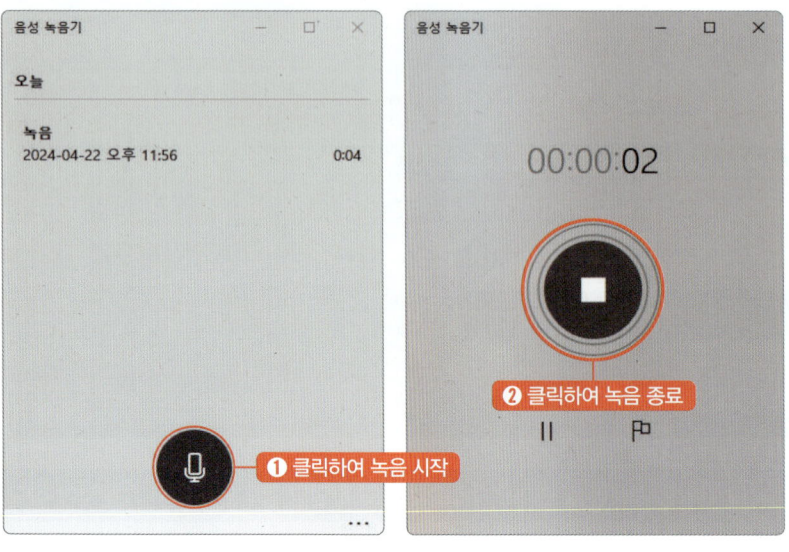

❶ 클릭하여 녹음 시작
❷ 클릭하여 녹음 종료

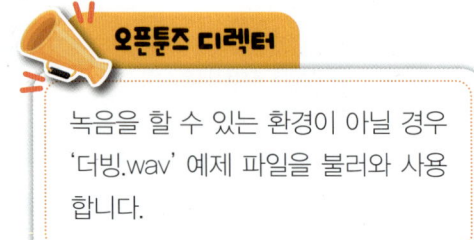

오픈툰즈 디렉터

녹음을 할 수 있는 환경이 아닐 경우 '더빙.wav' 예제 파일을 불러와 사용합니다.

미션 2 파일 형식을 변경하고 녹음한 대사를 장면에 적용합니다.

① 인터넷 브라우저를 실행하고 검색창에 '온라인 오디오 변환기'를 검색하여 사이트에 접속한 후 [파일 열기]를 클릭하여 앞서 녹음한 음성 파일을 불러옵니다.

② 변환할 파일 형식을 'wav'로 선택한 후 [변환]을 클릭하여 변환이 완료되면 [다운로드]를 클릭하여 파일을 다운로드합니다.

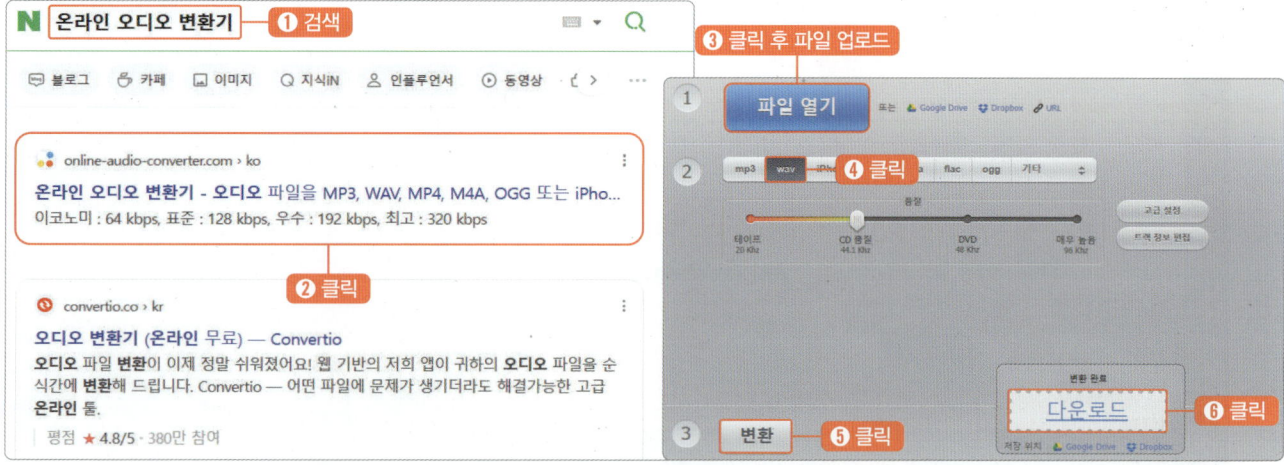

③ 다시 오픈툰즈 화면으로 돌아와 대사가 삽입될 장면의 셀을 선택한 후 마우스 오른쪽 버튼을 클릭하고 [레벨 가져오기]를 클릭하여 변환한 파일을 불러옵니다.

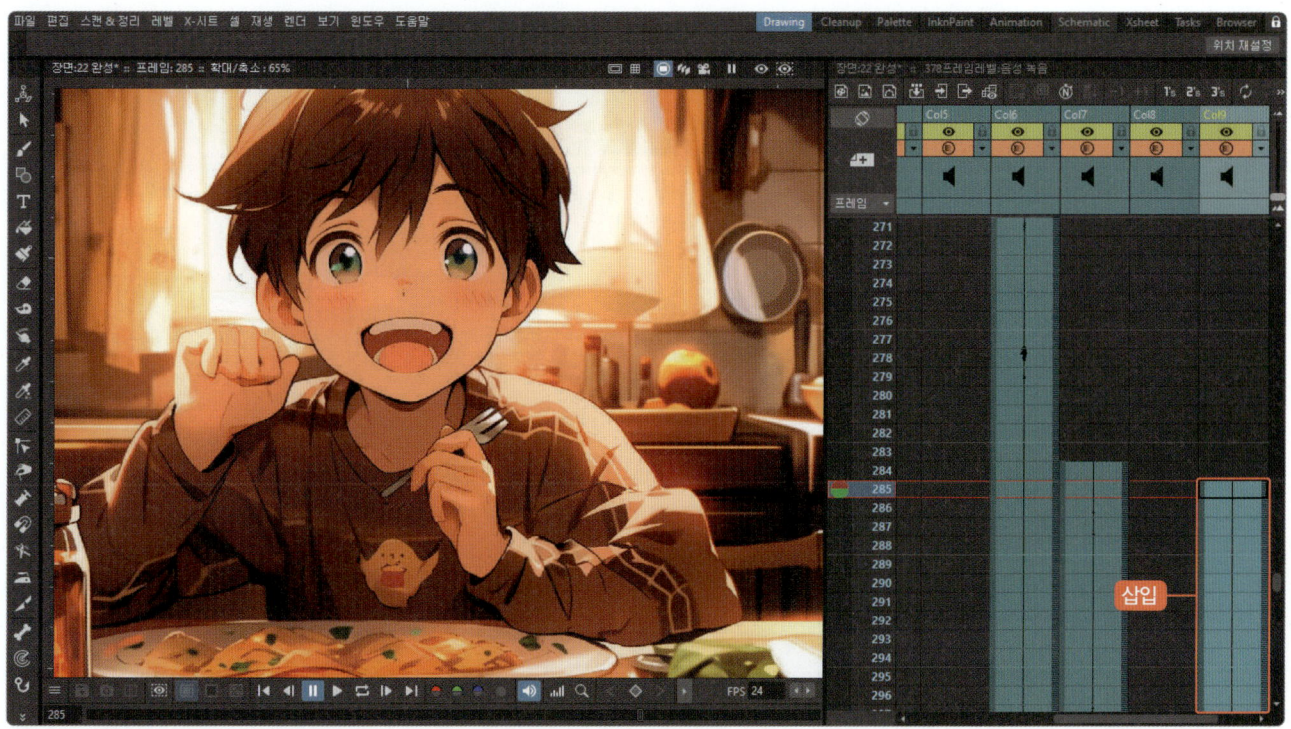

미션 3   효과음의 볼륨을 조절합니다.

① [렌더]-[렌더]를 클릭하여 완성된 애니메이션을 확인한 후 볼륨의 조절이 필요하다면 볼륨을 조절할 레벨을 선택합니다.

② [목록 버튼(▼)]을 클릭하여 효과음의 볼륨을 조절합니다. 다른 효과음들도 전체적인 애니메이션에 어울리도록 볼륨을 조절해 봅니다.

③ 애니메이션이 완성되면 [렌더]-[렌더]를 클릭하여 애니메이션을 확인한 후 [렌더]-[출력 설정]을 클릭하여 애니메이션을 'avi' 파일로 저장해 봅니다.

● 예제 파일 : 22강 폴더　● 완성 파일 : 22강 창의 완성.avi

 '22강 창의 예제.tnz' 파일을 불러와 각 장면을 확인한 후 장면에 사용할 효과음을 생각해 봅니다.

 [22강 창의 예제]-[효과음] 폴더에서 다양한 효과음을 확인해요.

 각 장면에 효과음을 추가하여 애니메이션을 완성해 봅니다.

Frame 22　애니메이션 장면 더빙하기 _ 177

Frame 23 멋진 춤을 추는 로봇 만들기

▶ 예제 파일 : 23강 폴더　▶ 완성 파일 : 23강 완성.avi

학습목표

- 도식단계를 이용하여 개체를 연결할 수 있습니다.
- 골격 도구를 이용하여 연결된 개체에 뼈대를 적용할 수 있습니다.
- 골격 도구를 이용하여 개체에 애니메이션을 적용할 수 있습니다.
- 위치를 이동하며 춤을 추는 로봇 애니메이션을 완성할 수 있습니다.

 로봇의 각 부품 연결하기

> **미션 1** 예제 파일을 불러와 셀을 복제합니다.

❶ 오픈툰즈(OpenToonz) 아이콘(ot)을 더블클릭하여 프로그램을 실행한 후 [프로젝트 열기]를 클릭합니다.

❷ [폴더 선택] 창이 나타나면 예제 파일이 저장되어 있는 폴더를 선택하고 [23강 예제]-[scenes] 폴더를 선택한 후 '23강 예제.tnz' 파일을 선택하여 장면이 나타나면 '23강 예제' 장면을 클릭합니다.

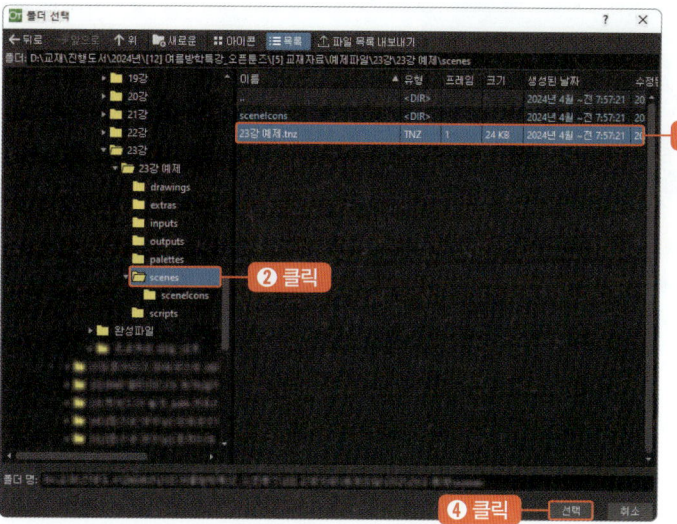

❸ X-시트 패널의 '배경(Col1)'~'머리(Col6)' 레벨의 셀을 36번째 셀까지 복제합니다.

Frame 23 멋진 춤을 추는 로봇 만들기 _ **179**

| 미션 | 2 | 도식단계를 이용해 로봇의 각 부품을 연결합니다. |

❶ 레이아웃 메뉴에서 [Animation] 탭을 클릭한 후 도식단계 패널에서 '몸(Col5)' 도식에 '머리(Col6)', '다리(Col4)', '왼쪽 팔(Col3)', '오른쪽 팔(Col2)' 도식을 연결합니다.

오픈툰즈 디렉터

연결된 개체의 크기가 작아질 경우 '애니메이션 도구( )'를 이용하여 크기와 위치를 조절합니다.

❷ 다시 [Drawing] 탭을 클릭한 후 '애니메이션 도구( )'의 속성을 '중심'으로 변경하고 '머리', '다리', '왼쪽 팔', '오른쪽 팔' 레벨의 중심점을 '몸' 레벨과 가까운 위치로 이동시킵니다.

2 골격 도구 이용하여 로봇 애니메이션 완성하기

> **미션 1** 골격 도구를 이용하여 '왼쪽 팔', '오른쪽 팔'의 방향을 변경합니다.

❶ '몸(Col5)' 레벨을 선택하고 도구 모음 패널의 '골격 도구()'를 클릭한 후 모드를 '애니메이션'으로 선택합니다.

❷ 로봇의 팔에 애니메이션을 적용하기 위해 '오른쪽 팔(Col2)', '왼쪽 팔(Col3)' 레벨의 6번째 셀에 키를 적용한 후 양쪽 팔을 위쪽으로 올려 봅니다.

오픈툰즈 디렉터 — 개체를 뼈대로 연결하는 골격 도구

- '골격 도구( )'는 도식단계에서 연결된 각 개체를 뼈대로 연결해 주는 기능입니다.
- '골격 도구( )'의 애니메이션을 활용할 때는 X-시트 패널에서 해당 레벨을 선택하지 않아도 작업 공간에서 개체를 직접 선택할 수 있습니다.

❸ '오른쪽 팔', '왼쪽 팔' 레벨의 12번째 셀에 키를 적용한 후 양쪽 팔을 아래쪽으로 내려 봅니다.

| 미션 | 2 | 골격 도구를 이용하여 로봇에 움직임을 적용합니다. |

❶ '몸' 레벨의 6번째 셀에 키를 적용한 후 작업 공간에서 로봇의 몸을 선택하여 초록색 방향 조절점이 나타나면 로봇을 오른쪽으로 이동시킵니다.

❷ '오른쪽 팔', '왼쪽 팔', '다리', '몸', '머리' 레벨의 셀에 키를 적용하며 '골격 도구( )'를 이용하여 로봇에 움직임을 적용해 봅니다.

❸ 셀을 더 추가하여 로봇이 춤추는 애니메이션을 자유롭게 완성해 봅니다.

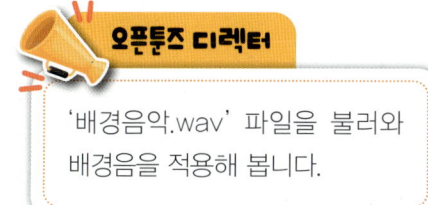

오픈툰즈 디렉터

'배경음악.wav' 파일을 불러와 배경음을 적용해 봅니다.

❹ 춤추는 로봇 애니메이션이 완성되면 작업 공간 하단의 [실행( )]을 클릭하여 애니메이션을 확인한 후 [렌더]-[출력 설정]을 클릭하여 애니메이션을 'avi' 파일로 저장해 봅니다.

▶ 예제 파일 : 23강 폴더 ▶ 완성 파일 : 23강 창의 완성.avi

'23강 창의 예제.tnz' 파일을 불러와 도식단계 패널에서 캐릭터의 몸과 각 부위를 연결해 봅니다.

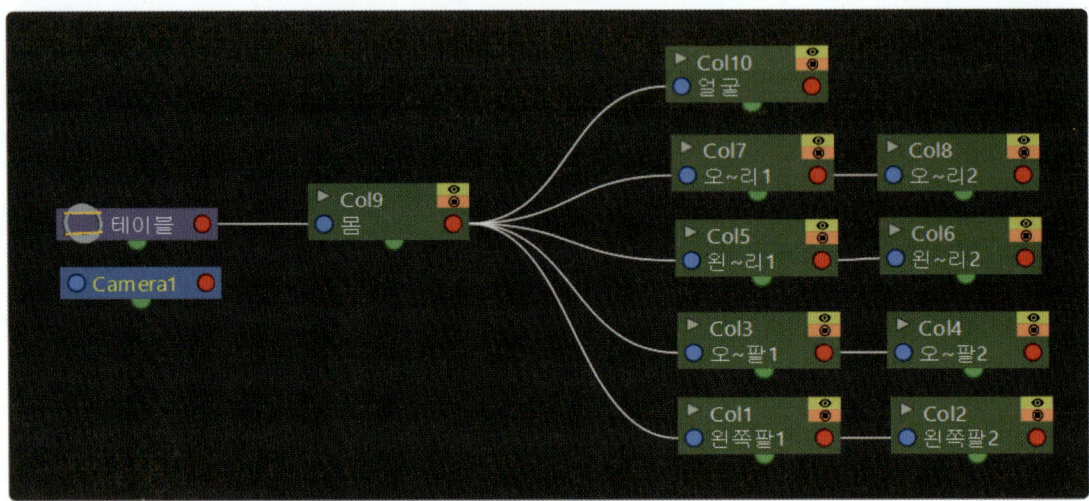

골격 도구를 이용해 춤추는 캐릭터 애니메이션을 완성해 봅니다.

Frame 24
내가 기획하고 만드는 나만의 애니메이션

▶ 예제 파일 : 없음   ▶ 완성 파일 : 24강 완성.avi

학습목표
- 만들고 싶은 애니메이션의 장면을 스케치할 수 있습니다.
- 애니메이션 장면에 필요한 이미지를 다운로드할 수 있습니다.
- 이미지의 배경을 투명하게 설정할 수 있습니다.
- 애니메이션 장면에 필요한 효과음을 다운로드할 수 있습니다.

1 애니메이션 장면 스케치하기

01강에서 작성했던 만들고 싶은 애니메이션을 확인한 후 애니메이션의 스토리를 바탕으로 필요한 장면을 스케치해 봅니다.

오픈툰즈 디렉터

각 장면을 어떻게 꾸밀지 생각하여 간단한 스케치나 글로 작성해 봅니다. 그동안 배운 다양한 기능들을 어떤 장면에서 어떻게 사용할지도 간단히 작성해 봅니다.

 ## 필요한 이미지와 효과음 다운로드하기

> **미션 1** 애니메이션 스토리에 어울리는 배경과 이미지를 다운로드하고 이미지의 배경을 투명하게 만듭니다.

❶ 인터넷 브라우저를 실행한 후 필요한 이미지를 검색하여 다운로드 받습니다.

오픈툰즈 디렉터

오픈툰즈에서 직접 그려서 애니메이션을 완성해도 좋지만 그림을 그리는 데 많은 시간이 필요하다면 필요한 이미지를 다운로드하여 사용합니다.

❷ 브라우저 검색창에 '투명 배경 만들기'를 검색하여 사이트에 접속합니다.

❸ [이미지 업로드]를 클릭하여 다운로드 받은 이미지를 업로드한 후 이미지의 배경이 제거되면 [다운로드]를 클릭하여 다운로드합니다.

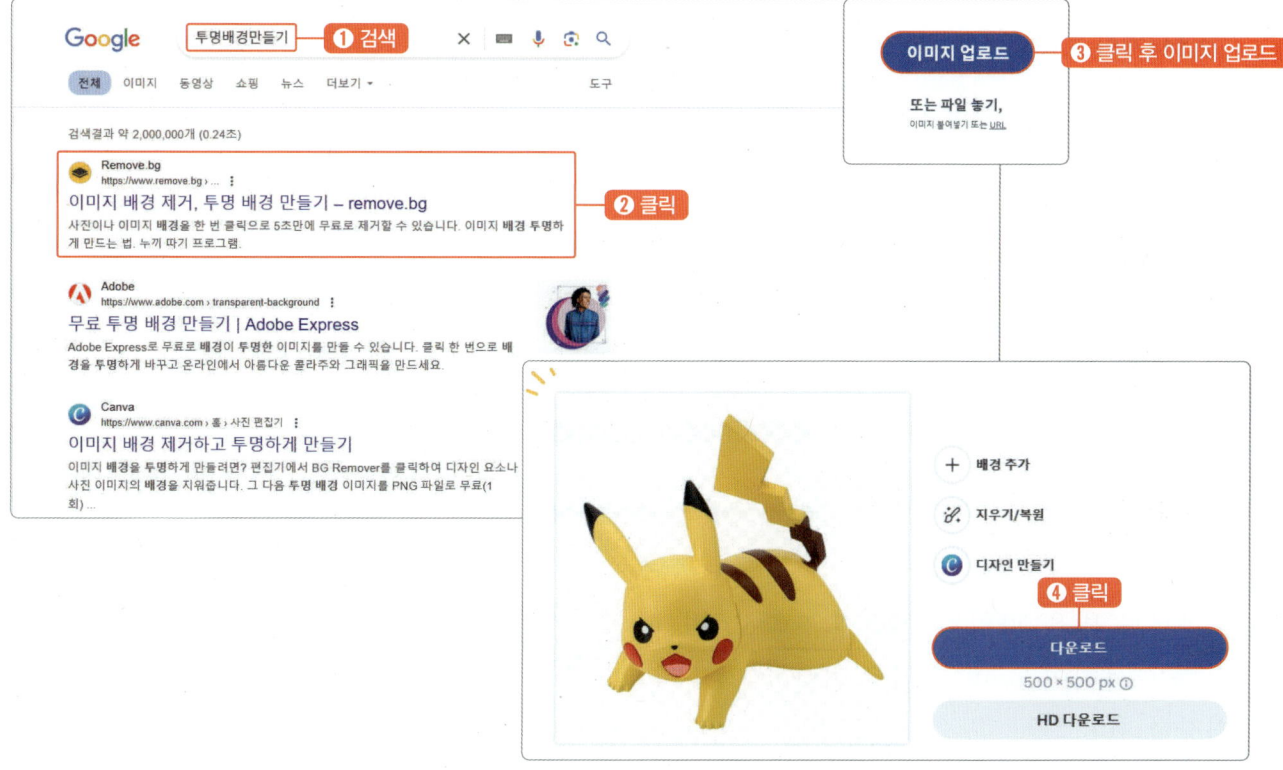

Frame 24 내가 기획하고 만드는 나만의 애니메이션 _ **187**

미션 2 애니메이션 스토리에 어울리는 효과음을 다운로드합니다.

❶ 무료 효과음을 다운로드 받기 위해 '픽사베이(https://pixabay.com/)' 사이트에 접속한 후 [음향 효과]를 클릭합니다.

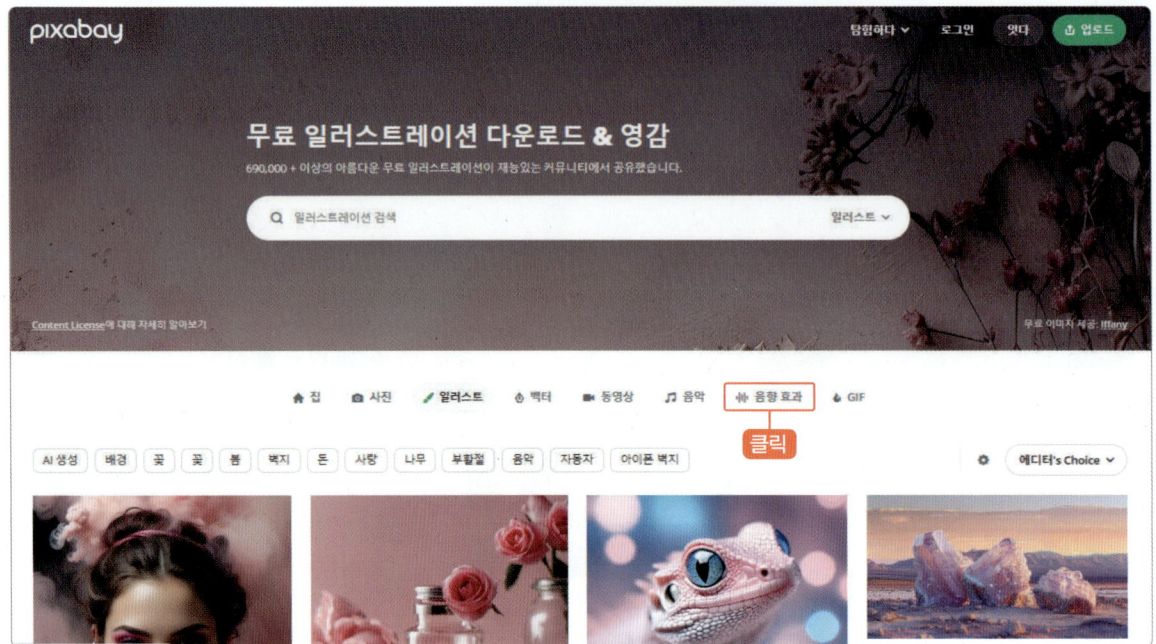

❷ 검색창에 검색어를 입력하여 원하는 효과음을 다운로드 받습니다.

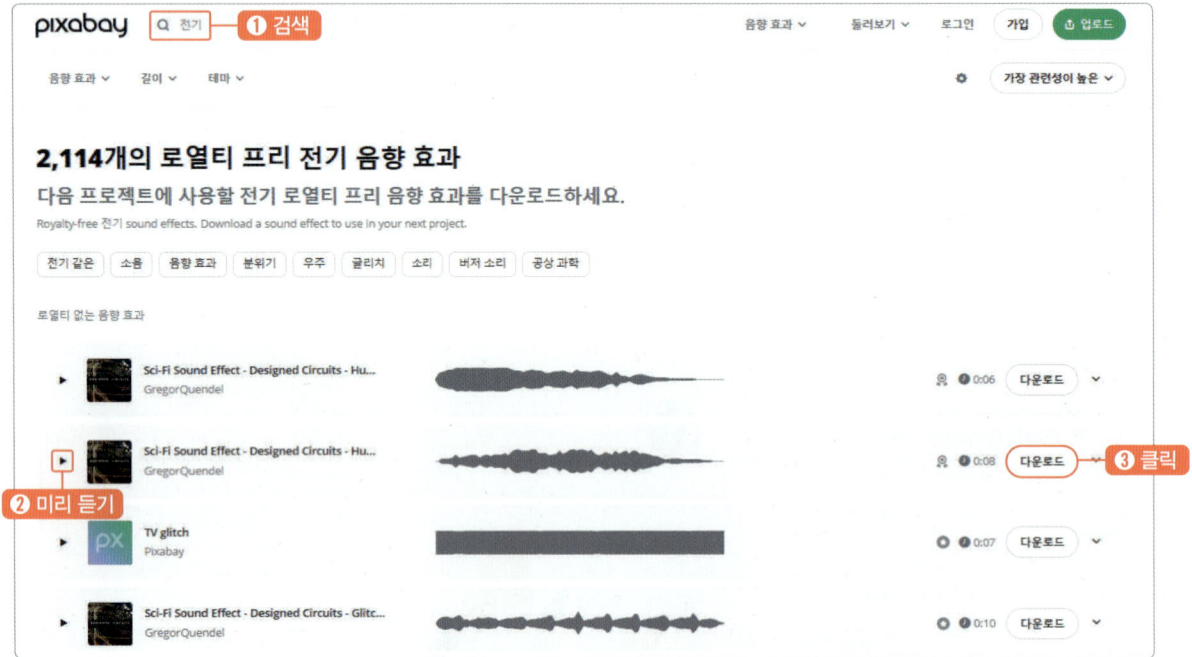

❸ 다운로드 받은 파일은 '온라인 오디오 변환기'를 이용하여 'wav' 파일로 변환한 후 다시 저장합니다.

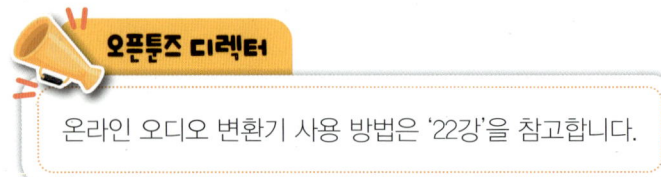

오픈툰즈 디렉터

온라인 오디오 변환기 사용 방법은 '22강'을 참고합니다.

3 나만의 애니메이션 완성하기

미션 1 프로그램을 실행한 후 새로운 프로젝트와 장면을 생성합니다.

① 오픈툰즈(OpenToonz) 아이콘()을 더블클릭하여 프로그램을 실행한 후 [새로운 프로젝트]를 클릭하여 새로운 프로젝트와 새로운 장면을 생성합니다.

② 레이아웃 메뉴에서 [Browser] 탭을 클릭하여 앞서 다운로드 받은 이미지를 불러옵니다.

오픈툰즈 디렉터

이미지를 직접 그려 사용할 경우 X-시트 패널에서 '뉴 툰즈 래스터 레벨(🖼)'을 클릭하여 레벨을 생성한 후 작업합니다.

미션 2 작성한 스토리를 바탕으로 애니메이션을 완성합니다.

① 셀과 키를 추가하며 작성한 애니메이션 스토리와 스케치한 장면을 바탕으로 애니메이션을 만들어 봅니다.

Frame 24 내가 기획하고 만드는 나만의 애니메이션 _ **189**

❷ 효과음을 삽입할 셀을 마우스 오른쪽 버튼으로 클릭한 후 [레벨 가져오기]를 클릭하여 앞서 다운로드 받은 효과음을 불러옵니다.

오픈툴즈 디렉터

'음성 녹음기'를 이용해 등장인물의 대사를 직접 녹음하여 사용하면 더욱 실감나는 애니메이션을 만들 수 있습니다.

❸ 애니메이션이 완성되면 [렌더]-[렌더]를 클릭하여 애니메이션을 확인한 후 수정이 필요하면 애니메이션을 수정합니다.

❹ 애니메이션이 완성되면 [렌더]-[출력 설정]을 클릭하여 애니메이션을 'avi' 파일로 저장해 봅니다.

◐ 예제 파일 : 없음　◐ 완성 파일 : 없음

 완성한 애니메이션을 친구들에게 소개해 봅니다.

 친구들이 소개하는 애니메이션을 감상한 후 느낀 점을 적어 봅니다.

애니메이션 제목		친구 이름	
내용			
인상 깊은 장면			

애니메이션 제목		친구 이름	
내용			
인상 깊은 장면			

교과서 발행부수 1위 기업 '미래엔' **Mirae N**

우리 아이 속도로 가는
상위권 도달 솔루션

초등이면 초코하는거야~
초등학습,
진실의 앱으로

뭐해~ 얼른 엄마한테
얘기하고 초코해~

| 오늘 학습, 놓친 학습으로
전 과목 핵심 학습 | + | 영역별/수준별
과목 전문 학습 |

 +

㈜미래엔이 만든 초등 전과목 온라인 학습 플랫폼 〈초코〉

 무약정
기간 약정, 기기 약정 없이
학습 기간을 내 마음대로

 모든 기기 학습 가능
내가 가지고 있는
스마트 기기로 언제 어디서나

 **부담 없는 교육비**
교육비 부담 줄이고
초등 전 과목 학습 가능

`2311S3hnF` **미래엔 에듀파트너 고객 대상 특별 혜택**
회원 가입 시 코드를 입력하시면 **1,000포인트**를 드립니다.